北漂臺灣

馬來西亞人跨境臺灣的流轉記憶

杜晉軒【著】

「台灣@南洋」書系前言

高嘉謙　臺灣大學中文系副教授

「台灣@南洋」書系，是透過臺灣的知識平臺建立一個望向南海，探索島嶼、半島、海峽等海洋視野的人文視窗，連結南洋的歷史文化與政經線索，締造一個帶有田野現場，結合廣大歷史視角的跨域視野。臺灣從遠古南島民族的跨洋遷徙，大航海時代荷蘭、西班牙的占據，明鄭政權的南海貿易，締造了十七世紀以降臺灣在海洋世界跟南洋的連結。爾後金門人落番南洋，日治臺灣曾作為日本帝國的南進基地，作戰、受俘於南洋的臺籍日本兵和戰犯臺灣人，冷戰時代臺灣作為第一島鏈往南延伸的反共陣線，這林林總總跟大時代脈動相連的遷徙和移動，使得跨境南方，既是地緣政治議題，也是歷史敘述、地域文化的線索。換言之，臺灣其實早已擁有自己的南洋故事。那個帶有家國歷史想像，但也不乏人類學、地理學意義的族群遷徙和文化傳播，帶我們回到了一個又一個的歷史現場。

跨足田野，回到歷史線索裡的小故事，我們呈現臺灣跟南方的文化交織，擴建一個知識生產的園地。書系的精神標舉「從臺灣望向南洋，在南洋尋找臺灣」，在兩個地域傳遞聲音，透過文學故事、歷史田野、文化踏查的接引，重新捕捉失落的歷史細節，時代變遷裡形塑的文化元素，人文地理的地方風土。「台灣@南洋」書系，藉此為讀者指引路徑，展開南方旅程，在大歷史與小故事裡建立我們的軌跡，識別自我與他者，讓讀者獲得橫向跨界的知識洞見和靈光。

目次

主編序

在臺灣遇見馬來幫

臺灣大學中文系副教授　高嘉謙

這本《北漂臺灣：馬來西亞人跨境臺灣的流轉記憶》是對在臺馬來西亞人的歷史閱讀。全書梳理在臺灣的馬來西亞人的求學、就業和返國經歷，描述了臺灣與馬來西亞相互交集的最大元素，那些在臺灣的馬來西亞人參與過的生活與時代脈動，及其對兩地生態的改變和影響。這段大馬人在臺灣的歷史起源，跟民國臺灣的起點甚為接近，從一九五〇年代初期至今近乎七十年的歷史，大馬留學生的跨境求學，在不同程度上介入了兩地社會生態，尤其對馬來西亞的華人社會與教育的形塑，更有深遠的意義。此書的寫作因此是對一個在臺灣的留學生群體的觀察，又屬於大馬社會裡一個留臺社群與文化的勾勒。當然在地緣政治上也離不開臺馬兩地的政治交集。然而就文教建制而言，在臺馬華文學在華文文學版圖裡獨樹一幟，臺灣出版與教育界不乏留臺的大馬推手和專才，庶民生活裡更多被關注的大馬歌手、導演、演員，以及人氣的異國料理星馬飲食。以上林林總總，其實都鋪展在留臺的空間裡，其牽涉的不僅是留學臺灣的脈絡，也是大馬人留在臺灣扎根，以及留在臺灣的文化記憶與資產。當然，臺灣對大馬華人社會的文化傳釋與知識播遷，自然也交織在這個留臺的版圖裡。因而這是本書最具意義的一種閱讀策略，讓我們探看在臺灣耀眼或隱身角落的一群大馬人，或在臺灣半個世紀以上的歷史進程裡，國族、政治與教育系統的變遷如何影響了在臺就學的大馬青年。藉由「臺灣」這個因素，這本書為我們細述了大馬人遊走臺馬兩地的歷史現場，以及一個又一個熱帶青年的臺灣故事。

大馬學子負笈臺灣的歷史久遠，僑教政策培養人才無數。這些留臺人的軟硬實力，在不同場域各有擅長。從最早的馬華僑生、馬來人學生，到眼前積極介入臺灣、大馬政治版圖和社運內的留臺人，更屬此書篇章內的重點勾勒。關於他們的理想與際遇，作者從更大的歷史脈絡與現象觀察，占據了此書的過半篇章。因而此書著眼的跨境流轉記憶，鋪展了從上個世紀中葉以降，以及跨入廿一世紀的前廿年，隨著臺灣和馬來西亞各自的政治變動，箇中的國族認同轉變，不同世代留臺人的迴異臺灣經驗，締造了民國想像的變調與雜音，以及處在臺馬兩地不同的地方感。因而這本書的議題觸角，伸向了不同階段的歷史現場，也回應著特定時空下留臺大馬人的不同際遇與觀感。

此書開篇〈亞細亞的孤魂〉從來臺就學的大馬青年的意外殞命，直指僑生在白色恐怖的受難。全書終篇於〈白色恐怖〉，延續了作者杜晉軒上一本著作《血統的原罪》所追蹤的議題，那些被遺忘的白色恐怖東南亞受難者。這是作者在臺灣寫作的重要起點，他關心權力和制度底下被扭曲、被改變，甚至被消亡的個體，因而他觀察大馬人在臺灣的視角總是那麼「政治」，甚至自覺的在地緣政治意義上，描述僑教政策的爭議與政治角力、臺馬兩地政治人物的互訪祕聞和交際、歷史時空下國民黨對大馬華人社會的介入。這些屬於被遺忘的歷史細節，在他筆下成了活絡和認識這七十年馬來西亞人的臺灣經驗的重要組成部分。

杜晉軒關注大馬華人留臺史的政治歷史取向，大概跟他的新聞傳播、國家發展研究所的學歷，以及過去曾任職《多維》雜誌相關。晉軒的寫作與關懷多觸及政治議題和脈絡，自可理解。這當然也間接引導出他的立場與判斷，並賦予馬來西亞人跨境臺灣的歷史經驗多了一點人間煙火，那在教育軸線上，可外延窺見的臺馬政治關係，以及臺灣政治、生活語境內無以迴避的僑教定位與僑生稱謂、作為關鍵少數在臺馬兩地發揮影響力的留臺生；當然也不避諱僑教、僑務的黑暗面——大馬留臺華人領袖的刑案醜聞、非法勞工際遇等等。

然而，本書又不僅僅是一位馬來西亞籍的記者，旅居臺灣對臺馬兩地人移動的觀察札記。更多時候，作者視角讓我們注意到他對大馬、臺灣、兩岸政治的觀察和興趣，進而勾勒的臺馬人物互動脈絡，難免就有更「接地氣」的臺灣立場和視角。換言之，臺灣民主變化與轉型過程的語境，其實隱然化為他觀照留臺人流轉記憶背後清晰可見的一種框架或習氣。這股內化為觀察與認知問題的視角，既打開了一面視窗，啟動了不少新的視點，也同時框限了一些深化問題的可能。但不可諱言，此書較為聚焦「政治」脈絡的寫作，讓作者意圖勾勒的七十年大馬華人留臺、在臺的歷史，可以走入過去深埋或隱然未覺的暗區，與此同時，對歷史的懷舊放了冷槍。從某個意義而言，這是當下旅居臺灣的杜晉軒可以完成的寫作，「此時此地」的觀察，進出歷史脈絡，整理史料現象，兼具審視與批判。當然也難免囿於「此時此地」的偏見，或靠近臺灣政治光譜的另一端。但他的寫作毫不避諱，立場直率，勇於展示一己之見，又不遮掩偏見，確實引人側目。

杜晉軒是二〇一〇年以後來臺念書，進而定居工作的大馬籍華人。他在馬來西亞是華文小學、華文獨立中學畢業，家中兩代人幾乎都有留學臺灣經驗，父親是留臺返馬後的獨立中學教師，還曾擔任留臺校友會的理事，而晉軒自己在臺灣完成大學和研究所學位，其間曾擔任馬來西亞旅臺同學會副會長。若要論及留臺人的「血統」，他是正紅旗，但近年他的寫作關懷與網絡媒體言論，又難免讓人見識其「反骨」的一面。

從作者細述的成長與兩岸經驗養成的歷程裡，相當典型呈現了二〇一〇年後進入大學體制的世代，必然經歷的臺灣政經轉型，馬英九政府、太陽花運動、政黨輪替等。這最近十年的臺灣變化，對一位從馬抵臺的僑生而言，產生的衝擊和變化，相對也不亞於一九八〇年代中後期至九〇年代初期抵臺念書，初遇臺灣解嚴，及其後的第一個十年。彼時旅臺學生對僑生制度，對馬來西亞華人定位，大馬兩線政治、種族政治的結構與社會體制的反省，成立了大馬青年社、大馬青年雜誌社，在一定程度深遠影響了繼續在臺深造和返回大馬華社服務的那一群留臺生。換言之，晉軒在本書內對僑教與留臺體制的檢視，作為前輩的學長姊們早年已「揭竿起義」。張錦忠老師曾定調那是在臺發揚馬來西亞意識的年代，這說明了彼時大馬學子的留臺經驗已迎合著臺灣政經環境轉型的步伐，他們彷彿成了被啟蒙的世代。

《北漂臺灣》是一則相對浪漫的書名。那是一群人的跨國境流動、遷徙和移居，為追求學業、為衣食奔走、為理想實踐，臺灣是落腳與扎根的理想國，抑或是慘澹飄零的困蹇處，各人自有甘苦談。晉軒對此書最初構想的命名：「他們來臺這些年」，志在勾勒和檢視那些馬來西亞人在臺灣的故事。這是一個更抒情的題目，呼應和延續更早對大馬留臺生議題關注的兩本書《我們留臺那些年》（二〇一四，有人出版）、《我們返馬這些年》（二〇一八，大河出版）。前者是黃錦樹、張錦忠、李宗舜主編；後者是廖宏強、張永慶、陳亞才主編。這兩組人都有一共同特點，他們多屬一九八〇年代抵臺求學，見證蓬勃的臺灣黨外運動、解嚴氛圍的世代，其中較為資深的李宗舜，七〇年代末的臺灣求學經歷，卻在臺灣黨國政治最激烈轉型的脈絡裡，實踐著他們在神州詩社帶有俠義色彩和文化中國想像的文學夢。而李宗舜、陳亞才、張永慶返馬後長年都在華社組織和獨中教育裡深耕和發揮關鍵影響力。相對以上兩本書勾勒的留臺經驗多屬青春回憶錄和返馬經驗甘苦談，記敘性質為主。晉軒的臺灣歲月已是多媒體時代，資訊爆炸、眾聲喧譁，自媒體的經營，自然觀點紛呈，但又不乏乖張扭曲的怪現狀。換言之，臺灣的政經環境、兩岸政治變化、大馬政治像壓力鍋般悶燒，晉軒有著新聞媒體敏銳觀察的自覺，顯然也找到他的觀察位置。相對留臺前輩，他顯得那麼不一樣，直搗大馬留臺生的黑區，那藏匿在戒嚴檔案裡被犧牲、被迫害的一代。

這樣的關懷，可能跟他自述自己當初來臺求學，本有念歷史系的興趣，因而對過往人事歷史的追蹤有更多執念有關。

邀約晉軒加入這套書系的寫作，主要是聽他說起檢索檔案時，窺見藏在臺灣官方、民間檔案細節的大馬人經驗和相關記錄。我以為這是值得也需要重新啟動的敘事，為散落在歷史縫隙的人物，講述可以被認識的故事。他從臺灣國史館、國家檔案管理局的解密檔案裡，看到的各種記錄，化為本書的肌理。因而很多的判讀與線索，雖然有軼聞補白的用意，但也拉開了一個大馬華人留臺史的縱深，探求內部的瑣細與幽暗面。這是此書的特點之一，從檔案裡為讀者打開我們不知道的細節，同時晉軒的媒體人習性，讓此書在檢索檔案之餘，多了一分人物採訪的寫實和敘述的可靠性。換言之，臺馬交織的網絡，人的移動往返與交際，從升學教育到政黨政治，探究了歷史的重層。我們不必往揭密或揭露黑幕的角度來理解，更多的反而是清理那些散落或遺忘在歷史裡的前塵往事。因而此書的寫作用意，多少是打開檔案的意味，梳理馬來西亞人在臺灣的軌跡。

本書討論僑教政策、僑生留臺歷史經驗，可能難免會挑動一些敏感神經，但也不是新鮮議題。其中對大馬華人身分的正名，是否是一種華人身分與認同在大馬境遇的外延？放在臺灣脈絡而言，那必須在「僑生」或「僑教」以外正名的馬來西亞華裔身分，凸顯的問題脈絡是多重的。晉軒投映的問題焦點，其實陳述了遭遇臺灣政治轉型、兩岸政治氛圍消長，以及馬來西亞華人的在地政治參與，種種繁複的脈絡，讓留學、移居在家國之外的大馬華人身分認同變得更有張力。

因而本書以「北漂臺灣」開題，標榜了留臺、居臺本身象徵的移動，更是回應著近年臺灣經驗裡各路東南亞人轉入、進出和扎根臺灣的移動現實。那是屬於臺灣歷史記憶的一部分，如同此書寫作的馬來西亞人的臺灣經驗史。

本書的出版，獲得科技部「南向華語與文化傳釋」計畫的贊助，謹此致謝。

自序

為何來臺與留臺？

寫這本書的時候，正好是我僑居臺北的第十一年，扣除中間去上海當交換生半年，以及零碎的寒暑假回馬來西亞的時光，我至少有三分之一的人生已在僑居國——臺灣度過了。

也許買這本書，或看到書名而對拙作有興趣的讀者會好奇，杜晉軒何許人也？那我就以自傳的方式，寫下這篇序文吧。

一九九一年一月廿日，我出生於馬來西亞（接下來會簡稱「大馬」）霹靂州怡保市，這是一個華人比例蠻高的城市，畢竟這城市是因早年發現大量錫礦，由英國人引進華工所開埠的。許多臺灣讀者應該聽過這城市，如在超市能買到的三合一舊街場白咖啡，就是怡保的名產，而我的成長歲月是在舊街場一帶度過的。

我小時候住在怡保市的新街場，與毗鄰近打河（Kinta River）的舊街場只有一橋之隔。小時候，我就讀育才幼稚園，接著升上育才華小，中學就讀育才獨立中學。可以這麼說，我從小到大，唱的校歌是一樣的，而歌詞中有這麼一句：「我華冑，破浪乘風萬里南遊……」宛如在書寫華人下南洋的史詩。

到了高中才知道，原來母校在一九〇七年創校，歷史比中華民國還悠久，而且後來還得知，儘管影響中華民國建國的黃花崗之役的七十二烈士中有兩位母校校友——余東雄、郭繼枚，但創校人胡子春（有名的錫礦富商）當年是保皇派，甚至放話威脅要到怡保宣傳革命的孫中山。

說到我父親杜清元（出生於一九五九年），他和中華民國臺灣也有點關係，也是留臺校友，所以我家兩代人都有留臺的背景，家裡四個孩子，三男一女，除了我妹妹，三兄弟都是在臺灣的大學畢業。

父親是一九七七年來臺就讀建國補習班，並考上臺大經濟系。父親記得，他是最後一屆以補習班途徑考進臺灣大專的僑生，此後臺灣政府規定不能再以觀光簽進來報讀補習班。學成歸國後，父親在怡保的一所獨中——深齋中學當教師，而這所學校的校地，是屬於客屬公會的。校園裡有一棟富有英殖民色彩的豪宅，它曾是中華民國駐怡保的領事館，如今是客屬公會的會所。可以說，怡保這有悠久華人移民歷史的城市，難免有許多與中華民國有關的故事。

那我會來臺灣念書，是否全然是受到父親的影響呢？不能說沒有，例如我父親曾任霹靂州留臺校友會的理事，從小到大，都被父親的「留臺校友」朋友們包圍著；生活空間上，無論是家裡或店裡，電視機無時無刻都接收來自臺灣的衛星訊號，讓我從小被臺灣的新聞、影視娛樂節目薰陶。

更重要的是，乃時代因素使然。我相信很多九〇後跟我一樣，成長的過程中無不被臺灣的流行文化軟實力所影響，如五月天、周杰倫、飛輪海……等不勝枚舉，我們是經歷過臺灣流行音樂巔峰期的一代，自然對臺灣會有所嚮往。

當然還有個因素是，我是獨中生。簡單來說，獨立中學（簡稱獨中），就是馬來西亞建國後，部分由華人社會所創辦的學校，因不願編入國家教育體制，堅持以母語（華語）教學，而獨立辦學的私立中學，全馬有六十三所，有自成一套的教育體系，如有推行了將近半世紀的全國獨中統一考試（簡稱統考）。

由於獨中的統考文憑不受官方承認，故早期的獨中畢業生升學出路受限，無法進入國立大學，私立大學也要到九〇年代後才湧現，因此許多獨中畢業生只好選擇到臺灣升學，這是早期大馬華裔學生來臺升學的主要「推力」，而「拉力」就是臺灣推行的僑教政策了。至於中國大陸，大馬政府是在九〇年代才開放學生赴中留學。至於我父親，則是國立學校畢業的，因為嚮往中文教育，也想念大學，所以選擇赴臺留學。

至今在大馬各獨中裡，有不少留臺背景的教師，許多獨中生多多少少聽過老師們的話當年，無形中滋生了對臺灣的熟悉感。當然，這種情感也非決定性因素，主要還是看學生自身的升學規畫、家庭經濟能力等。

我父親擔任獨中老師好幾年後，碰上電腦科技普及化的年代，就離職自行創業，開了家小型的印務店，在我父親的辛勞打拚下，家境算小康。我的成績只能算中等，在沒有獎學金的情況下，不可能到新加坡、澳洲、英國等大馬人所熱衷的高消費國家留學，因此學雜費合理、能允許外國學生打工、語言與文化相近的臺灣，自然就是我所剩無幾的選擇了。

因為受臺灣流行文化影響，以及可負擔的升學成本，而選擇來臺灣升學，我認為這是吾輩留臺生的來臺的重要因素。不僅如此，許多留臺生和我一樣，多非前段班的資優生，臺灣可說是能讓我們這些非「天選之子」，無論是成績普通，或是家境清寒的，都能找到翻身、自我實現的「應許之國」。畢竟，要去歐美國家留學的話，升學成本實在太高。也因如此，許多臺灣人對大馬學生，或是其他東南亞國家學生的印象多是「僑生同學一直在打工」。

那為何我不去中國升學呢？不允許外國學生打工，學費比本地生貴是主要因素。（當時還沒意識到，僑生和臺灣本地生學雜費水平一樣，也不清楚中國官方不把外籍華人歸類為僑生）更重要的是，當時還高三的我，未來就是想念新聞系或歷史系。雖然當時的我涉世未深，但稍有常識就知道，去中國念這些「專業」，在沒有言論自由的環境下，必然處處受限。

儘管我高三畢業的二〇〇九年十二月，曾參加中國「國僑辦」舉行的海外華裔學生冬令營，即所謂的統戰活動，但也沒讓我對中國有更多改觀，只是想有個機會，人生第一次到中國走走，當時去的是山東青島。

說來有趣，我的一生和兩岸的僑務單位算是有緣，二〇〇九年參加國僑辦的冬令營，隔年以僑生的身分來臺求學。我到現在還記得，在填寫僑生「回國升學」的志願表時，第一志願是填世新新聞系，第二志願是臺大歷史系……其實我心裡最想要的第一志願，是政大新聞系，但不知道為何，九十九學年度未開放僑生名額給大馬，後來我才知道，其實可以用外籍生的身分報讀，這件事始終是我心底的缺憾，當然也不後悔讀世新，但政大學費就是比世新便宜嘛。

寫到這裡，也許有讀者會疑惑，怎麼先說了僑生，又說外籍生呢？這又有何差異？我會在後面的章節再做說明。

◆

我在民國九十九年來臺，有幸躬逢民國一百年，而在這一年，也正好是「陸生元年」，在馬英九執政的時期，兩岸關係較和睦，臺灣的大學生有更多機會到中國交流、當交換生。而我再一次抓住了「統戰」的機遇，在大四第一學期，也就是二〇一三年秋，到上海同濟大學當交換生。這一年，習近平當上國家主席，也是這一年，後來常盤踞新聞版面的「中國夢」、「一帶一路」被提出，在我心中留下了「種子」。

大四的時候，對於是否要回大馬發展，幾經考量後，還是決定先留在臺灣讀研究所，之後再回國。也就是說，回祖國當記者始終在我的人生規畫中，但計畫也始終趕不上變化。

先說為何讀研究所吧。在臺灣讀大學的四年，我注意到有很多同鄉來臺念新聞系或大眾傳播科系，如果我大學畢業後直接回國的話，有如過江之鯽，沒有長才，也沒有代表作，衣錦還鄉之時，也就是個普通的留臺畢業生，那還是先拿個碩士學歷吧。

另一個重要原因，如前所述，過去在中國遊歷的經驗在我心中留下了種子，我相信中國在習近平主政下，無論是對臺灣，還是與周邊國家關係，一定會帶來很大的變化，那要研究中國的話，留在臺灣會是不錯的選擇。而且，我也想繼續看看，未來臺灣會變得怎麼樣？因為我從上海返臺後，即大四最後一學期，有幸地在二〇一四年的春天，遇上了太陽花學運，就和那時代的大學生一樣，為之觸動。

同樣的感覺，也在我碩二（最後一學期）發生，因為臺灣實現了第三次政黨輪替。當時我才二十五歲，在自己心中裝了一個沙漏，告訴自己在臺灣工作幾年就好，汲取些業界經驗，三十歲前回大馬發展的話，還不會「太老」。由於蔡英文上任後，積極推行新南向政策，「東南亞」儼然成了顯學，所以選擇這時期留下確實不是壞的選擇，因此我要感謝，這幾年在職場上、社會上，給我機會的貴人們。

那為何已三十歲的我，還賴在臺灣沒離開呢？其實，我在二〇一八年有認真考慮過回國發展。

二〇一八年五月九日，大馬實現建國以來的首次政權輪替，當時我在人生首個任職的公司《多維月刊》當記者，我有幸被公司派回大馬採訪那次萬眾矚目的大選，也在公司同意下返鄉投下神聖的一票。五月十日凌晨，有幸在吉隆坡親歷歷史的時刻，馬哈迪（Mahathir bin Mohamad）領導的希望聯盟宣布奪下政權。當時的我天真地認為，未來大馬的新聞自由空間一定會有所改變，無論是變好或變壞，都值得我回去經歷。

然而，就如我在我的第一本書《血統的原罪》提到的，自從二〇一五年九月認識了跟我一樣來自怡保的臺灣白色恐怖受難者陳欽生前輩後，就動念想留在臺灣更久，以空間換時間，寫下這群漸漸被遺忘的東南亞華人政治受難者的故事。

二〇一八年八月，我向公司提出了離職，理由是想回去可能會有翻天覆地變化的大馬發展，但最終我還是在加薪的「鼓勵」下留了下來。我原本的計畫是提出離職後，在臺灣移民署只允許外國人離職後延長居留半年的期限內完成寫作，接著返馬發展。既然公司慰留，只好見錢眼開留下來，嘗試一邊工作一邊寫作吧。

後來同年底，剛好得知文化部有補助東南亞籍人士在臺灣進行創作，補助領域包括採訪寫作、田野調查，我便毅然決然嘗試申請，隔年一月被告知獲得補助，我再次提出辭呈，這次公司也不挽留了。

二〇一九年七月，我寫完了《血統的原罪》，由於拙作在隔年二二八才上市，就決定乾脆在臺灣工作一年再回國吧，畢竟二〇二〇年我才二十九歲，故同年九月成為了臺灣《關鍵評論網》東南亞組的編輯。

事後諸葛地回首，也許我繼續留在臺灣的決定是對的。二〇二〇年二月二十八日，《血統的原罪》在臺灣上市，同一天大馬政壇傳出政變的消息，三月一日，促成大馬政權輪替的希望聯盟政府垮臺，由慕尤丁（Muhyiddin Mohd Yassin）擔任首相；三月十八日，由於二月底吉隆坡一座清真寺發生了大規模 COVID-19 群聚感染，讓大馬疫情惡化，慕尤丁宣布鎖國。

可以這麼說，那一年的二二八，我第一本書上市的日子，也是母國國運多舛的開始。一直到二〇二一年五月中，臺灣才因疫情爆發而實施三級警戒為止，也算是有幸在臺灣度過了一年多的「正常」時光。記得在大馬爆發疫情之前，有的朋友選擇回國發展，沒想到就碰上了史無前例的疫情，經歷了漫長的封城日子與經濟衰退。

儘管寫這本書之時，臺灣還在二級警戒，國境也未全面開放，但還是感謝僑居國臺灣，讓我有機會能在此安穩地工作、寫作。

最後，感謝讀者們看我囉哩八嗦地寫了這麼多自己的故事，這又不是我的回憶錄，但請相信，我在臺灣的各種人生抉擇，某種程度上也是部分大馬留臺生的縮影，先了解我的故事，必定會有助於接下來看懂大馬留臺人的群像。

導論

首先，承蒙麥田出版社的關照，讓我有機會在臺灣出版第二本拙作，我首部拙作是二〇二〇年出版的《血統的原罪：被遺忘的白色恐怖東南亞受難者》（臺灣商務）。

那這次所寫的《北漂臺灣》與《血統的原罪》相比，後者著重的是在臺灣的部分馬來西亞華人的故事，而這次則試圖更全面地介紹，這七十年來，大馬華人在臺灣留下的足跡，又給臺灣帶來哪些影響？

為何是七十年？根據文獻記錄，國民黨敗退來臺，再度發展僑教後，第一位「回國」就學的馬來亞僑生，時間就在一九五三年，這當中的歷史脈絡，我會在第一章繼續闡述。

起初，我有點猶豫是否要接受臺大中文系的高嘉謙老師、麥田出版社的邀請寫第二本書，畢竟寫書真的挺花時間，付出的精力不亞於寫碩士論文，而且此時的我仍有媒體編輯工作在身，平時已有許多稿債要處理，實在分身乏術。

不過經一番思索後，想到本書若在二〇二三年出版的話，正是大馬華人來臺求學的第七十年，也許正是時候為大馬華人在臺灣的流離史進行書寫，若再拖個幾年的話，可能更多學長姊就沒機會訪問了。

事實上，過去我也不是沒想過進行這方面的寫作，因為二〇二三年也正好是我曾擔任副會長的「馬來西亞旅臺同學會」成立五十週年，我曾鼓勵一些學弟妹，或許可以在五十週年之際，採訪過去同學會的學長姊，將相關報導集結成專刊，或拍紀錄片也行。

那為何不乾脆由我去做，而是推給學弟妹呢？畢竟很多時候，人總需要別人的臨門一腳，被推了一把才有動力去做，既然麥田找我寫這本書了，那我就也把同學會的故事融入其中吧。

◆

這本書，談的不僅是大馬的歷史，更是大馬人在臺灣的歷史。

先談談這十一年來，我對臺灣出版市場裡，有關東南亞主題書籍的觀察，這可以分新南向政策前，與新南向政策實施後。

在蔡英文政府二〇一六年推行「新南向政策」前，雖然臺灣已有不少東南亞主題的書籍，但與大馬有關的卻相當少，尤其與鄰國新加坡的書籍出版量相比更為明顯，臺灣讀者對新加坡的興趣比大馬高。必須要強調的是，我所觀察到的書籍，主要是人文史地類，無論是翻譯西方作者的，或由臺灣人寫的，大馬主題書籍存在感相對低。

每當我逛書店時，發現儘管東南亞主題的書都已被擺在一起，但「熱門」的國家，往往是新加坡、泰國、越南、柬埔寨、緬甸、印尼，大馬主題的書明顯較少，當然還能自我安慰的是，汶萊、寮國、東帝汶等國的書籍，幾乎不見蹤影。明明大馬華人的中文水平算是最高的，當地的中文出版業亦是東南亞國家中相對「最蓬勃」的，在臺灣的能見度卻相對低，實在耐人尋味。

根據筆者的拙見，新南向政策推行前的東南亞主題書籍中，大馬之所以能見度不高，最重要的因素，可能就是「不夠慘」，意味話題性、戲劇性不足。這說法帶有點「東方主義」色彩，但難道這不是臺灣社會往往在看待東南亞、發展中國家時的視角？

簡單來說，能見度較高的東南亞國家，多是在建國與民主轉型中，曾有過大規模戰爭、族群衝突的血淚史，如越戰、紅高棉統治、印尼排華、菲律賓馬可仕獨裁統治、緬甸與泰國反覆無常的政變等，抑或是這國家有聞名國際的魅力型領袖，如新加坡國父李光耀、緬甸的翁山蘇姬、越南的胡志明、泰王拉瑪九世等。對出版社而言，這些著名的符號，因更有話題性，也更容易吸引臺灣讀者。

當然，「比較慘」也並非全然是吸引臺灣讀者的因素，例如新加坡在世界經濟、國際政治的影響力、越南的經濟崛起等正面話題，都是吸引臺灣讀者的重要因素。

反觀大馬，就顯得「不夠慘」，但又處於不是太「先進國」的窘境。而可以拿上檯面比拚的魅力型領袖也只有馬哈迪，不過他在臺灣的知名度可能不比李光耀、翁山蘇姬。

儘管大馬曾發生「五一三種族衝突」事件，馬哈迪與安華（Anwar Ibrahim）政爭掀起的「烈火莫熄運動」，但相比同時期的其他東南亞國家，卻顯得平淡；其他東南亞國家有因共產黨因素而起的排華運動（印尼）、戰爭（越戰）、赤色危機（紅色高棉）、白色恐怖（泰國、緬甸、菲律賓）等。雖然大馬也反共，但馬共始終不成氣候，在一九五七年馬來亞建國前，就被驅逐到馬泰邊境，使得大馬在建國後的政治局勢，都較周邊國家來得相對穩定。

當然，新加坡也和大馬一樣，建國後局勢相對穩定，儘管李光耀政府也有打壓反對派的歷史（如「冷藏行動」），但臺灣讀者對新加坡建國神話的興趣，更甚於對當地的政治、人權問題的關懷。

雖然大馬華人常給人的印象，總帶有受害者的面貌，在自己的國家遭歧視，種族主義對國家發展荼毒甚深，但和周邊國家相比，其實大馬算始終在平穩發展的道路上。也因國家發展的歷史顯得較「中庸」，確實難以讓出版社找到賣點，去行銷大馬的故事。

◆

無論如何，新南向政策依然有其正面效益，至少鼓動了社會去認識東南亞各國，進而帶動東南亞主題的書籍如雨後春筍般出現，大馬主題的書也開始增加，也許不是最多的，但沒有缺席。

例如，在二〇一八至二〇二〇年間，依序在臺灣推出的有《華語電影在後馬來西亞》（聯經）、《啊，這味道：深入馬來西亞市井巷弄，嚐一口有情有味華人小吃》（聯經）、《馬來西亞史：多元共生的赤道國度》（聯經）、《鯨吞億萬》（早安財經）、《來去馬來西亞》（八旗）、《我們在馬來西亞當志工》（真文化）。若有遺漏，盼請見諒。

前述這幾部著作的共同點在於，內容的時空背景主要是在大馬，那麼，在臺灣的大馬華人史呢？除了《血統的原罪》，以及陳欽生前輩在二〇一七年出版的回憶錄《謊言世界，我的真相》外，幾乎不見其他有關在臺灣的大馬華人史主題的書了。

雖然有不少大馬人在臺灣工作、成家立業，但有關其他東南亞國家新住民、移工故事的書籍卻比較多。箇中原因在於，在近代臺灣社會發展過程中，如泰國、越南、印尼、柬埔寨等國，和臺灣有著系統性的婚姻、勞動力仲介市場的往來，龐大的人員流動是很明顯的，而大馬人無論是在臺灣工作、成家，多是個體的選擇，沒有太多市場力量的介入。相比之下，那些經仲介而在臺灣成為外籍新娘、移工的泰國、印尼、越南的「新移民」們，在臺灣的存在感，可能會比大馬人來得高，如全臺各地都有的泰式、越南餐廳，或印尼雜貨店等。

另一方面，主要還是階級問題。臺灣社會長期對東南亞外籍配偶、移工等群體，多帶有歧視的眼光，反觀在臺灣工作的大馬華人，多從事白領工作，加上與臺灣人「同文同種」，若口音早已臺化的話，一般臺灣人根本無法認出對方是外國人。

因此大馬華人與其他東南亞新移民相比，可以說是很幽微的存在。大馬華人並沒有較顯著的外貌特徵讓臺灣人注意到，也不契合臺灣社會對東南亞「種族」、「階級」、「落後國」的想像，對部分大馬華人而言，某種程度上「同文同種」也是種保護色，在不必承受更多異樣眼光的環境下，在臺灣實現自我。

原本我對導論的構思，是如教科書般地述說大馬的建國或近代華人下南洋的歷史，但寫出來可能太冗長、學術味甚濃，而且這方面的書寫，已在其他介紹大馬歷史、大馬華人歷史的書籍出現過了，再寫的話充其量只是文獻整理。

因此建議，若這本書是您第一次閱讀有關大馬主題的書籍的話，也許可以先去參閱相關著作，當然也可以考慮我上一部拙作《血統的原罪》，書中我以個人的視角，向非大馬籍讀者，簡單介紹了大馬的建國、華人移民史。

那麼，在臺灣的大馬華人又是怎樣的群體呢？我在臺灣只待了十一年，不敢說認識非常多居臺同鄉，但在這些年的交流下，還是有自成一格的心得與觀察。

相信很多大馬留臺生都經歷過這樣的抉擇，來到臺灣求學後，到底要和臺灣人打成一片，而徹底不和大馬人混在一起？還是難以納入臺灣，只好只混以大馬人為主的留學生圈子？抑或是兩邊都要？

這三種類型的大馬華人，就像是海外華人研究巨擘王賡武老師曾提出的理論，即將東南亞華人群體分為甲乙丙三個集團，大家可把理論中的「中國」改為大馬，如甲集團的華人多與中國政治保持直接和間接的關係，並關注自身與中國的命運，其政治色彩最為鮮明；而丙集團多選擇與當地同為一體；乙集團的華人則處於甲丙之間，較「講求實際」。

把這理論套用在臺灣的大馬華人的話，我們可以看到屬於甲集團的，依然非常關心大馬，也許會在臺灣辦聲援大馬政治的活動；屬於丙集團的，可能因為已在臺灣工作多年，而與母國的連結有限，其事業也不一定涵蓋到大馬，如在臺灣的大馬籍醫生；而屬於乙集團的，我相信在南向政策的推行下，因更有機遇在馬臺兩地串連、流動，這類大馬華人會越來越多。

雖然在臺大馬華人內部的甲乙丙集團的傾向不一，但對臺灣社會而言，如同大馬這國家原本就令人不熟悉、無看點的特色，大馬華人給人的印象是模糊的。

不過，這種模糊的印象，還是有其正面作用，正因為每個在臺灣發展的大馬華人，因不構成「群」，每個個體都能發展得更多元，在自我實現的過程中，能潤物細無聲地影響著臺灣。

我們人在大馬的時候，那裡的社會氛圍，讓長年在族群政策不公下的華人，多沉浸在集體的悲情之中。大馬華人到了臺灣，拋開了族群的悲情，個體找到了自我實現的自由。

第一章

亞細亞的孤魂

我在自序中提到，最初我是希望能進到國立政治大學新聞系就讀，因為政大擁有臺灣歷史最悠久的新聞教育。另一方面，政大新聞系的歷史，也可說是國民黨敗退到臺灣後，再度發展僑教的縮影。

政大新聞系不僅為臺灣媒體界培育了人才，多年來也為大馬的中文媒體界孕育了一代又一代的生力軍。我相信，假如俞自鋒學長沒在臺灣神祕身亡，而且還在世的話，也許他可能在大馬會是有一定社經地位的老報人吧。

大馬檳城的俞氏家族的故事，和三個島有著千絲萬縷的關係，那就是海南島、檳榔嶼、臺灣。

俞自鋒

可以說「自古以來」，其實也就是一百一十一年前的一九一一年十一月十三日，到南洋號召華僑支持革命的孫中山，在檳榔嶼召開祕密會議，史稱「庇能會議」，而庇能就是這座島的馬來語PENANG的音譯。

這場祕密會議，推動了同年四月廿七日，革命黨人在廣州發動的「黃花崗之役」。這場戰役催生了「黃花崗七十二烈士」，其中三十人是來自星馬的華僑，當中也有幾位烈士來自檳城。

可以說，確實華僑對中華民國的建國功不可沒，而檳城這個大馬華裔人口比例最高的城市，至今仍和中華民國有特殊的歷史淵源，如由孫中山在一九一〇年在檳城創辦的《光華日報》，仍是北馬（馬來半島北部）有影響力的中文報，前總統馬英九在二〇一六年也曾到該報社、檳城孫中山紀念館訪問，當時我也在現場採訪。如果俞自鋒沒過世的話，說不定他回檳城後會進入這報社工作吧……

庇能會議的半世紀後，一九六二年九月，來自檳城的馬來亞華人俞自鋒，從當地的鍾靈中學畢業後，就獨自前往臺灣就讀政大新聞系。對國民黨當局而言，僑生俞自鋒不僅是「回國」了，也「魂歸故土」。一九六三年七月廿六日，俞自鋒的遺體在政大後面的指南宮山崖下被發現。

為感念華僑對中華民國的貢獻，以及持續拉攏人心，國民黨當局敗退臺灣後，恢復了在大陸時期實施的僑教政策，儘管當局也曾因財政困難，而考慮把僑委會裁併，所幸一九五〇年韓戰爆發，美援的到來不僅扭轉了臺灣這亞細亞孤兒的命運，也救了僑委會。

僑教在臺灣的復興，乃得益於美國的反共政策。而俞自鋒的弟弟俞自海先生，並不清楚當年二哥的政治立場為何，是左傾的？還是嚮往自由中國？只知道當時依然無法成為馬來亞公民，仍保有中華民國身分證的母親，對二哥的死傷心欲絕。

俞家祖籍是海南文昌，俞自鋒父母是落腳檳榔嶼的第一代華人移民，俞自鋒上有一位大哥和大姊，下有兩個妹妹和一個弟弟，在擁擠的一家八口下，生活並不富裕。

在那升學不易的年代，成績優秀的俞自鋒成功得到臺灣的公費獎學金，也就是美國提供給國民黨當局發展僑教的美援，所以才決定背負著家人的祝福下，來臺就讀政大新聞系。然而令俞家意想不到的是，俞自鋒在臺求學未滿一年，就接到「自殺身亡」的消息。❶

俞自鋒的家人是在一九六三年七月廿七日下午四點和晚上十點，分別收到了政大、僑委會發來的電報，而把電報拿到市區電報局解密的，就是俞自海先生，當時他年僅十五歲。

政大的電報訊息經解密後如下：「貴子弟自鋒自殺身亡，詳情另告，安葬事宜由僑委會辦理中。政治大學校長 劉季洪」，然而當天晚上僑委會委員長高信的電報，卻只告訴家屬俞自鋒已被下葬，屍首何處從未交代，而且無論是死亡報告、遺物，為何自殺？國民黨當局完全不告知家屬，直到數月後俞自鋒就讀臺大的同鄉劉姓好友，從臺大圖書館抄寫了《聯合報》的報導給俞家，他們才曉得是「為情自殺」。

當時臺灣《聯合報》的標題寫著「單戀女生 青年跳崖：一封決絕來信 俞自鋒竟斷魂」，❷內容如下：

（新店訊）去年回國升學的馬來亞僑生俞自鋒，因為受不了單相思的苦惱，廿六日晨四時許，在臺北近郊名勝木柵指南宮跳崖自殺。

跳崖自殺的俞自鋒，現年廿三歲，僑居馬來亞檳城，於去年秋天回國就讀大學。廿六日凌晨四時許，指南宮上有人看到一男子徘徊於崖邊，以為是早起的客人，未予介意。至五時五十分，指南宮的職員發現崖邊有一男性屍體，即向木柵分駐所報案。經警方請檢察官驗屍，在死者身穿的西褲上，發現書有其就讀學校的簡稱及宿舍號碼，乃立刻與該校聯絡，該校派人辨認後，認明死者為該校一年級學生俞自鋒。

死者跳崖處高約五、六丈，自殺原因可能為單戀厭世所致。

據他的同學說，死者單戀的對象，是一位與他同級但不同系的女生，該女生家在臺中。自從他們相識後，他即百般追求，但那位小姐對他並無意思，本（七）月廿一日，那位小姐曾自臺中寄給他一封決絕的信，表示她不喜歡他，希望他不要再糾纏她。

死者接到這封信後，表面看不出他有什麼太強烈的情緒變化。但是，死者曾寄了一封給那位小姐的信，付郵後，又到郵局取回，這樣連續了數次。究竟那封信的內容如何？是否已經寄出，同學們不得而知。死者平時略有自卑感。據稱，死者的家庭環境不很好，他深怕那位小姐會因為他的家境差而不喜歡他，所以希望在功課上能出人頭地，以獲取該小姐的青睞，因此，他在學期間的成績相當好。

死者的師長及同學對於他的自尋短見，都表示萬分惋惜。現在該校已將其原來住宿的房間關閉並與僑務單位保持聯繫。

死者的遺體已由其就讀學校移往極樂殯儀館。

這篇報導是在一九六三年七月廿七日刊登的，也就是說，廿六日凌晨過世的俞自鋒，在身亡不到二十四小時，而且案發地點沒發現遺書的情況下，就被《聯合報》下定論是為情自殺。若報導所言屬實，那事發時是沒有目擊者存在的，何以單憑有人自稱在凌晨四點看到「一男子徘徊於崖邊」，就認定俞自鋒是跳崖自殺呢？俞自海堅持，不能排除是國民黨當局虛構的情節。

隨著俞自海年紀增長，對臺灣的政治有了解後，才意識到戒嚴時期的媒體都是受國民黨控制的，而且政大又是黨校，不能排除「為情自殺」的說法乃國民黨操縱的假象。

當年俞家之所以沒有積極維權，是因為父母親受到了太大的衝擊，白髮人送黑髮人，性情大變的父親變得沉默寡言，母親則因過度悲傷而精神受創，最終入住精神病院，直至一九九五年過世，而父親則在一九八一年過世。得不到真相的雙親，默默忍受傷痛多年，終究還是只能帶著二兒子是「自殺身亡」的說法離開人世。

很多人對僑委會的共同記憶是，尤其是戒嚴年代留學的，一到臺灣後，僑委會必定對僑生們說「歡迎回國」；到了解嚴後的當代，至少是二十一世紀後留學的吾輩，雖然因時代改變而聽到「歡迎回國」的機會少了，但僑委會總是對大馬華社喊話說「多年來。我們始終照顧大馬僑生」……當我在二〇一九年從俞自海先生那裡得知他們家族的故事後，除了感嘆這時代的悲劇，僑委會的無為無義，不免令人覺得諷刺。

美援與政大新聞系

為延續過去在大陸時期招收僑生「回國」升學的服務，國民黨政府在一九五一年推出「華僑學生申請保送來臺就學辦法」，而該辦法在一九五八年被「僑生回國就學及輔導辦法」取代，並沿用至今。

不過根據文獻的記錄，國民黨撤退來臺後的第一個僑生，其實早在一九五〇年抵臺，那人就是臺大外文系畢業的印尼僑生蘇玉珍。蘇玉珍的父親蘇源昌曾任印尼《新中華報》社長，她臺大畢業後也踏入新聞界，曾任《中央日報》副總編、《香港時報》臺灣分社社長及《臺灣新生報》社長，二〇二〇年九月十一日在臺北過世，享壽九十四歲。❸

那麼，誰是第一位來臺求學的大馬僑生呢？這裡要跟非大馬籍讀者說明的是，現在大家所見到的馬來西亞，可分為馬來半島（西馬），以及在婆羅洲上的砂拉越、沙巴（東馬）。一九五七年，馬來半島脫離英國殖民而獨立，當時國名為馬來亞，接著在一九六三年，馬來亞才與砂拉越、沙巴、新加坡共同組成馬來西亞，而新加坡則是在一九六五年退出馬來西亞。

根據馬來西亞留臺同學會的「官方說法」，第一位來臺就學的大馬僑生，是出生於東馬沙巴州亞庇市的楊來添。一九五三年，楊來添赴臺就讀臺北市建國中學，一九五六年考上了政大新聞系，一九六〇年畢業返鄉。

也就是說，楊來添赴臺升學時，馬來亞還沒獨立，其家鄉也還是英國的殖民地，而他畢業返鄉時，馬來西亞也尚未組成，可見當時南洋華僑學生赴臺升學的歷史相當早，而且當時國籍身分上，也確實是「回國」就學。

還有一位與楊來添同年抵臺的大馬人，只是他的生命歷程比較特別。一九三四年出生於廣東東莞的白垚，本名劉國堅，他十五歲移居香港，十九歲赴臺就讀臺大歷史系。臺大畢業後，一九五七年移民馬來亞，而馬來亞也是在這一年脫離英國的殖民統治獨立。

白垚也可謂是最後一代的「南來文人」（馬來亞獨立前，有許多中國文人因政治因素而下南洋），也是第一代留臺人，儘管他是後來才成為大馬公民。此外，白垚也是馬華現代主義文學的主要推手，曾任《學生周報》與《蕉風》編輯，著有《縷雲起於綠草》。白垚已於一九八一年移居美國，二〇一五年過世。

◆

我們在回顧僑生的歷史時，往往繞不開美援的因素，有了美援在僑教領域的挹注，才讓僑教得以蓬勃發展，並延續至今。

韓戰在一九五〇年爆發，為了這場在東亞的反共戰爭，美國在一九五一年至一九六五年，大約投入了一億美元的預算援助臺灣，把臺灣打造成在東亞的反共堡壘。不過美援對僑教的挹注，則是在一九五四年才開始的，也同樣是在一九六五年完全停止。

一九五三年，時任美國總統艾森豪（Dwight D. Eisen hower）安排其副手尼克森（Richard Nixon），在結束東南亞的訪問後，再到訪臺灣。而尼克森在臺中東海大學的動土典禮上演講時表示，他在東南亞考察時發現，許多當地華僑受到共產主義的感染而到中國求學，為避免東南亞遭赤化，他建議臺北當局招收僑生來臺升學。最終尼克森返回美國後，也成功爭取到給僑教的美援經費。

隔年在美援的挹注下，美國提供鉅額資金支持臺北當局蓋校舍、獎助學金、僑生來臺旅費等經費，而國民黨也欣然接受尼克森的建議，畢竟響應美國反共之餘，也可藉更多華僑來臺彰顯自身仍是「正統中國」的地位。

對美國而言，之所以要這麼慷慨幫國民黨招生，主要還是希望僑生們來臺接受自由民主的思想，返回「僑居地」後傳播自由民主意識，以遏阻共產黨對東南亞的紅色滲透。當然，東南亞地區以外的僑生也同樣被賦予反共的期待。而肩負著反共文化宣傳責任的，也就是被寄予厚望的政大新聞系了。

對當時的大學而言，美援的到來有如天降甘霖，起初各大學基於資源有限而不積極招收僑生，後來為爭取更多美援以獲得發展校務的預算，才廣開大門，如一九五三年全臺僑生人數約四百廿七人，隔年有美援的挹注後，僑生人數躍升至一千零五十八人，此後一直到美援完全停止的一九六五年，每年赴臺升學的僑生人數都穩定地維持在一、二千人左右。

當時國民黨政府給各大學分配美援的方式是，每招收一名僑生，就補助大學一萬元，也就是僑生人數收越多，得到的經費就更多，如身為最高學府的臺大，因為招生了相當多的僑生而爭取到經費，而蓋了僑生宿舍、體育館、僑光堂（現名為鹿鳴堂）等建築物，還有如今的國立成功大學、國立中興大學也是受惠方。不過收益最大的，是正好一九五四年準備在臺復校的國立政治大學了。

如今走在政大校園，能見到的一座僅存美援老建築，就是四維堂。耗資新臺幣二百六十三萬元，在一九五九年五月落成的四維堂，在當時的功能是體育館與學生活動中心，這是政大校方為因應日漸增多的僑生，而在一九五七年向美國安全分署爭取到撥款興建的。❹四維堂在當時可說是政大校園最大的建築物，可容納一千五百人，曾是學校舉辦集會、系所活動、典禮、考試、舞會的場所，建築內部的四周也隔出空間作為學生社團辦公室使用。

除了體育館，政大還利用美援擴充僑生宿舍、教室、實驗室、教職員宿舍等校舍，以及為圖書室添購藏書。如今在四維堂入口處的右側，仍可在牆角上清晰地看見「中美合作體育館兼活動中心落成鐫石誌念」，見證了政大與美援的關係。

可以說，若沒有楊來添、俞自鋒等海外僑生，就沒有今天的政大。可惜的是，當年政大並沒有妥善處理俞自鋒後事，沒跟家屬交代將俞自鋒埋葬於何方，至今政大新聞系官網上的歷屆系友名錄（大學部），第廿六屆系友名單上，也不見俞自鋒名字。

模範僑生？

俞自鋒離世的隔年，即一九六四年，大馬和中華民國建立了領事外交關係，大馬在臺領事館是設在臺北市中山區的國賓飯店內，而國民黨當局被允許在首都吉隆坡設立領事館，後來也在檳城設館。無論是吉隆坡領事館，還是檳城分館，都未曾派員告訴俞家，到底俞自鋒被安葬在何處。

直至大馬在一九七四年五月三十日與中華民國結束領事外交關係，結束這「黃金十年」之前，俞家始終沒到領事館討個說法。根據俞自海的回憶，也許當時家人都不想再次受傷，因此沒意識到可以去找領事館討公道。

其實在中華民國與大馬雙方互設領事館之前，清廷就在英國殖民下的馬來半島設領事館了，中華民國成立後也繼承衣缽，直至一九四九年國民黨敗退來臺，隔年英國承認中華人民共和國政權後，中華民國才撤出在馬來亞各地的領事館。

那獨立後的大馬政府，之所以願意與中華民國互設領事館，主要是第一任首相東姑阿都拉曼（Tunku Abdul Rahman）立場是反共與親西方的，同時儘管未承認臺灣大學文憑，但也允許國內華裔學生赴臺升學，也是為避免華裔族群遭共產主義思想影響。

此外，前副總統蕭萬長曾在一九六六年赴吉隆坡任副領事，過去他受媒體訪問時稱在當地眼見獨尊「國語（馬來語）」的大馬政府日漸壓縮華人華文教育的生存空間，以及華人社會嚴重左傾，因此向馬方建議不妨讓華裔高中畢業生到同樣反共的臺灣留學，可避免當地華人社會進一步被赤化。

雖然當時吉隆坡與臺北都有共同的反共目標，但國民黨強烈堅持的「大中華民族主義」立場，卻給臺馬外交關係帶來許多紛擾，而在臺灣就學的大馬僑生，也成了政治博弈的棋子。即一方期待他們仍是保持忠誠的公民，另一方則期待來的人會是心向「祖國」的「模範僑生」。

◆

對當年積極提供美援的美國，以及接收美援的國民黨而言，把錢投入在僑教領域，就是為了培養日後在東南亞的親美、親臺（親黨）勢力，而能服膺於這些政治目標的，就是夢寐以求的「模範僑生」。

當然，僑生返回所謂「僑居地」後，是否真如美國、國民黨所預設般反共，成效為何？恐怕是有疑問的，因為誰都沒辦法掌握每個個體的能動性。

美援留下的影響、遺產肯定是深遠的。美援時代早已結束，如今的美國不一定對來臺就學的東南亞學生有「模範僑生」的期待，但國民黨一直到八〇年代末的臺灣本土意識高漲前，肯定對還是有著「模範僑生」的期待與議程，如強烈要求僑生們，不僅要認同中華民國是「正統中國」，更要效忠國民黨。

很多早年在臺灣留學的大馬僑生都有這個經驗，校園內的國民黨職業學生，多會招攬僑生入黨。一九六七年政大中文系畢業的蕭國根先生曾告訴我，因為成功招僑生入黨的話，職業學生得到點數會比較高，更有助於提升業績。

不僅如此，國民黨也無視許多僑生已是他國公民的事實，仍基於血統主義、屬人主義原則的《國籍法》，認定祖先來自中國的僑生們，也是「中國人」，強制僑生們接受軍訓課程，成為「反共復國」的一員。

因此大馬領事館曾發出公告，警告參加軍訓的大馬公民會有被吊銷國籍的風險，大馬政壇也曾強烈批評國民黨與僑委會當局是在「干涉內政」，如一九六九年，時任執政黨馬華公會的總會長陳修行就公開批評僑委會「干涉內政」。陳修行指出，僑委會依然視海外華裔為僑民，恐讓東南亞國家對境內的華裔忠誠度生疑，而僑委會還反駁馬華公會干涉中華民國內政。

大家不妨想像一下，二戰後東南亞出現了許多脫離殖民而獨立的新興主權國家，境內的華人國家效忠確實是敏感課題。倘若一九四九年，國民黨有幸還在大陸執政的話，國民黨相當堅持的雙重國籍政策與僑務政策，恐怕也會給周邊國家帶來「排華」風險。

◆

對大馬政府而言，他們擔心來臺留學的大馬華人，會成為已效忠另一個「中國」的人，因為「僑」始終是敏感字眼。

對國民黨而言，他們擔心成長在「異域」的同族，會不再視中華民國為「正統祖國」，也惶恐這些在「僑居地」成長的「僑胞」，已被共產黨洗腦。

可以這麼說，夾在母國與國民黨之間的大馬僑生，就顯得裡外不是人。在國內因種族政治的不公而不被信任，在臺灣也因成長背景不夠「純正」，而必須被教化，以成為「模仿僑生」。那難道大馬僑生沒有自身的個體與國族認同理念嗎？答案是有的。

早年許多選擇來臺灣念書的大馬僑生，很多是因個人的前途所驅動，縱使有受「自由中國」這理念的感召，也不一定是主要因素。

在大馬駐臺北領事館撤出的前一年，即一九七三年，馬來西亞旅臺同學會（以下簡稱「大馬總會」）在臺北成立了，這組織的成立是取代早年的星馬學生會（當時大馬、新加坡還沒獨立），但馬臺斷交後，有很長一段時間，大馬總會就成了捍衛在臺灣的大馬學生權益的重要組織。

在這裡我要說明一下，文章寫至此，我多是用「大馬僑生」來稱謂在臺的大馬學生群體，但隨著故事已寫到大馬總會成立，因此我會以另一個常用詞——「旅臺生」替代。旅臺生是指還在臺灣就學的學生，而「留臺生」則多指已留學畢業的。

馬臺斷交後，大馬旅臺生頓時失去靠山，原本大馬總會是註冊在大馬領事館與臺灣教育部底下，但國民黨當局卻趁大馬領事館撤出後，就將大馬總會的輔導權從教育部強制轉移給僑委會，「認祖歸宗」至今。

而失去領事館後，大馬總會提供了類領事的服務，如辦理護照延期、單身證明、向航空公司團購便宜機票等。一直到一九八三年，大馬政府在臺北設立準領事館地位的友誼及貿易中心後，上述服務一直延續到九〇年代初才結束。

回頭看過去大馬總會留下的會訊（一九七四至一九九一年）、《大馬青年雜誌》等文獻可發現，至少在七〇年代後，大馬旅臺生的國族認同是相當明確的，即認同大馬為自己的祖國。會訊中常見大馬新聞的剪報，以及旅臺生所寫的評論，均可見他們依然相當關心母國的發展，尤其在大馬總會內部成立的倡議性社團「大馬青年社」，更是以「學術報國」為宗旨。

儘管未有確切數字，但據信從臺灣畢業的大馬校友已超過七萬人，隨著近年臺灣大專院校積極招收大馬學生，未來校友人數突破十萬指日可待。因此留臺生是大馬華人社會中難以被忽視的群體，而留臺校友群體的影響力，更凸顯在文化領域上，就如已過世的大馬漢學家鄭良樹所形容的，留臺校友是大馬華人社會「第一代知識分子」。

鄭良樹本身也是第一代留臺僑生，一九六〇年就讀臺大中文系，後來到馬來亞大學、香港中文大學任教。鄭良樹認為，因為大馬華人祖先南來時，多是工人、農夫或小商人，知識分子階級並不多，他主張已走入歷史的新加坡南洋大學校友、留臺校友，是大馬華人社會「第一代知識分子」。

一九五七年建國後，由於華校高中畢業生因種族主義政策而在國內升學的出路受限，反共的政府也不允許學生赴中國大陸留學，所以只能選擇到臺灣。而這第一代赴臺灣升學的大馬旅臺生當中，許多人畢業後回到大馬的獨中教書，或投入媒體界發展，對大馬華人社會的文化建設有莫大貢獻。

也許克難的時代，讓早年部分的大馬旅臺生背負著要改變自己國家命運的使命感，就算國家缺位（沒在臺領事館、沒有要承認臺灣大學文憑），也要砥礪前行。同時，除了對國家，也要對族群有所交代，相比吾輩旅臺生，似乎上一輩留學臺灣的校友，會更強調要在保留「完整」中華文化的臺灣學習，有朝一日回馬薪火相傳。

也許這名一九八七年畢業準備回馬的廖偉強學長，在大馬總會會訊寫下的這段話，能描繪了部分那個年代旅臺生的心境與矛盾：

> 回憶四年前，當我一踏上這片國土，在機場或學校等場所，不時會看到「歡迎你們回祖國深造」之類的標語，那時心裡非常激動。四年後，漸而強烈體會到「貢獻所學，以造福僑胞，促進與祖國之多方面交流……」……「是的，我是僑。我愛我的祖國——中華民國，因為我是中華民族的子孫，但我更有責任忠於身為馬來西亞的公民，所以必須在那兒發揚及維護總會文化」。

然而，當臺灣在解嚴後本土意識興起、三度政黨輪替與民進黨二度執政，臺灣大環境的劇變也讓部分堅持「傳統價值」的留臺校友無所適從，這又是後話了。

根據筆者收集到的大馬總會會訊，會訊發行時間點是一九七四至一九九一年，若以五〇、六〇年代留學的旅臺生為第一代的話，那後面廿年的旅臺生可算是第二代了。大馬總會的成員，也確實在會訊中提出了身為大馬華人「第二代知識分子」的期許，同時也更加強調國家意識。我以大馬總會過去舉辦的兩個活動為例，說明早年的旅臺生如何看待自身的使命與傳承。

大約從一九八〇年起，為慶祝大馬的國慶日，大馬總會開始舉辦「八三一慶典」，以加強旅臺生的國家意識。一九八五年會訊的社論就寫到「旅臺知識分子除了汲汲營營於課業之外，更應建立以馬來西亞為中心的國家意識」，特別的是，這年大馬總會獲得了時任首相馬哈迪的來函，強調「國家意識」對於三大民族的團結有積極的正面意義。

接著大馬總會在一九八四年開始，配合「八三一慶典」，舉辦「金鷹獎」頒獎典禮，該活動取自「菁英」的諧音，希望表揚在臺灣有傑出表現的大馬旅臺生。由此可見，選在大馬國慶日舉行此活動，背後不免有鼓勵學生在臺灣「為國爭光」、「精忠報國」之意。

不過金鷹獎只舉辦三年，就在各種爭議下宣告停辦了。主要的爭議不外乎評審、得獎人代表性的問題，也有批評者認為，縱然這活動立意良好，是為鼓勵在臺灣耕耘的大馬人，但結果往往相違背，吸引了沽名釣譽者參與。

一位當年對金鷹獎提出批評的旅臺生羅洪賢，在會訊中提到，該獎項與國家認同有密切的關係，但有候選人在臺灣卻加入國民黨，他質疑若最終頒獎給有入黨的學生，該怎麼處理國家認同的問題？

筆者注意到，羅洪賢的這篇評論是刊在一九八七年八月五日的會訊，時間點正好是在臺灣解嚴後。筆者縱覽了橫跨十七年的會訊，這應該是首次批評大馬旅臺生加入國民黨的問題，也許之前礙於戒嚴的白色恐怖壓力，而無法在會訊中暢談，畢竟大馬總會依然是由僑委會所「輔導」的。

無論如何，九〇年代後，隨著大馬政府開放學生赴中國留學、國內私立大專院校因高教市場化而如雨後春筍般出現，大馬華裔學生的升學出路已更寬廣。

同一時期，來臺的大馬華人的動機、背景更多元，沉重的文化、家國使命不一定能在新一代的旅臺生身上看見，再也見不到諸如「第幾代馬華知識分子」的說法。

接下來在第二章，我會說明解嚴後、政黨輪替後新生代的大馬旅臺生，如何回應臺灣劇烈的社會變遷，以及自身的國族認同。

---

❶《關鍵評論網》，二〇二〇，〈【獨家】不被送達的死亡報告：用了五十年才從馬來西亞來臺找到二哥的墓，但政大始終沒給他真相〉，https://www.thenewslens.com/article/137947，二〇二一年七月三十日檢索。

❷ 一九六三年七月二十七日。〈單戀女生 青年跳崖：一封決絕來信 俞自鋒竟斷魂〉，《聯合報》，三版。

❸ 世界留臺校友會聯誼總會，二〇二〇，〈中華民國第一位僑生蘇玉珍走完多彩多姿的一生〉，https://wfotaa.ezsino.org/?mod=news&action=show&cat_id=913&id=428，二〇二一年七月三十日檢索。

❹《故事 storystudio》，二〇二〇，〈五〇年代的中美合作，其實政大也是受惠者？〉，https://storystudio.tw/article/gushi/roc-usa-relations-nccu/，二〇二一年七月三十日檢索。

第二章
群在異鄉為異客

到底什麼是僑生呢？雖然按字面的意思，就是「華僑學生」，但細讀法規的話，也依然是模糊不清的。

根據《僑生回國就學及輔導辦法》的定義，僑生是指「**海外出生連續居留迄今，或最近連續居留海外六年以上，並取得僑居地永久或長期居留證件回國就學之華裔學生。但就讀大學醫學、牙醫及中醫學系者，其連續居留年限為八年以上**」。

而所謂的華裔，就是指「華人」、「漢人」等血緣式的定義。不過，僑生也不一定是純華裔，也有馬來人、華人混血的大馬籍學生，以僑生身分來臺就學。無論如何，這依舊是種族主義色彩濃厚的政策。

至於為何要規定海外居住六年或八年，某種程度上也反映了社會對「外來者」競奪資源的焦慮。民眾擔心會有人把孩子送去海外生活個一兩年，就以僑生身分「占據」名額，而在華人社會傳統觀念裡，又特別希望孩子學醫，因此醫學系才會限定連續居住八年以上。

中國也有類似規定，根據中共官方對「華僑考生」的定義——「考生本人及其父母一方均須取得住在國長期或者永久居留權，並已在住在國連續居留兩年，兩年內累計居留不少於十八個月，其中考生本人須在報名前兩年內在住在國實際累計居留不少於十八個月」。

其中還有個與臺灣更明顯的差異是，中國政府認定的僑生，必須持有中華人民共和國國籍，主因是中國採單一國籍法，而承認雙重國籍的臺灣政府，則依然從血統主義的角度去推動僑生教育(以下簡稱僑教)。

僑教是奠基在以「漢人」種族的認定原則上，然而隨著臺灣社會逐漸擺脫大中國主義的幽靈，先天不良的僑教必然備受抨擊，而在不同時代被迫成為僑生的大馬華人，也成了臺灣身分政治鬥爭的犧牲品，有的人選擇沉默以對，也有人選擇站出來捍衛尊嚴。

「僑教風波」

一九八七年七月十五日，蔣經國宣布臺灣解嚴，臺灣自此進入新的時代。隨之而來的，是過去各種大中國主義的符號開始被臺灣本土意識反撲，臺灣人能更為公開與驕傲地建構自身的國族認同。

在同年八月三十一日，是大馬建國三十週年，這一天馬來西亞旅臺同學會（以下簡稱「大馬總會」）在臺大舉辦了「八三一慶典」，即國慶典禮。對從小被灌輸捍衛族群文化，以傳承中華文化為使命的大馬華人旅臺生而言，此刻臺灣社會的劇變，可能讓他們無法一時半刻領會。有的人選擇繼續捍衛「僑生」這符號，反對「去中國化」，也有的人開始對「僑生」有更多的反思。

在解嚴前後，民間開始批判僑生這種大中華主義的政治產物，而僑委會在立法院也遭到民進黨立委挑戰，這促使了一些大馬旅臺生也開始反思何謂僑生，何謂外籍生。例如，在「八三一慶典」中有兩齣話劇表演叫《八三一寢室》和《索．在這個舞臺上》，即探討了旅臺生國族認同的困惑，包括反思僑生政策。

不過，反思或挑戰何謂僑生，並不是國民黨當局最介懷的，而是「八三一慶典」邀請了民進黨創黨主席、立委江鵬堅出席，根據「八三一慶典」總策畫余光英在大馬總會會訊的說法，當時僑委會因這事件而「約談」大馬總會。

「就因此事件，我們被僑委會約談，後僑委會又有一官員來同學會拜訪，他們對此事表露出相當不高興」，余光英還「爆料」，僑委會竟提出「忠告」，若同學會還繼續碰政治，就會刪減大馬申請來臺升學的名額！顯見國民黨當局對大馬「僑生」的政治控制依然存在，儘管當時已解嚴。

余光英指出，大馬總會邀請的貴賓還有馬臺官方機構、商界代表、媒體、學者和紅十字會、獅子會及救國團等民間團體，邀請民進黨立委的用意並不是僑委會所言在搞政治。余光英批評，僑委會動輒以升學名額來威脅的心態該被檢討了。

當時邀請江鵬堅與會的，正是時任總會長羅志昌，而羅志昌的故事，在接下來幾章還會出現。對於這段往事，羅志昌告訴我，他不記得有被約談了，但僑委會的專員確實有來電表達不滿。

當初羅志昌等大馬總會的幹部用意很簡單，就因為發生了「僑教風波」，意識到民進黨也許對僑生群體有很多誤解，因此希望透過舉辦交流會、邀請參加國慶慶典，以促進民進黨對大馬的了解。此外，羅志昌也曾以大馬總會的名義，發函向僑委會抗議國民黨還在誘惑僑生入黨，而羅志昌任內也通過決議，大馬總會絕不與國民黨中央黨部第三組（海工會）往來，以避免母國政府不必要的猜忌。

羅志昌是第十五屆總會長，我是第四十二屆副總會長，我告訴羅志昌學長，到了我這時期與臺灣朝野政黨的交流，僑委會沒管這麼多了，反而是有位僑生處的小處員，曾告訴我這屆的總會長曾文誠，若同學會和大馬朝野官員見面的話，希望能報備一下……對此，我們當然不理會僑委會，畢竟他們是我們母國的代表，與僑居國的僑委會何干？

還有一個令羅志昌難忘的事情是，當年大馬總會也在臺南成大辦國慶活動，卻遭到僑委會阻止在校園升大馬國旗。在僑委會的觀念裡，我們是「回祖國」的「華僑」，怎麼可以升「他國」國旗？最終羅志昌等人不顧成大校園保安的反對，成功升起了大馬國旗。

接著到了一九八〇年代末，發生了所謂的「僑教風波」，這場風波的近因是臺灣學生就讀大學困難，民進黨等國代遂在國民代表大會上，抨擊僑生占據名額。而遠因則是，隨著本土意識的興起，與大中國主義脫離不了關係的「僑生」這符號，遲早成為政治鬥爭的對象。而此時的大馬旅臺生，也強烈感受到臺灣社會對僑生們的不友善。

一九八九年七月一日的臺灣大學聯考期間，忽然出現了一批以臺大、陽明、臺北、高雄等醫學院大學生之名義發布的〈我們要求一個真正公平的大學聯考——請正視僑生問題〉的傳單。除了不滿有高比例的僑生名額外，也批評官方給予僑生優先住校內宿舍、學期成績三分之二不及格不必退學、不必服兵役等「福利」。

根據臺大人類所畢業的大馬人吳欣怡的碩士論文研究，早在這起抗議事件前，就有記者、學者在報章上批評僑教政策的不合理性，如一九八六年，《聯合報》的記者伍齊美發表〈特種身分考生，享受升學優待，破壞了大學聯考公平性？〉，接著一九八八年，學者朱敬一在《聯合報》發表〈僑生就學輔導辦法該改了〉。可見各界對僑教政策公平性的不滿，臺灣社會醞釀已久。

寫到這裡大家或許會覺得奇怪，明明很多僑生，如大馬學生都不具有中華民國國籍，為何要服兵役？事實上，直到我二〇一〇年後來臺求學時，還是有臺灣年輕人誤以為僑生都需要服兵役，問我是否會服兵役，可見僑教政策對臺灣社會國際觀的誤導太嚴重。

◆

傳單事件的爆發、國代在國民代表大會上的抨擊，無一不讓當時的大馬僑生感到不知所措，也加遽了校園內的對立情緒。而當時遠在臺南就讀成大歷史系的旅臺生安煥然，也血氣方剛地回應了臺灣社會對僑生的圍堵。

安煥然是大馬的歷史學者，現任職於大馬新紀元大學學院的中文系教授，他曾撰文❶回憶起這段「抗爭」的往事。

隨著解嚴後社會氛圍的開放，成大校門外的牆壁成了學生張貼言論觀點的「民主牆」，內容從罵學校、政府，終於延燒到僑生群體了，當時成大的臺灣學生罵「僑生」乃國民黨的狗。眼看戰火延燒到他所屬的僑生群體，安煥然憤而買了張壁報紙，再貼上民主牆反擊。而這一反擊，也引來了各界的關注。

當時臺灣媒體也報導了此事，如《自立早報》下標：「不要拿我們作政治靶子，成大僑生喊出內心話」，報導中寫道：「成大歷史系二年級的馬來西亞僑生安煥然昨日以巨幅字報公告全校師生時指出，當孫中山在舊金山手書『華僑是革命之母』，時至今日它似乎已經成為一種『美麗圖騰』，因此當他一踏入中華沃土時，此一圖騰已圈套在脖子上，糊里糊塗享受『特權』，莫名其妙的遭受詬罵……」(《自立早報》一九八九年十二月十三日)。

而當時《民眾日報》(雲嘉南綜合版)的報導也記載，這場牆壁上的筆戰從「僑生政策論戰」竟變成「孫中山論戰」，最終民主牆空間不敷使用，可說是「成大民主牆成立以來，最具盛況與激烈的一次」。

對於這段往事，最終學校長官找安煥然去「吃飯」，並提醒他說：「那些都是『政治學生』搞臺獨，不要跟他們計較。不要讓人看不起，就好好讀書，拿出一點成績來。」而最終安煥然也以優秀的成績從成大畢業。

◆

那當時大馬總會是如何回應僑教風波的呢？

為回應這場風波，大馬總會的僑生幹部們，在當年七月組織了七人僑教委員會，收集資料與意見，以提呈備忘錄予僑委會、教育部等單位，希望官方傾聽大馬僑生的心聲。

接著在同年底十一月，臺大、政大及師大的大馬同學會，也合辦了「從認識到省思」的僑教問題研討會。

從活動名稱來看，北部的大馬僑生中的菁英，對僑教政策有了一定的反思。而由大馬總會中的有志青年——「大馬青年社」所發行的刊物《大馬青年》(第八期)，也以僑教風波作為當期雜誌的主題，是研究當時僑教風波的重要文獻。

如同當時的一位大馬僑生在《大馬青年》雜誌所言：「來臺前不知自己是享受『特權分子』，然後來臺後卻被指責為占用了本地資源或一些似是而非的抨擊……」、「學者專家、政治人物、輿論援用例子之不當等，都讓僑生在心靈深處被深刻刺傷」。

臺大僑生及陸生輔導組前主任周漢東老師記得，僑教風波發生後，僑生們當然覺得很委屈，畢竟相關福利是教育部給的，不是他們爭取來的，教育部也解釋名額是額外的，但社會並不接受。

周漢東老師是臺灣人，他一九八二年臺大中文系畢業後，進入臺大的訓導處僑生及外籍生輔導室工作，一進入便是三十八年，直至二〇二〇年退休。近四十年的經歷，也讓周漢東與各國僑生建立了深厚的師生情誼，他說他應該是全臺各大學僑生輔導老師當中，少數輔導過兩代僑生的人員。周漢東舉例，大馬臺大校友會前會長侯建成曾是他的工讀生，侯建成返馬成家立業後，兩個孩子也到臺大求學，這種看著學生長大的感覺非常特別。

周漢東受訪時提到，這些年他也相當明白僑生們受的委屈，也有學生向他訴苦，如早年臺灣社會對僑生有負面的印象，如一些僑生因為成績不好，才會讓臺灣同學有句話說「班上有僑生就安心了，因為有僑生墊底」。無論如何，周漢東都會勉勵學生，不要太執著於僑生這標籤，只是個入學管道，應更努力來證明自己的價值。

一些受訪者或是相關文獻都提到，當時有的僑生，為保護自己不被本地生苛責，特意掩飾自身「僑生」的身分。這不禁令筆者想到，在自身的求學生涯中，也遇到有的大馬人，因不喜歡有的師長、同學對「僑生」有負面的標籤或想法，而掩飾自己的「僑生」身分，其中最有效的途徑，就是消除原有的口音，完全臺灣化……

可以這麼說，大家可以回顧二〇一一年剛開放陸生來臺就讀學位班後，當時臺灣社會也是對陸生相當不友善，認為他們是來臺灣搶占資源的外來者。這股排外情緒，我相信這與八〇代末對待僑生的情緒是如出一轍的。

我在臺灣的這十多年，有時候難免會聽到其他同鄉分享因「僑生」身分而被歧視的經驗，如當有臺灣人知道誰是僑生的話，多會問：「你們是不是加分進來的？」、「是不是都有獎學金？」

無可否認，確實早年來臺的僑生，有各種加分、獎學金的補助優待，加上早年大馬、新加坡、菲律賓等東南亞國家的經濟發展比臺灣好，在東南亞幣的匯率優勢下，部分僑生確實讓臺灣人產生了闊綽的印象。而已經無法享受這些優待的新生代僑生，則無可避免地得承受過去這些刻板印象、負面標籤的沉痾。

一九八九年僑教風波的尾聲，以一九九一年的相關修法為結束，包括僑生升學優待以一次為限、僑生自行報考者按其成績從原本的加分百分之二十五改為百分之二十，以及最敏感的名額問題，明確規範了大學院校每科系招收僑生以額外的百分之十為限。

從「暨南」到新南向

一九八九年的僑教風波結束後，帶來的連鎖效應就是「國立暨南國際大學」（以下簡稱暨南大學）在臺灣的復辦。

一九〇六在南京創校的暨南學堂，是清廷為海外僑民回國就學而設的學校，「暨南」二字出自《尚書．禹貢》篇：「東漸於海，西被於流沙，朔南暨，聲教訖於四海。」意思是把中華文化「南向」傳播。

中華民國成立後，暨南學堂在一九一八年改名為國立暨南學校；一九四九年，隨著國民黨敗逃臺灣，那年暨南即被併入上海復旦大學，一九五八年才在廣州重建。那為何國民黨政府遲至一九九五年才在臺灣「內地」南投縣「復校」呢？

一九八九年的僑教風波，使得臺灣政府部門開始討論「僑生大學」的設立，以為設立一所只收僑生的大學，就可以一勞永逸地緩解社會對僑生「占用」資源的不滿，而與華僑群體有深刻歷史意涵的暨南大學，就是可用復辦作為設「僑生大學」的選擇。

我因為寫這本書才發現，無論是維基百科，還是暨南大學官網，都沒提到在臺復校過程中的僑教爭議。維基百科上提到的是：

中華民國政府遷臺後，各方校友紛紛提出復校訴求，一九八四年，美國南加州暨大校友會雷博平會長應邀到臺北會合徐亨、戴始仲二位學長一同代表暨大校友出席在總統府召開的僑務會議，提出在臺復辦暨南大學的訴求。之後，海內外的暨大校友遊說臺灣政界、教育界與文化界，後又直接訴請的行政院長郝柏村，在歷經多次失敗仍不斷努力奔走下，最終於一九九五年實現在臺復校之願景。

僑教風波後，一九九〇年四月在臺北舉行的全球僑務會議上，有代表提出應設立華僑大學或復辦暨南大學，以緩和僑界對政府「新政」的擔憂。同年底，時任教育部長毛高文在立法院答詢時表示，對設立僑生大學的研究即將完成，初步擬定名稱為「國立暨南國際大學」。

可以這麼說，固然有海內外親中華民國政府的暨大校友施加復校的壓力，但僑教風波才是促成復校的催化劑。那當時大馬僑生和校友又是怎麼看暨南大學復辦呢？

根據當時的社會氛圍，以及官方的論述，暨南大學很有可能會成為只收僑生的學府。大馬總會的會訊社論就提到，僑委會的蘇成福主任稱，欲修讀文、法、商、教育（或師範）學院的僑生，只能修讀暨南大學，雖然可開放僑生到其他大學選修一些暨大所沒有的課程，但最終還是只能以暨大的身分畢業。

個人認為，若臺灣真出現一所只收僑生的大學，那相當於變相的種族隔離政策，儘管在中華民國政府的思維裡，僑生和「中國人」是同文同種的。

對於這種排他性的政策，大馬總會擔心加遽對僑生們的污名化，社論中提到「我們認為毋須先為此所大學標籤為糟學校，當時，基於自由選擇受教育之原則，希望中華民國政府能開放其他大學讓我們申請」。

時任總會長李金科認為，若其他大學都不再招收僑生，不僅對僑生是一種損失，更是讓臺灣學生失去了拓展世界觀的機會。而繼李金科後的總會長張濟作告訴我，根據他任內所接觸到的教育部、僑委會官員，其實也反對只專收僑生，那只是一些民間輿論、民進黨立委的想法。

一九九一年二月，大馬總會的幹部們趁寒假返馬時，拜會了馬來西亞華校董事聯合會總會（簡稱董總）、留臺聯總等與臺灣官方關係密切的單位，並提出了對暨南大學的擔憂。董總、留臺聯總的立場是，支持設立更多大學，但反對一所只收僑生的大學，他們也向臺灣教育部、僑委會表達了反對的立場。

值得一提的是，當時的董總執行祕書長莫泰熙告訴大馬總會的學生，大馬外交部駐臺單位——「馬來西亞友誼及貿易中心」對暨南大學的設立相當敏感，會訊寫道「若臺當局不理會我方的反應而將僑生集中至暨大，則恐會引至我國政府的敏感關注」。

不過會訊中也無清楚說明為何莫泰熙認為大馬政府會對此敏感，但個人推測，可能一所只收僑生的大學成立，在大馬政府眼裡，是國民黨政府又在強化對大馬華裔的「宗主權」宣示。

慶幸的是，最終在一九九五年復辦的暨南大學，至今依然與一般大學無異，同樣有招收境外生（僑生、外籍生、陸生），但還是以臺灣本地生為多數。此外，在多年來大馬留學生社群裡，多認為暨南大學是全臺境外生比例最高的大學，因為由各校聯合組成，負責僑生分發事務的「海外聯合招生委員會」也在一九九五年設於暨南大學，而主委也都是由暨南大學校長兼任。

不過，端看臺灣教育部的數據（一〇九學年度）的話，其實境外生占暨南大學學生的比例，也僅百分之十左右，與各大學的比例差不多，也許最高的是師大（百分之三十二·二），臺大、政大分別有百分之十七·六、百分之十六·八的高比例。

無論如何，關於境外生要和本地生隔離或融合，無論是空間上的，或是權益平等上的，始終是至今臺灣難以解決的問題，在各時期有不同的爭議，特別是在制度上，境外生還得細分成外籍生、僑生（含港澳生）、陸生……等等，共同點都是因政治制度而被強行劃分的群體。

◆

前文提到，以「正統中國」自居的國民黨政府，基於血統主義的國籍法，一律將所有外籍華裔留學生視為「回國」的僑生，以大馬華裔學生為例，要來臺灣，在留學管道上只能選擇成為僑生。

隨著臺灣解嚴後帶來的本土化浪潮下，僑教開始受到質疑，儘管以血緣為認定基礎的僑生政策，未能改革成以國籍為認定，但僑教的權威性已鬆動。

一九九八年起，臺灣官方開放大馬華裔可選擇以外籍生的身分來臺留學，唯只能在僑生、外籍生之間二選一，擇一後不能再轉換身分；就算是在學期間的轉校、休學或升讀研究所的時候，若被發現有轉換身分的情形，無論是無心或有意，都會被撤銷學籍處分。過去就有不少大馬學生因不清楚這複雜的規定，而被迫離開臺灣，個人認為應放寬身分轉換，即使無法放寬，現行的懲罰政策也不符合比例原則，這是另一個比較複雜的境外生權益課題，就不在此多贅述了。

儘管如前文所述，過去有出現大馬旅臺生反對僑生這身分，主張以歸類為實至名歸的外籍生才對，但能有如此進步思想的留臺校友、旅臺學生，未必是多數。

臺灣政府開放外籍生的選項，應是在一九九八年（八十七學年度）九月秋季開始實行的，有趣的是，同年四月時任僑務委員長焦仁和、國民黨立委黃清林到大馬拜訪留臺聯總時，黃清林立委卻是要安撫留臺聯總的情緒，保證大馬華裔學生不會被視「外國留學生」，福利與地位也不會變。不過，根據當時報導，黃清林在交流會上也提到立法院未討論修改僑生稱謂一事，他只是回應傳聞。因此這一改革是他們返臺後才討論實行，就有待查證了。

無論如何，這身分「二選一」的放寬，終究還是在一九九八年新學期實行，而當時留臺聯總的焦慮，某程度上也反映了當時大馬華人社會對李登輝總統臺獨路線的憂慮，擔心僑教政策會在「去中國化」浪潮下成為祭品。

◆

二〇〇〇年，臺灣實現首次政黨輪替，對「華人世界」而言，確實是一件大事，但也是對民進黨印象崩壞的開始。

由於民進黨強調臺灣主體性的本土認同，與國民黨的「大中國」認同大相徑庭，因此在僑務工作上，民進黨主張僑務工作的對象應優先以臺僑為主，而陳水扁在競選總統時的外交與國防政策白皮書，就主張裁撤僑委會。

當陳水扁執政後，少數在解嚴後擔任兩屆八年的僑委會委員長的張富美，就發表了相當爭議的「僑民三等論」，從此埋下了海外華人、「僑社」對民進黨不信任的因子。

所謂「僑民三等論」，即將僑務工作服務對象分為三個優先順位，首先是持有中華民國護照，從臺灣出去的「新臺灣人」，第二等是曾留學臺灣的僑生，最後第三等，是傳統上的華僑、老僑等有華人血統者，由於這一族群多年來與中華民國關係深厚，如在歐美國家的老一輩華人，可能仍有雙重國籍身分，所以張富美的主張引起相當大的反彈聲浪。

最終張富美表示道歉，並承諾「新政府的僑務政策有其一慣性和連續性，會努力與海外各僑團維持良好關係，不可能有差別待遇」，而當時的僑委會副委員長吳新興，即是蔡英文政府第一任期的僑委會委員長。不過僑委會依然在去中國化的潮流下，英語官方名稱在二〇〇六年由「Overseas Chinese Affairs Council」改爲「Overseas Community Affairs Council」。

不過有趣的是，當二〇〇八年再度政黨輪替後，馬英九政府也迅速地在同年推動行政院組織改造，而當時海外「僑界」沒預料到的是，馬英九竟打算裁併僑委會，打造「外交與僑務部」。馬政府的計畫不僅引起了美國的僑界反彈，當地的國民黨支部黨員甚至揚言退黨，最終馬政府只好「維持現狀」。❷

這意味著，無論藍綠，對於僑委會業務與許多部會疊床架屋，應併入外交部是有高度共識的，但礙於所謂的僑界的反彈，以及多年來與海外華人建立的關係，而無法推動改革。

回到扁政府時期，雖然扁政府推動裁撤僑委會的計畫失敗了，但為提升臺灣國際地位，吸引更多國際留學生來臺求學，讓臺灣高教更國際化，因此開始縮減僑教的預算，影響了僑生們原有的福利、名額，以集中資源招攬「外籍生」。

相比臺灣政府要對僑委會動刀，對僑教的下手，更觸動了大馬旅臺生、留臺校友的警戒心，認為民進黨為了要去中國化，而針對海外「華僑」。對遠在大馬的華人而言，上述本土化進程，依然是一件難以理解的事情，對臺灣的想像依然從大中國主義的角度出發，即便是當時在臺灣求學的大馬學生也不解，畢竟當時臉書等社群媒體平臺仍未興起。

雖然扁政府時期已開放了大馬華人也能以外籍生身分來臺，但選擇此身分的華人仍是少數，絕大多數來臺的華人還是選擇成為僑生，但選擇僑生並不意味他們對僑生的歷史意涵是清楚的。

這箇中原因在於，長年以來，大馬華人以僑生身分報名來臺留學的方式，從早期尋求居住地的老國民黨員、中華大會堂等民間組織保薦來臺，到後期已轉變為向各獨中的升學輔導處、七〇年代開始林立的各州留臺校友會等單位報名，而這些輔導處、留臺校友會都是僑委會核可的保薦單位，可謂形成了「僑教產業鏈」。

由於這「僑教產業鏈」中的參與者，長年來已培養了默契，以及行政作業上的因循守舊下，每當有學生詢問怎麼來臺灣升學時？無論是獨中老師或留臺校友，多直覺式地建議就申請成為僑生吧。這現象大概在民國一〇〇年後才改變，稍後會說明緣由。

可以這麼說，民國一〇〇年之前，在多數大馬華裔學生的認知裡，僑生就是華人，而外籍生一定是洋人／非漢人。

在臺灣待了十三年（二〇〇五年到二〇一八年）的白偉權學長告訴我，當時扁政府不再厚愛僑生，把更多資源投入在招收外籍生上，所以當時許多大馬人會認為臺灣政府還是喜歡比較「適合拍照」的留學生。所謂「適合拍照」，就是指金髮碧眼的白人，或黑人等容易彰顯「國際化」的外國學生。

除了僑生的清寒助學金、一些校系的名額縮減外，讓就讀師大的白偉權印象最深刻的，是有一年校方以「上面」的預算消耗完畢了，所以每年讓各國僑生聚餐、欣賞文娛表演的「僑生春節祭祖」活動就取消了，這讓許多僑生覺得不被重視。

不過白偉權也強調，除了上述福利縮減讓僑生們對民進黨反感，主要還是當時的政治環境，陳水扁總統的貪腐案連環爆，更讓僑生們對民進黨觀感不佳。白偉權記得，當時也有不少僑生朋友也參加施明德發起的倒扁遊行，體驗政黨輪替後帶來的民主自由活力。

關於當時許多大馬學生對扁政府的不滿，二〇〇五年一篇在網媒《當今大馬》上的投書，就是經典案例。

這篇文章標題為〈敬告留臺老學長姊們：您們的學弟妹快憋不住了〉，❸其中提到臺灣教育部以「經費已經用盡」為由，通告「優秀海外華裔學生回國就讀獎學金」的款項延至下一個年度再發放，另一邊廂教育部卻公布提供給外籍生的「臺灣獎學金」共有七百多名得獎生，可讓得獎的外籍生月領新臺幣二至三萬元。由此可見，當時扁政府扶持外籍生的政策，確實加劇了僑生們的相對剝奪感。

這裡再提一篇回應上述文章的投書〈臺灣僑生政策：東革阿里與「僑」的心態〉，作者林開忠是現任暨南大學的大馬籍副教授。東革阿里（tongkat ali）是一種盛行於東南亞的壯陽草藥，不過林開忠老師在文章中沒有特別強調這壯陽草藥的用意，而是批評「枴杖政策」，枴杖的馬來文就是

tongkat。

簡單來說，林開忠批評大馬華人常對國家各種扶植馬來人的種族主義政策、優惠表示不滿，認為這扶持特定族群的「枴杖政策」實行太久了，然而當大馬華人到臺灣享受僑生優惠時，卻忘了這也是中華民國政府實行多年的「枴杖政策」。

林開忠認為，大馬旅臺生面對僑教的議題應更為謹慎，但同時也不認為大馬旅臺生該負上完全責任，因為這是臺灣官方未善盡改革的責任。當時林開忠批評民進黨政府已執政五年，但對僑教政策卻沒有完全的革新。

儘管這已是十七年前的文章，但放在今天來閱讀，依然是一篇鏗鏘有力的文章，因為蔡英文領導的民進黨政府，依然沒有對僑生政策作「轉型正義」。

對了，早在一九八九年的僑教風波時，當時還在清華大學讀人類所的林開忠，接受《大馬青年》訪問時就主張，僑生政策對「國民」身分的定義有必要加以重新確認，因為涉及到權利與義務，許多有關僑教的爭執就是源自對身分的疑惑。

◆

〈敬告留臺老學長姊們：您們的學弟妹怏憋不住了〉的作者署名永誠，可惜直到截稿前，未能找到這位作者。永誠在文中寫了一段看起來相當政治不正確的話：

再看上學年度就開始連砍所謂的『僑生公費』(現改叫『清寒助學金』，果真『清寒』)，幸運『得獎』者每人每月只剩下新臺幣二千多元，過年返鄉頭尾又要扣掉兩個月的金額。這種小家子器且又拖拖拉拉的作風，不近乎拿那些生活有問題的學弟妹當成伸手苦苦等人施捨的可憐蟲、吃盡他們豆腐嗎?!和那些身為天之驕子白皮膚、黑皮膚的『外國學生』相比，我們這些華裔子弟豈不就是與龍相比的豬、判若雲泥的三流下等貨嗎?!

這一段話也證實了白偉權，以及我訪問的幾位同一時期在臺灣的學長姊所言，基本上很少人會想到原來大馬華人也能選擇以外籍生就學。

值得一提的是，我想全臺，甚至全馬最著名的留臺外籍生校友，就是歌手黃明志了。黃明志在二〇〇二年就讀銘傳大學的大眾傳播學系，後來因改編大馬國歌的爭議而成名，他二〇一四年在其粉絲專頁轉載了大馬《星洲日報》的一篇報導，該報導內容為前總統馬英九讚揚大馬僑生在臺灣各領域有亮眼的表現。

黃明志撥亂反正地寫道：「**看到了這篇報導，我只想說……謝謝臺灣對馬來西亞學生的照顧。但我們不是僑生，也不叫華僑，因為我們沒有僑居在別人的國家，馬來西亞是我們的國家。你可**

以叫我們馬來西亞人，大馬人，或者馬來西亞華裔／華人。」

無論如何，一九九八年絕對是個大馬華裔留臺歷史的分水嶺。一九九八年之前的一些僑生校友，多會將個人留學經歷與僑教掛鉤，進而對僑委會（或國民黨）產生了一定程度的依賴或「忠誠」。而一九九八年後選擇成為外籍生的大馬人，絕大多數也不是因為反對「華僑」這概念而不成為僑生，背後的動因多是為比較方便的入學管道，或說優於僑生的獎助學金，也因此外籍生背景的留臺校友，多不會對僑委會或國民黨有莫名的情感。

可以這麼說，隨著「成為僑生」不再是絕對唯一選項，意味著僑生已一定程度上被除魅，如同筆者我儘管是以僑生身分畢業，但不意味我該效忠或覺得對僑委會、國民黨有所感恩。難道成為外籍生的大馬人，就不會友臺了？這種價值觀差異，確實有時候難免會跟上一代的留臺校友發生衝突。

◆

二〇〇八年五月廿日，馬英九正式就職中華民國總統，而我在兩年後的二〇一〇年九月二日，抵達臺灣準備就讀世新大學新聞系。

我在自序中提到，不知為何政大在九十九學年度沒開放新聞系的僑生名額給大馬，而我也不知道原來可透過外籍生的管道報名，因此錯過了成為政大校友的機會……那麼究竟外籍生和僑生的差異為何呢？

最主要的差異在於報名方式，僑生是透過設於國立暨南國際大學的海外聯招會分發至各大學，而分發的依據除參考學生的高中成績外，還有依據學生填的志願表，最多可填七十個。如果成績不符標準，或志願填太少，並在沒有合適的校系可分發下，就會被分發到位於林口的國立師範大學僑生先修部，就讀一年的先修班，再考上各大學。

至於八十七學年度才開放給大馬華裔的外籍生身分，則是學生可直接向大學報名，如上該大學的官網下載報名表格。

尤其對私立大學而言，若學生選擇僑生的話，那未必會直接將該校放在前段的志願，因此每年許多私校會直接到大馬舉行臺灣教育展，或到各高中舉行升學講座、營隊，以便直接跟學生「直銷」。許多大學會建議學生，不要用僑生身分來臺，用外籍生身分報名的話，會更容易被錄取，有的大學甚至會祭出「優惠」，只要以外籍生身分就讀，就可享學雜費或住宿費優惠，僑生身分則無。

有趣的是，也許僑委會／海外聯招會意識到許多大學不鼓勵學生成為僑生，便開放部分校系可直接跟學生「單招」，而身分依然是僑生，此政策轉變大約是民國一百年後才有的。二〇一一年之前，成為外籍生的大馬學生的比例是相當低的，如今大馬旅臺生中的僑生、外籍生身分比例大約維持六比四。人數之所以大幅成長，和臺灣社會環境的變化有關。

由於臺灣社會面臨著少子化、人口老化的問題，未來無學生可收的全臺一百多所大學，必然會發生倒閉潮，為了求生存，只能向海外招生。我曾在一個研討會上，聽到一位私校國際長說過，因為大馬華裔人口眾多（七百多萬人），而且普遍中文程度佳，相比其他中文程度不佳的東南亞僑生，「輔導成本」最低，所以臺灣的大專院校才喜歡去大馬招生。

我在民國九十九年到臺灣後，有關大學退場潮的新聞開始頻密地在臺灣媒體上出現，而在臺灣求學的六年間，我正好擔任「怡保旅臺同學會」會長、大馬總會副會長，有機會接觸到許多大學、新生、保薦單位，了解到有的私校為招更多大馬華裔學生來臺，而與「仲介」合作，因此衍生了一些受教權的爭議。由於這議題相當複雜，也非本書的重點，就暫且不多做贅述了。無論如何，還是希望大家關注即將來臨的大學退場潮之下，在這些後段班大學的境外生受教權問題。

◆

僑生、外籍生除了報讀管道不一樣之外，學雜費的收費政策也有很大差異，僑生的學雜費優惠在今天已成了一種變相的「種族特權」。

民國一百年，也是「陸生元年」，馬政府在這一年開放陸生來臺就讀學位，不過陸生卻得面對無法打工、無法領獎學金、學雜費收費更高等各類限制的「三限六不」政策。而陸生來臺，也打破僑生、外籍生的「福利平衡」。

「陸生元年」之前，雖然僑委會有給予僑生健保費補助，以及依據各校的僑生人數，提供一定比例的僑生清寒補助金、工讀金供申請，但無論是僑生還是外籍生，進入公私立大學的學雜費收費標準是與臺灣本地生一樣的。

就算是僑教預算被縮減的扁政府時期，有的僑生也會覺得，縱使外籍生能拿到一個月二、三萬的獎學金，遠比僑委會的清寒補助金、優秀僑生獎學金來得多，但能拿到獎學金的外籍生始終是少數。因此當時的大馬僑生會認為，還是成為僑生比較好，優惠比較有保障。

然而，當馬政府開放陸生來臺後，卻有立委提出「為何外籍生學雜費比陸生還便宜」的意見（是哪位立委目前已不可考），所以教育部在民國一百年八月十一日修改《外國學生來臺就學辦法》，規定外籍生就讀國立大學，收費標準不得低於同級私立大學（領取外交部臺灣獎學金的外籍生除外）。這意味著，就讀國立大學的外籍生，所付的學雜費得比照私立大學，得承受多一倍的升學成本！

馬政府未經審慎評估下，就做出了這項「改革」，必然引起許多外籍生的不滿，這就形成了一種「一國兩制」的局面。例如，甲同學和乙同學是同樣就讀臺大的大馬人，但甲是僑生，乙是外籍生，後者可能會感到心理不平衡，為何都是大馬人，卻得因身分不同而有差別待遇？我記得「改革」開始後的三、四年，偶爾會得知有某些大學的大馬學生，因僑生、外籍生的差別待遇而鬧不和。

除了收費問題，也有校園社團歸屬的問題，如有的大學會有僑生才能成為會員的「華僑同學會」，與外籍生為主的「國際生聯誼會」存在於同一校園，造成了同一國的大馬學生會因身分而被分割群體的弔詭情形。雖然也會有學校成立不分身分，無論是僑生、外籍生、陸生都在一起的「境外生聯誼會」，但可能有的活動無法一起參加，如有僑委會預算補助的活動，就無法讓外籍生參與，我就聽過不少外籍生身分的大馬友人抱怨過，臺灣政府只給錢照顧僑生，都沒關注人數更多的外籍生。

由於外籍生當中有許多非華裔背景的留學生，因此不平等的收費政策不免讓一些外籍生覺得被「種族歧視」。曾有一名就讀國立大學的荷蘭學生告訴我，他覺得僑生這身分相當「racist」。

如今臺灣自詡是民主、自由、平等的進步國家，那未來就該撥亂反正，讓外籍生與僑生的權益盡可能平等才對。

◆

大致上，由於馬政府在僑教上沒有削減資源、發表爭議性言論，因此許多僑生對馬政府的觀感多是正面的。不過，這不意味著臺灣社會對僑生的刻板印象、不平衡心理有所改善，馬政府只不過是無能去處理問題而已。

二〇一六年三月，這時的臺灣政局是，蔡英文已贏得總統大選兩個月，而馬英九即將在五月廿日卸任。

三月廿五日，馬政府時代末期，臉書世界上，用戶以國立臺北大學學生為主的「靠北北大」臉書專頁，有疑似該校學生的臉書用戶發表了一篇極具爭議的貼文，作者「靠北」僑教是政府的腦殘政策，稱：僑生是許多考不上自己母國大學的垃圾、每個月領政府給的好幾萬生活費而臺灣學生畢業後起薪可能只有22 K……

由於這篇「靠北」貼文沒指名是哪個國家的僑生，當時幾乎引起全臺僑生的公憤，僑生們紛紛到該貼文底下留言反擊，如稱希望自己也有機會月領好幾萬獎學金（反諷作者沒弄清楚狀況）……

由於風波越演越烈，媒體也報導此事，最終原發文者匿名發表了道歉文，澄清只是不滿系上某些很混的僑生，無意攻擊全臺所有僑生，並表示誤以為政府為了討好僑生而給了高額的補助。

無論如何，這事件反映了一九八九年僑教風波後，臺灣社會對僑生仍有強烈的刻板印象與誤解，儘管僑生身分確實是特權政策。隨著臺灣社會瀰漫強烈的負面情緒，包括對薪資長年停滯不前、房價高居不下、背負學貸等壓力，在相對剝奪感不斷累積下，社會針對僑生們的「攻擊」，難免會不時爆發。

大家只要去搜尋PTT、Dcard等熱門社交媒體平臺就懂了，這些網站不時會出現質疑為何僑生會有許多好康的貼文……

無論是國民黨還是民進黨執政，只要一天不對僑生的身分認定政策作改革，那「僑生」被「族群歧視」的隱憂與爆發，就會一直存續於臺灣社會。

再補充說明，有的外籍生身分的大馬學生，也相當反感被臺灣老師、同學稱為「僑生」，他們也意識到僑生常和「加分進來」、「成績差」等標籤掛鉤。例如，就會有這樣的「善意歧視」情況出現，本人也遇過，課堂上被老師點名回答問題時，如果不知道答案，若老師得知你是僑生（或長著華人面孔的外國人）的話，就會說「沒關係，你是僑生」……或是考試的申論題寫的不好，老師可能會說「沒關係，僑生國語不好」……這對部分比較有強烈自尊心的大馬外籍生而言，就更添對僑生的負面觀感，而僑生自身也會陷入自我懷疑的憂鬱。

可以這麼說，到現在之所以還有年輕的臺灣學生對僑生有歧視，有時候可能是受到師長不經意的「善意歧視」影響；而師長們的大學生涯，可能又是早年僑生仍享有許多優惠的年代，才形塑了他們對僑生們的刻板印象。當然，該負上最大責任的還是政府，不符合時代的政策一直存續下去，必定帶來錯誤的「國際觀」。

◆

同樣在二〇一六年三月，當時還是時代力量立委的林昶佐（後退黨成無黨籍立委）與民進黨立委羅致政，在立法院質詢還是馬政府委任的僑委會委員長陳士魁時，要求明確定義何謂「僑胞」？否則用臺灣兩千多萬納稅人的錢補助號稱「四千萬人」的僑胞，是不太合理，他們主張僑胞明確定義為從臺灣出去的臺僑。

蔡英文就任總統前的五月四日，林昶佐質詢僑委會副委員長呂元榮時就批評，僑委會業務與外交部、經濟部、教育部重疊，預算不足下，職能疊床架屋又效益不彰，因此打算提案裁併僑委會。當然，毫不意外地，時代力量、民進黨立委再次提出裁併僑委會的議題，又掀起了所謂「僑界」的不滿。

當時林昶佐也對僑生政策提出了質疑，他說：「我自己有個所謂的馬來西亞僑生朋友啦，他們自己看到這個《僑生回國辦法》都不懂，他是要來馬來西亞就學還是要出國來臺灣就學？……馬來西亞學生來臺灣應該是出國而不是回國。」

雖然林昶佐提出了正確的疑問，也舉出自己也有大馬朋友，但基於過去一九八九年僑教風波中，獨派立委批判僑教，以及民進黨首次執政時削減僑生福利，難免會心生蔡英文政府會裁併僑委會、削減僑生福利的焦慮。

我依稀記得，當蔡英文贏得總統大選後的一段時間，就有一些大馬留臺校友，在臉書上表達了憂慮，多不看好蔡英文會「善待」僑生，而林昶佐、羅致政的主張更是「火上加油」。

結果很「幸運」地，他們都錯了，為了推行新南向政策，太激烈的政治改革必然會衝擊招生，僑生數量減少的話，必然會讓新南向政策成績不太好看。所以蔡英文上任後，僑生預算、福利不僅沒被削減，可能還更多。例如，蔡英文政府的兩任僑委會委員長，吳新興與童振源，推出了各種「有趣」、「奇葩」的政策或活動，如發行僑胞卡、僑生鄧麗君歌唱比賽、作文比賽、翻譯比賽……其實當中有不少問題存在，但礙於篇幅限制，就不在此贅述了。

不過，這裡有個值得一提的小故事，吳新興在二〇一七年接見大馬駐臺代表馮淑娟後，僑委會小編在粉絲專頁發文中，竟稱與代表談大馬僑生「回國升學」之事宜……

我馬上在該貼文中批判吳新興，在大馬駐臺代表面前，怎麼可以稱他國公民來臺是「回國」？而小編卻回覆稱，那是根據現行法規《僑生回國就學及輔導辦法》才這麼說，我則反駁，那說明這法規早不合時宜了。當時這貼文也吸引了不少大馬人來批評。同年十一月，林昶佐在立法院質詢時，也以這事件批評吳新興，指現行的僑生政策讓人國家認同錯亂。

行文至此，蔡英文總統的任期還有兩年就結束了，期許蔡政府能在剩餘的時間內實現對僑生政策的「轉型正義」。

◆

二〇一一年的「陸生元年」帶來的影響，除讓臺灣學生有機會接觸到陸生外，也讓「同文同種」的大馬華裔旅臺生，有機會享受到兩岸交流的紅利，包括隨學校的參訪團、營隊到對岸交流，抑或是當交換生。

我在自序中提到，在大四第一學期（二〇一三年秋季）到上海同濟大學當交換生。雖然沒有統計數字可查詢，但從二〇一三年至二〇二〇年初COVID-19疫情爆發前，在我所認識的大馬學弟妹中，至少有十位到對岸當交換生。至於在中國求學的大馬學生來臺交換的，我認識的只有一位。

無可否認的的是，今天在臺留學的大馬學生之所以比在中國的多（截至一〇九學年度，大馬學生有一萬三千九百六十四人，而在中國的大馬學生人數無官方數字，媒體報導約八千多人），是因為過去的冷戰結構所造成的，所以大馬華社才有留臺生這特別的群體，反觀到中國留學的，俗稱「留華生」，是近年才開始興起的。

時間回到二〇〇五年，當時大馬華人社會發生了一件大風波，曾擔任留臺聯總總會長的陳志成（成大校友），創辦了「馬來西亞留華同學會」，引起了爭議。爭議點包括當時陳志成還是留臺聯總顧問，而留華同學會的章程也闡明從臺灣大專院校畢業的大馬人視為「留華校友」，因此陳志成被一些留臺校友指責是為了中國的商機而另立門戶。

而留華同學會成立後，除服務校友外，其職責也跟留臺聯總一樣扮演負責招生的保薦單位。由於近年中國積極推廣「一帶一路」政策，以及廣發獎學金給外國學生，一定程度上影響了大馬學生來臺的意願。例如，留學臺灣的大馬學生人數高峰是在一〇六學年度，有一萬七千四百一十九人，接著人數逐年下降至一〇九學年度的一萬三千九百六十四人。

一九七四年，大馬與中華人民共和國建交，這一年吉隆坡與臺北當局各自撤出了領事館，也在這一年，大馬留臺聯總成立了，那為何留華同學會遲至二〇〇五年才創會呢？

簡單來說，雖然馬中兩國建交了，但中共依然支持盤據在馬泰邊境的馬共，所以大馬政府依然是限制人民與中國的往來。直到馬共在一九八九年解除武裝，走出森林，大馬政府才在九〇年代開始放寬人民到中國觀光、經商、求學的限制，當然也和九〇年代鄧小平南巡後繼續施行經濟改革開放的大環境因素有關。

由於九〇年代後才開始有越來越多大馬人赴中留學，進入千禧年後才有大批返馬的留華校友湧現，所以留華同學會也遲至二〇〇五年才出現有緣人——陳志成先生推動成立了。

本人在序言中提到，我曾參與中國國僑辦舉行的「中華文化冬令營」活動，當時的帶隊團體就是留華同學會，跟著陳志成一起到青島。有一年我研究所寒假回馬過年時，在一個場合與留華同學會的成員吃飯，基於我曾在上海念書，對方遞一份入會表格給我，希望我成為留華同學會的一員，我以還是學生為由婉拒了。至於現在的我，基於一些個人因素，就算回到了大馬定居，心境上已不再有興趣加入任何校友會。

留華同學會成立至今已有十七年，除陳志成是成大校友外，也有部分留臺校友是會員，其中最有知名度的，就是大馬政治評論人潘永強先生，他曾任留華同學會副會長，而且也是早期到中國讀博士的大馬人之一。

潘永強在一九九九年取得政大東亞所碩士，數年後到上海復旦大學修讀國際關係與公共事務學院博士。潘永強告訴我，他不是最早到中國讀博士的留臺校友，比他更早的是從東海大學畢業的胡興榮，後來在北京大學獲得哲學博士。此外，前文寫到在成大民主牆貼大字報的安煥然，也在二〇〇九年取得廈門大學歷史系博士學位。

另一類的「留臺生」，就是學士或碩士學位在中國取得，接著來臺讀研究所。這類型的留臺生同樣沒有統計數據，也許在我來臺之前就有了，而根據我的觀察，得益於「陸生元年」後兩岸關係的改善，開始越來越多有中國學歷的大馬人來臺繼續升學，通常是集中在人文社會科學類的系所，如中文、歷史、政治等系所。

值得注意的是，中國的政治、社會環境改變，也是促使留華生來臺的不可忽略因素。我以一位曾在中國念政治系的友人為例，他是在蔡英文執政後來臺留學，他感受到習近平主政後，和他經歷過的胡錦濤末期相比，中國的學術、言論自由空間明顯萎縮，所以選擇來臺。

另一方面，中國在COVID-19疫情爆發後，實施了封鎖國境的政策，許多還在境外的留學生舊生無法入境，只能在母國遠端線上上課，但學習品質不佳。由於留學生在中國校園內是少數，校方、教師不一定會優先考量留學生的處境。

相比臺灣大專院校因少子化而缺學生，臺灣官方就採取相對彈性的管制，二〇二〇年和二〇二一年均讓境外生舊生與新生來臺，只要完成隔離與篩檢結果陰性，仍可到校園正常上課。

臺灣與中國的入境政策在明顯的對比下，至少在我的同溫層裡，就有好幾位朋友的親友，選擇完成中國的學士學位後，來臺就讀研究所，畢竟留在疫情嚴峻的大馬有可能面對失業問題；當然也有的人本來就有讀研究所的規畫，而相比歐美嚴重的疫情，臺灣算是最佳選擇。

如果疫情還是會繼續延燒好幾年，而臺灣又繼續是防疫模範生的話，那大馬近幾年留學中國的熱潮可能會有所改變，臺灣或許又會成為大馬學生的熱門留學國。不過，由於大馬的經濟已嚴重受到疫情衝擊、馬幣貶值（臺幣也不斷升值），許多家庭經濟困難，屆時可能更多家庭無法將孩子送到臺灣、中國、澳洲等傳統熱門留學國家了。

◆

一九八九年有傳單事件，而二〇一七年底就發生了「黑函事件」。

隨著留學中國對東南亞學生的吸引力不斷增加，不僅給正推新南向政策的臺灣帶來壓力，而大馬華人社會也給臺灣不少「政治壓力」。大約在二〇一七年十月，多所獨中收到了呼籲家長勿讓孩子來臺留學的「黑函」。

這封標題「為我們的孩子著想」的黑函，呼籲家長該讓孩子到中國留學，並稱留臺生返馬後的適應率僅有百分之十，會面臨各種求職問題。而大馬留臺聯總於同年十二月的「馬來西亞升學輔導研習營」上對媒體回應稱，該黑函內容與數據有偏差，無論是教育界還是企業界，仍對臺灣畢業的人才有需求。

由於當時大馬媒體沒有刊登這黑函內容，而我從不同管道取得這黑函後，就報導了這起事件，當時臺灣官方也站出來回應信函內容嚴重悖離現實。

黑函中列出的「七宗罪」有幾處與現實不符，如英文不好的部分，多是看個人的努力，所謂返馬後的適應率僅有百分之十，更是毫無根據，而指責學了繁體中文就無法適應使用簡體字的中國與亞洲市場，更是毫無邏輯可言。不過，關於擔心臺灣大學素質下滑、大學退場的部分，近年臺灣媒體也有相關報導，大馬華社看在眼裡自然也擔心。

無論如何，這黑函也確實反映了近年大馬華社的「恐慌心理」，如黑函中第三點所寫的「不管你喜不喜歡，臺灣與中國的關係只有繼續被邊緣化。以後我們孩子的臺灣大學的同學人脈及資源，肯定在已經崛起強大的中國市場與發展上處於劣勢」。

二〇一六年民進黨再次執政，以及香港爆發的雨傘運動、反送中運動等事件，開始讓傳統上「親中」的大馬華人社會，尤其長輩們，開始萌生了大馬年輕人到臺灣留學，就會變成支持臺獨、港獨的「反中分子」。再加上美中「新冷戰」、兩岸局勢緊張，也確實加劇了部分大馬華人對送孩子到臺灣求學的不安。

此黑函事件發生在二〇一七年十月至十二月，無獨有偶，根據大馬董總學生事務局的統計，獨中畢業生赴臺灣、中國留學的人數在二〇一七年出現黃金交叉，當年赴臺的新生是一千二百七十三人，中國（不含港澳）則是八百六十三人，隔年赴臺新生是一千一百九十八人，而赴中新生猛增至一千三百零七人。難道這是黑函事件的衝擊嗎？不完全是，而是大勢所趨，赴臺新生早在二〇一五年的一千六百一十六人後就開始逐年下降，同年赴中新生只有一百七十五人。

董總是管理全馬六十多所華文獨中的民間單位，儘管並非所有來臺求學的大馬學生都是獨中校友，也有國立學校體系畢業的，但獨中校友仍有一定的高比例。

若董總的數據不全面的話，就看臺灣教育部統計處的資料吧。根據截止一〇九學年度的統計，在籍馬國學生僅有一萬三千九百六十四人，最高峰是一〇六學年度的一萬七千四百一十九人，隔年人數開始驟降。同時，根據大馬留華同學會統計，二〇一八年留學中國的大馬學生有八千人，隔年成長至九千五百人，成長了二成。

由此可見，雖然黑函所言並非都是事實，但儼然是個寓言，預言了二〇一八年起到「兩岸」留學的馬國學生人數已呈黃金交叉的趨勢。

綜上所述，無論是五〇年代只能到「自由中國」留學的冷戰年代，或是如今已有選項，可選至共產中國或到「亞洲民主燈塔」——臺灣留學的新冷戰背景下，大馬華裔學生的個人選擇，仍擺脫不了外在的意識形態輻射所影響。

羅志昌學長告訴我，九〇年代他回馬時，儘管李登輝也被華社視為有臺獨傾向，但當時中國還沒全面開放，很少人去中國留學，許多華人也無法去昂貴的歐美國家留學，因此還是會選擇來臺留學，沒有出現「不讓孩子到臺灣變臺獨分子」的論調。不過羅志昌也說，由於當時他在國內參政，姿態較「激進」，也曾被罵是臺獨，而他也予以反駁，並告訴對方他是支持「住民自決」，但還是被認為是思想激進的「怪胎」。

對我而言，每當有學弟妹、朋友詢問我升學建議時，我都會實事求是，不一定建議非得要來臺灣留學，選擇去中國或其他國家也沒問題，最重要的是哪一種選擇最適合自己。

至於去中國留學，就一定變成出賣國家主權的親中者嗎？我覺得這不是零和賽局，不一定這麼二元對立，大馬留臺生不一定就親臺，留華生也不一定會成為俗稱的「中華膠」（意思是指極度盲目親中的大中華主義者）。在中國實際生活過的留學生，可能會因此更「了解中國」。

無論如何，未來留華生校友在大馬華社的能見度可能會超越留臺生，已是無可避免的趨勢，同時也有少部分人是有在兩岸留學經驗的，他們會在未來給大馬華社帶來什麼影響，是可值得期待的觀察。

＊本章鳴謝羅志昌、張濟作、潘永強、陳丁輝、黃書琪、白偉權等留臺校友們，無私分享的生命故事與觀點。

❶《星洲網》，二〇一九，〈安煥然—一九八九年成大民主牆的大字報〉，https://reurl.cc/Vjax9A，二〇二一年十二月三十一日檢索。

❷《關鍵評論網》，二〇二〇，〈還會有「華僑節」嗎？談蔡英文政府行政院組織改造中，被遺忘的「僑委會」〉，https://www.thenewslens.com/article/142041，二〇二一年十二月三十一日檢索。

❸《當今大馬》，二〇〇五，〈敬告留臺老學長姊們：您們的學弟妹快憋不住了〉，https://www.malaysiakini.com/letters/42632，二〇二一年十二月三十一日檢索。

第三章
馬來在臺灣

我無法告訴大家俞自鋒學長墓碑的確切位置，因為墓碑身處六張犁的群墓之中，雜草叢生。

當提到六張犁公墓，也許有的人會想到，六張犁公墓有兩處政治受難者亂葬崗，難不成俞自鋒就被埋在那裡？不是的，六張犁公墓有個知名景點，那就是白崇禧將軍墓園，而俞自鋒墓就在不遠處，直線距離約一百米。

俞自鋒祖籍海南文昌，關於海南島，也是白崇禧將軍一生的重要中轉站。國民黨在一九四九年輸了國共內戰後逃來臺灣，而白崇禧是在四九年十二月三日抵達海南島，接著奉蔣介石的命令來臺參與組閣，最終在十二月三十日從海口飛抵臺北。

一九六六年十二月二日，也就是俞自鋒神祕死亡的三年後，白崇禧因心臟病猝發而在臺北去世。

關於白崇禧傳奇的一生，就不在此多贅述，接下來要說的是，白崇禧的一個決定，間接地讓某位中國人做出了選擇，決定永遠留在了馬來西亞。

而俞自鋒來臺留學的決定，則讓他被視為「中國人」般永遠地留在這「自由中國」，俞自鋒墓碑上刻有籍貫「廣東 文昌」，如今文昌早已不屬於廣東省，而是海南省。

◆

一九三八年，為號召全中國回民抗日，白崇禧將軍在漢口市成立「中國回教協會」，同年派出「中國回教近東訪問團」出訪印度、埃及和沙烏地阿拉伯等中東多國。隔年底，中國回教協會再派出三人組成的南洋訪問團，到緬甸、新加坡、馬來亞、北婆羅洲（今日的砂拉越、沙巴、汶萊）等地宣傳中國人民的抗日鬥爭，爭取海外華僑與當地穆斯林的支持，其中一位名為馬天英的回族成員，就是這訪問團的團長，此前馬天英也是近東訪問團的副團長。

馬天英祖籍山東臨清，由於他精通英文、法文等外語，而且有絕佳的口才，因此他在南洋的演講深得當地華僑與穆斯林的歡迎。由於中國回教協會派出的兩次訪問團，馬天英盡責地扮演了國民外交的角色，在白崇禧的推薦下，馬天英在一九四三年出任中國駐埃及公使館二等祕書數年。

二戰結束後，馬天英在一九四六年返回中國，沒想到兩年後馬來亞的華僑領袖、蘇丹會向中華民國政府提出了任命馬天英來馬當總領事的要求，可見馬天英在馬來亞華僑社會與穆斯林世界的影響力。

一九四八年，馬天英再次下南洋，這次就到了我的家鄉怡保市，擔任中華民國駐怡保領事館的領事。不過，無奈隔年國民黨退踞臺灣後，英國政府宣布中共成立的中華人民共和國為合法政權，因此中華民國駐怡保領事館被迫關閉，而不願到臺灣，也不願接受北京與臺北當局給予官職的馬天英，轉而遷居新加坡。

一九五七年，馬來亞脫離英國殖民獨立，一九六三年馬來亞與新加坡，以及婆羅洲上的砂拉越、沙巴共同組成「馬來西亞」，唯新加坡因族群政治問題，在兩年後遭首相東姑阿都拉曼逐出馬來西亞。

同樣是六〇年代，在各方的邀請下，馬天英回到大馬參與組織伊斯蘭宣教機構，機構領導人就是首相拉曼，後來馬天英又擔任大馬華人回教徒協會主席，希望能吸引更多華裔皈依回教。從此馬天英留在大馬，全心投入推廣回教的事業。直至一九八二年在大馬過世，當時包括時任首相馬哈迪等各界政要都前往弔唁。

可以說，馬天英是早期將「中華民國臺灣」拉近與大馬關係的重要人物。馬天英入籍大馬後，居中牽線推廣與臺灣的穆斯林交流，如臺灣的「中國回教協會」受邀出席一九六三年九月的馬來西亞聯邦成立典禮，以及一九六九年十一月受邀參加在大馬舉行的《可蘭經》誦念國際比賽。此外，拉曼首相與臺灣的關係也相當密切，拉曼卸任後數次出訪臺灣，相信這也是馬天英擔任馬臺兩國橋梁的結果。

不過，由於過去來臺留學的馬來學生並不多，因此令我好奇的是，馬天英是否有推動大馬的穆斯林（馬來人）到臺灣留學？也許要等未來有檔案才能回答這問題了。

臺灣的「第一位」馬來留學生

上一章介紹了首位來臺灣求學的馬來亞學生，是一九五三年來臺就讀建中的楊來添。其實要認真細究的話，楊來添應該是第一位華人，而第一批來臺的馬來裔學生，則是在一九四九年，隨國民黨退來臺灣的阿都馬吉（Abdul Majid）和拉惹農齊（Raja Nong Chik）。

國共內戰尾聲時，為避免戰爭的波及，在父母的積極勸說下，當時年輕的王賡武只好放棄國立中央大學的學業，返回馬來亞怡保。而王賡武的回憶錄就提到，在他離開南京前，認識了兩名領取國民政府獎學金的馬來學生，也就是阿都馬吉和拉惹農齊，而他倆最終決定到臺灣完成學業，前者返馬後成為政府官員，而後者在吉隆坡成為成功的商人。

王賡武老師在電郵中回覆我，他記得阿都馬吉和拉惹農齊應該是一九四八年才到南京，他是在中央大學解散後，臨走時在宿舍餐廳遇見他們的。而他們再次相遇，則是到了六〇年代初在吉隆坡遇見阿都馬吉，當時對方是在官方的新聞處工作，專門處理華文消息，至於已成為商人的拉惹農齊，王賡武老師始終沒機會跟他見面。

那是否也有當時人在大陸的馬來亞華僑學生，也跟隨國民黨到臺灣完成大學學業呢？至少根據目前的文獻，是沒看到相關記載，畢竟當時是兵荒馬亂的時期，也許會有這樣背景的馬來亞僑生存在，只是被歷史遺忘了，而阿都馬吉和拉惹農齊就幸運地被王賡武老師寫進回憶錄中。

截稿前，我未能查出阿都馬吉和拉惹農齊畢業於哪一所大學，王賡武老師也並不清楚他們到臺灣後的生活。至少，我知道有位「官方認證」的第一位馬來裔留臺生，那就是一九六〇年來臺就讀政大外交系的馬卡心。

而且，馬卡心也是檳城鍾靈中學校友，意味著他是俞自鋒的高中、大學學長，也許在政大見過比他晚兩年來臺的俞自鋒也不一定。

◆

根據臺灣的官方檔案記錄，馬卡心是第一位馬來留臺生，是由大馬教育部長推薦來臺的。二〇二〇年一月，我在吉隆坡訪問六〇年代擔任大馬駐臺副領事的查卡利亞（Zakaria）先生時，他也證實這說法。可惜的是，官方檔案未紀錄馬卡心的馬來名，而查卡利亞先生也失去了馬卡心的聯繫方式。

值得注意的是，當時這份有關馬卡心的檔案是僑委會撰寫的，有可能是早年臺灣的留學生主要以華裔僑生為主，鮮少非華裔的外籍生，故外籍生事務仍由僑委會處理。

這份檔案也顯示當時國民黨政府如何看待馬來人與華人的關係。檔案記載著，儘管馬卡心是畢業於大馬的華文學校，但在政大外交系的學業仍相當吃力，第一學期的成績有二分之一不及格，第二學期後多數科目已及格，唯有國文科（中文）仍舊不過關。

僑委會主張，畢竟中文非馬卡心的母語，需要更多時間追趕，應讓她繼續讀下去，更重要的是，若無法讓馬卡心順利完成學業，恐影響未來招收馬來學生來臺攻讀中文教育，以及擔心影響馬來人對中華民國失去信心——「抑且可能影響馬來亞人民對華校華文及對我華僑滋生不良心裡……」。僑委會還說，馬卡心個人事小，但可能發生的影響事大。

由此可見，早年國民黨政府有意識到，來臺灣留學的大馬人主要是華裔，非華裔學生甚少，確實有必要加強對非華裔學生的招生。

◆

雖然在歷史上，來臺求學的馬來學生甚少，但在早年無法到中國求學的情況下，臺灣就成了有志於更上一層樓學習中文教育的馬來學生唯一的選擇，而且也誕生了幾位有成就的校友，其中不能不提的，就是大馬最高學府馬來亞大學的中文系副教授鄔拜德拉（Obaidellah Mohamad）。

鄔拜德拉已從馬來亞大學退休，由於他年歲已高，不便越洋採訪，而我也基於疫情無法回國，所以有關鄔拜德拉的事蹟，是引用自臺大政治學系中國大陸暨兩岸關係教學研究中心「中國學的知識社群研究計畫」，該中心在二〇一二年對鄔拜德拉進行了三場口述歷史訪問。

鄔拜德拉一九四五年出生於馬來半島北部的吉蘭丹州，其父親曾是吉蘭丹州務大臣（地位如同州長）。鄔拜德拉自小對中文象形文字感興趣，在家人支持下就讀華文小學，中學階段時南下到柔佛州就讀新山寬柔中學，如今寬柔中學是全馬最大的獨中，而且還有一所分校。

值得一提的是，鄔拜德拉在寬柔就讀時期的校長，就是王賡武父親王宓文，而且還是王宓文親自寫信給當時還在吉隆坡的中華民國領事館，推薦鄔拜德拉赴臺留學。

一九六七年，鄔拜德拉搭機來臺留學，他在訪談中提到，當年約有十三名馬來學生在臺灣，其中只有二人是女生，而他們都分別在臺大、政大就讀，他們所進入的科系包括外文系、農業、國貿、外交系、機械系、商業，而鄔拜德拉是唯一讀中文系的。至於他們十三人的共同點，都是從華文學校畢業的。

對於留學臺灣經驗給鄔拜德拉的感受，他認為當時的臺灣是一個很好的求學環境，書籍不僅種類繁多，而且價格便宜，他買最多的是伊斯蘭文學的書籍，同時校園裡還有許多知名的老師，如屈萬里、沈剛伯、成中英。

鄔拜德拉在馬大中文系學生，現任拉曼大學中文系助理教授方美富告訴我，鄔拜德拉在臺求學時期的中文名是阿美地拉，因此曾被臺灣老師誤以為是阿美族，至於是何時改為鄔拜德拉就不得而知了。

在大馬，馬來人是多數族群，那到了臺灣這以華人為主的國度，鄔拜德拉察覺了國民黨當局對大馬籍華裔公民的「差別待遇」。如華人很容易申請中華民國國籍，以及在第一章提到，大馬華裔學生被強制接受軍訓，以履行「國民義務」。

鄔拜德拉記得，「凡是華人」都得參加成功嶺的軍訓，而他和其他馬來學生沒被如此要求，他甚至有位就讀「逢甲工專學院」(現為逢甲大學)的大馬華人同學，為抗議這軍訓政策，而決定退學返馬。國民黨當局仍把大馬華裔視為國民的舉措，當時就遭到大馬政府抗議。

另一位比鄔拜德拉早兩年到臺北，就讀臺大外文系的沙莉娜（Zalillah Mohd Taib），也在其回憶錄中提到，臺灣政府視大馬華裔是「回國」，校園裡的大馬華裔和馬來裔學生是被分開在不同團體，馬來裔學生多被安排跟歐美日韓的「非華裔」學生一起活動。

此外，沙莉娜也提到，也因為他們和大馬僑生是分開活動，他們幾位馬來裔學生和其他外籍生也有幸被邀請到總統府，跟蔣介石和宋美齡餐敘，她記得在臺灣的三個夏天與會了三次。在平日的生活上，他們也受到中國回教協會的理事長，也是國大代表 Haji Sulaiman Pai Chien Ming（白建民）的照顧，沙莉娜記得他常邀請他們到他家吃飯。

沙莉娜回國後進入政府部門工作，曾任職於外交部、國營電視臺、電影審查委員會，及曾任大馬女童軍協會主席。

如今到底有多少大馬非華裔學生在臺灣，他們又多是怎樣的背景呢？

以鄔拜德拉為例，他一九六七年在臺北念書時，就有多達十三名馬來學生在臺讀學士學位，對比我在臺灣的十多年來說，是非常多了。在臺灣生活的十多年來，我未曾聽聞有五人以上的非華裔同鄉同時在臺北就讀學位課程。

為何會有這現象，還是得回歸到當時的國際環境來談。畢竟馬臺在一九六四年至一九七四年間互設領事館，雙方互有官方交流，故馬方一定程度上支持馬來學生來臺求學，直至一九七四年與中華人民共和國建交為止。

因此七四年後來臺求學的非華裔人數相當零星，背景上應多和鄔拜德拉等十三名馬來學生相同，多畢業於華文小學，有一定的華語基礎能力，而且若是獨中生的話，更有機會循其他華裔同學的腳步來臺灣。

例如，一位和我是怡保同鄉的馬來裔留臺校友Megat Hisemudin Megat Kasim先生，他畢業於我父親曾執教的深齋中學（獨中），一九八三年來臺就讀成大土木工程系。Hisemudin記得同屆來臺的馬來學生還有四位，一位是與他同讀成大的砂拉越人Abdul Karim，還有就讀政大的Abdul Aziz、Ainul，以及他妻子Siti Ridziah，當時就讀東海大學外文系，和鄔拜德拉一樣都是寬柔校友。

印度裔方面，剛好我認識目前就讀於政大歷史系的學弟Richard（自小在華裔家庭長大），他表示自身對在臺灣的非華裔大馬學生認識不多，但都是獨中生背景。

那究竟目前有多少大馬非華裔學生在臺灣呢？也許筆者生活圈不夠廣闊，總覺得實際數字跟官方統計有落差。

雖然臺灣官方對於各國的留學生人數都有詳細的數據，但並沒有再進一步細分族裔，如就大馬學生人數的數據上，就不會分多少人是華裔、馬來裔或印度裔。不過，還是有個方法可以窺探各族群的人數。

臺灣教育部會針對不同學制、管道的境外生分門別類，如僑生、外籍生、陸生、港澳生，短期學制的交換生、華語生。按一般的常識，其中會來臺學中文的「華語生」多是非華裔外國人，因此大馬籍的華語生，多必然是馬來裔、印裔或原住民了，當然也不排除出生在英語教育家庭的華裔也報讀。

根據教育部一〇九學年度的統計，全臺的大馬籍華語生人數有一百一十人，最高峰是一〇八學年度的五百六十二人。也許他們分布在全臺不同學校，因為太分散，平時無法注意到他們的存在。而一名駐臺的大馬外交官告訴我，由於馬來人都是穆斯林，因此有機會每週五在清真寺的祈禱集會上「相認」，而根據他們的非正式統計，也許在臺灣的馬來人不到一百人。

可以這麼說，在臺北生活的大馬華人，平時很難察覺到有同鄉馬來人的存在，反觀在北京留學的大馬華人告訴我，儘管他們沒有確切數字，但有可能在北京的馬來人比華人還多，因為他們多是公費留學生（領取大馬或中國政府的獎學金），有的人是公務員，被政府派來中國學中文，多集中於專收留學生的北京外國語大學、北京語言大學。

由此可見，外交政治乃推使馬來學生赴中國留學的重要因素，如同當年馬臺互設領事館時期一樣。而近年最具代表性的馬來留學生，當屬前大馬首相納吉（Najib Razak）的兒子季平了。

季平是納吉兒子在北京留學時獲得的中文名字，其本名是諾阿斯曼（Norashman Razak），他曾於二〇一〇年到北京外國語大學修讀三週的中文。而另一名知名政要、納吉的表弟希山慕丁（Hishammuddin bin Tun Hussein），其兒子法立斯（Faris Hussein）於二〇一八年從北京大學光華管理學院的ＭＢＡ班畢業。

納吉任相時期，他兒子在北京學中文的事情，常被中國官方以及大馬華社拿來討論，以示兩國關係的密切。不過，由於納吉立場親中，任內大力支持中國的一帶一路計畫、中國高鐵項目，因此在二〇一八年全國大選時，其親中立場也成為朝野的攻防戰，加上納吉任內還有主權基金「一馬公司」的貪腐案等效應下，最終納吉的敗選，成就了大馬建國以來的首次政權輪替。

有趣的是，納吉表弟希山慕丁，二〇二一年四月還身任外交部長時，在訪問中國時竟當面以中文對中國外長王毅說「你永遠是我的大哥」，此番「親中」言論在當時也引起輿論譁然。

那麼相比之下，過去是否有出現過「友臺」的大馬首相呢？還是有的，而且是兩位。

一九六九年，大馬發生了華人與馬來人族群衝突的「五一三事件」，而敦拉薩（Tun Razak）是在這事件後掌權的。所謂「五一三事件」，是指大馬第三屆全國選舉結果於五月十三日揭曉後，在野黨陣營自建國以來首次奪下過半得票率。雖然「執政聯盟」仍保有過半的席次而得以延續政權，但當天晚上卻因在野黨支持者慶祝佳績的遊行引發了兩派衝突，由於在野黨多獲華裔選民支持，因此最終演變成吉隆坡多處爆發族群暴動的局面，隔天首相拉曼宣布全國戒嚴。

「五一三事件」後，拉曼所屬的政黨巫統的黨內政治領袖開始施壓他下臺，而日後成為第四任首相的馬哈迪就是其中一位。最終拉曼在一九七〇年九月辭職，由敦拉薩接任首相。

一九七一年，鄔拜德拉從臺大畢業後返回大馬，接著在馬來亞大學獲得碩士學歷。一九七四年，由於鄔拜德拉流利的中文能力獲得官方賞識，因此被邀請擔任大馬與中國建交談判團的隨行翻譯員。

當時鄔拜德拉的工作，就是為時任首相敦拉薩進行翻譯。敦拉薩是大馬第二任首相，也是第五任首相納吉的父親。可以這麼說，納吉親中的立場其來有自，畢竟其父親敦拉薩就是馬中建交的推手，而納吉任相後也以這歷史遺產拉近與中國關係。

學界認為，由於華裔選民在「五一三事件」那年的全國大選壓倒性不支持執政黨，因此領導執政陣營的拉薩為重獲華裔選民的支持，所以在一九七四年五月三十一日與中華人民共和國建交。最終在馬中建交的效應下，敦拉薩領導的國民陣線在同年八月的大選大獲全勝，一百五十四席國會議席就囊括了一百三十二席，顯示華裔選票回流。

所以也有輿論認為，納吉在二〇一八年的大選前，和國民陣線中的馬華公會大打「一帶一路」牌，以拉攏華裔選民，但無奈納吉的貪腐醜聞案纏身，以及從未實現政權輪替的「民心思變」下，納吉政權還是敗選了。

◆

回到大馬國父拉曼，他可以說是相當友臺的首相。儘管當時馬臺之間依然有些外交摩擦，如國民黨依然把大馬華裔視為「僑民」的問題，但在反共的大旗下，拉曼還是選擇支持中華民國。

在與臺灣互設領事館前，拉曼曾考慮「兩個中國」的方案。拉曼的教育背景是在英國完成的，立場親西方且反共，無奈「兩個中國」的方案不獲各方支持，最終只好先和臺灣互設領事館。

除了反共，個人認為宗教也是促使拉曼友臺的原因之一。得益於在那年代，白崇禧將軍還在世，在臺灣還有位受伊斯蘭世界尊敬的穆斯林領袖，拉曼曾拜會過白崇禧，這點多少讓拉曼對臺灣還有些好感。同時已入籍大馬的馬天英，也是拉曼的朋友。

在與臺灣的宗教交流方面，除拉曼任內曾派出回教訪問團訪問白崇禧將軍外，拉曼卸任後創立的「伊斯蘭亞太宣教會」（RISEAP），臺灣也加入成為創始成員國，目前共有十七個成員國，至今中國未能加入。臺灣的「中國回教協會」就曾於二〇一五年在臺北主辦第十六屆大會。

此外，一九五四年創立於馬尼拉，如今總部位於吉隆坡的亞洲足球聯盟，在拉曼擔任主席時期（一九五八－一九七七），也反對中共的代表權要求，捍衛中華民國的會籍，無奈中華民國最終還是在一九七四年退出聯盟了。

拉曼在卸任首相後，也曾來臺訪問，如一九七七年七月底到臺北拜會總統嚴家淦、行政院長蔣經國等政要；同年八月在臺北市立運動場舉行的第二屆亞洲女子足球錦標賽活動上，也由擔任亞洲女子足協永遠名譽會長的拉曼夫人主持開球。

一九七八年，拉曼夫婦再次訪臺。最後一次訪臺的記錄，是一九八六年七月六日，與前兩次不一樣的是，這次拉曼來臺時已行動不便，需靠輪椅移動，而當時到機場接機的是時任外交部次長丁懋時。四年後，拉曼因病逝世，享壽八十七歲。

◆

第二位友臺的首相，就是擔任大馬第四任首相時期的馬哈迪（後來在二〇一八年二月擔任第七任首相），更是首位還在任時期就訪臺的大馬首相。

拉曼的親臺是建立在反共與宗教，而馬哈迪的友臺，我認為主要是建立在較務實的經濟關係上。在馬哈迪掌權的二十二年裡（一九八一—二〇〇三），大馬在一九八六年開始開放外資，同一時期臺灣準備進入經濟起飛及開展第一波南向政策的關鍵時期。在這大背景下，臺資大舉進入大馬，臺灣還曾在一九九〇年及一九九四年成為大馬最大外資來源國。

目前仍活躍於大馬政壇的馬哈迪，是和李登輝同年代的亞洲知名政治領袖。如果大家還記得的話，二〇一七年大馬媒體報導，馬哈迪在八〇年代曾將高達馬幣八百多億鈔票運到臺灣匿藏，這新聞也引起臺灣注意。

由於當時馬哈迪領導在野黨陣營挑戰納吉政府，因此在野黨認為這是政敵的抹黑，至今這事情仍未被證實。無論這事件的真偽為何，確實反映了馬哈迪任內跟臺灣的關係相當密切的。

馬哈迪曾在一九八八年率三名內閣部長祕密訪臺而引起中共的不滿，之後馬哈迪回應中方稱，大馬官員赴臺主要是為招商，並不等於承認臺灣，那是為國家發展所需而鼓勵臺商投資。

也許當時中共的壓力不如今日，而臺灣對馬國的經濟也有影響力，因此當時的馬哈迪較無懼中共的壓力。不過，崇尚現實主義的馬哈迪，也和李登輝一樣遵循著自身「務實外交」的路線，沒有邀請李登輝訪馬，以免進一步刺激中共，反觀李登輝曾在九〇年代以「渡假外交」的方式，訪問了新加坡、菲律賓、印尼和泰國。

儘管如此，臺馬在九〇年代的交流還算是熱絡的，包括時任經濟部長江丙坤於一九九二年五月訪馬，行政院長連戰在一九九三年十二月以私人渡假名義到大馬與新加坡訪問。十二月三十日，連戰與時任大馬副首相兼財政部長的安華，在吉隆坡國際機場貴賓室見面。當時連戰向安華表達臺灣有意參加隔年在印尼舉行的亞太經合會議（APEC）領袖級會議，以及希望馬方能協助臺灣加入關稅及貿易總協定。隔日，連戰與馬哈迪進行閉門會談。

不意外地，中共嚴厲批評連戰的渡假外交。時任大馬外交部長巴達威（Tun Abdullah bin Haji Ahmad Badawi）發聲明稱：「大馬不能忽略臺灣的經濟實體地位，大馬有權利和臺灣進行會議和交往。」而巴達威也是後來的第五任首相（二〇〇三—二〇〇九）。

值得一提的是，當時與連戰同行的高官有新聞局長胡志強、外交部次長房金炎和經建會主委蕭萬長，其中蕭萬長曾任中華民國駐吉隆坡領事館領事，而且在任期間與馬哈迪有私交，也許是他被委以重任的重要原因之一。

此後，蕭萬長除了在一九九四年於印尼舉行的APEC會議與馬哈迪見面外，還有一九九七年十一月廿八日，馬哈迪以「過境外交」的方式抵桃園中正機場時，兩人再次會面「敘舊」，此時蕭萬長已任行政院長。此外，蕭萬長與馬哈迪會面後的隔日，新加坡總理吳作棟同樣也循「過境外交」模式，在中正機場與蕭萬長會晤，當時馬哈迪與吳作棟剛結束在加拿大舉行的APEC會議行程，以及正爆發亞洲金融危機，所以大馬、新加坡才尋求與臺灣討論如何共渡難關。

很快在一九九八年二月十一日，安華來臺與蕭萬長會面，就解決亞洲金融危機交換意見，以及代表馬哈迪傳達邀請副總統連戰訪馬。也許為避免激怒中國，安華未與李登輝會面。儘管當時馬哈迪向中共保證基於一中政策，不會邀李登輝總統訪馬，但連戰在任期內以副總統身分訪馬，並與馬哈迪、安華會面，已可謂是臺馬外交關係史中的最高峰了。

回顧馬哈迪首次任相年代的馬臺關係，兩國高階領導人無懼中共壓力多次互訪，此番景象隨著中國政經實力在進入廿一世紀後全面崛起，已一去不復返了。而馬哈迪最後一次來臺，是在二〇一四年應臺灣對外關係協會邀請來臺演講，且在總統府獲得馬英九總統接見。

馬哈迪的務實態度，也體現在再度任相後對中國態度的轉變。馬哈迪二〇一八年二度任相後，便在同年八月進行上任後的首次出訪，而目的地便是到北京與習近平會面，接著隔年四月到北京出席「一帶一路」國際高峰論壇。雖然馬哈迪在大選前批評中資湧入國內，上任後也取消部分「一帶一路」合作項目，或重新談判壓低成本，但從其外交動作，仍舊可見對中國關係的重視。

至於同一時期在推行新南向政策的臺灣，馬哈迪對臺灣的關係則無多著墨了。

最後，跟大家分享兩個發生在一九八五年的軼聞。根據在國史館找到的外交部檔案，馬哈迪在當年二月向臺灣官方表示，其對臺灣的小人國公司表示感興趣，希望引進小人國的設計師來馬協助推動觀光。根據小人國公司的官網介紹，該公司在一九八四年成立。

另一個軼聞是，馬哈迪在當年七月送了一箱名貴的法國Cruse紅酒給辜振甫，並由華航運來臺灣，而臺灣官方為了免運費，因此簽收人是經濟部長王建煊，接著再轉交給辜振甫。

馬來文化

眼看當下的臺灣，教育上既已無更多馬來學生來留學，政治上馬臺兩國高層的菁英外交沒有更多往來，那還會有多少馬來文化元素留在臺灣呢？

我們能在臺灣看到的馬來西亞文化，多是建立在馬華文化。但也慶幸的是，馬來文化的推動，就是由大馬華人在進行。

◆

我到了臺灣才學會一個名詞，那就是「南島語民族」，原來臺灣許多的原住民族語言中，有的單詞是和馬來語共同的，如mata（眼睛），而遍布在馬來西亞、印尼、菲律賓，甚至遠至澳洲等南太平洋地區的原住民族，都是南島語民族的一員，使用的語言儘管各異，但都屬南島語系。

因此有這麼一種說法，東南亞原住民族的祖先，就是來自臺灣。那麼，同為南島語系的馬來語，在臺灣是如何生根的呢？

記得早在新南向政策二〇一五年被提出來之前，我在臺北就感受到了社會已興起東南亞熱潮，開始有民間組織開辦東南亞語課程，如越南語、印尼語，而泰語則因為泰國流行文化輸出的關係，學習人口在臺灣不算少。至於馬來語，學習者更是少數中的少數。

我常跟朋友建議，如果要學習東南亞語，最好選馬來語或印尼語，因為兩者不僅是相近的語言，而且詞彙都由羅馬拼音組成，容易學習；再要擇一的話，就選印尼語，因為印尼是東南亞人口最多的國家，意味市場潛力最大。在「理性」的選擇下，較多人選擇學習印尼語，而馬來語就顯得更冷門了。

二〇一一年開始在臺教馬來文的王麗蘭，是馬來語、印尼語教學的重要推手。二〇一五年起，王麗蘭陸續出版了多本印尼語、馬來語的教材，可說是臺灣最知名的馬來語／印尼語教師，也是第一位出版馬來語教材的人。

王麗蘭是大馬的國中生，相比一般的留臺獨中生，她馬來文程度較高，因此當二〇一一年政大招募兼任馬來語老師時，當時正就讀博士班的王麗蘭就應徵上了。此後的十多年，也在不同大學開班授課，但卻多以印尼語課為名授課。

由於是學校的要求，因此王麗蘭只好以印尼文為名授課，但也讓她進一步鑽研印尼語與馬來語的差別。對王麗蘭而言，她身為一名不是以馬來語為母語的大馬華人，也得以在抽離的距離內去認識印尼語，而她在課堂上也會教學生兩者的差別。

王麗蘭觀察到，在整個教學的生態裡，學印尼語的人因為有到當地就業、工作的迫切需求，多教導較嚴肅、速成的商務印尼語；至於馬來語，由於到當地經商的需求不高，就算有，許多臺灣人也會認為靠在大馬的華人幫忙就行了，因此在臺灣的馬來語，可用更輕鬆有趣的方式讓學生了解馬來文化。

而另一位重要的馬來語推手，也是目前找到最早在臺灣各大學教馬來文的，就是大馬拉曼大學的陳中和教授，他也是留臺校友。陳中和的歷程相當特別，他之所以教馬來文，主要是為了獲得更多教職的機會，在他讀博士、成為「流浪教師」的十年間（二〇〇二—二〇一二），教馬來文就是其中一個敲門磚。

根據王麗蘭的了解，她應該是第二個在政大教馬來文的大馬人，而前一位就屬在二〇一二年衣錦還鄉教書的陳中和。近年來我也有好幾位馬來文比我強很多的同鄉友人，與陳中和、王麗蘭一樣，在就讀碩博士班期間，受邀在民間單位或大學內教馬來文，這現象確實與新南向政策的熱潮有關。

另一個與新南向政策有點關係的，就是隨著「一〇八課綱」的上路，規定國小必須開辦新住民語課，開始有教國小生馬來語的需求出現，而吳振南就參與了教育部國小馬來語教科書的編審。

吳振南與王麗蘭一樣，都是國立教育廣播電臺「幸福聯合國」節目主持人。馬來文極佳的吳振南，在機緣巧合下，就被邀請參與編輯馬來語教科書，加入了教育部國教署馬來語教材編審委員，成員還有另一名大馬人卓福安，他是文藻外語大學應用華語文系教授。

而作為新住民的大馬人在國小教馬來語，其實要回溯到二〇一二年移民署所推動的「全國新住民火炬計畫」，該計畫是由各縣市政府選擇轄區內小學新住民子女學生人數超過一百名或超過十分之一比例者，列為新住民重點學校，並提供母語學習課程。而在此計畫下投入國小馬來語教學的大馬新住民，就有黃寶雲、陳鋖枚等前輩。

除了上述提到的幾位，其實還有更多在臺灣各地教育機構教馬來語的大馬人，也許他們不一定是馬來人，但都是一群默默在臺灣推廣馬來文化的使者。一位曾派駐多國的駐臺馬來裔外交官告訴我，他覺得在臺大馬人社群有個特別的現象，就是華人在這裡發揚馬來語。

過去在大馬華社的眼中，早期到臺灣留學的學生，負擔了傳承中華文化的使命，而近年隨著馬臺之間的經貿交流增加，臺灣又有馬來語教學市場的需求下，華裔旅臺生反而成了馬來文化的傳播者。這對於在大馬強調傳承中華文化、母語教育的華人來說，可能是意料之外的發展吧。

＊本章感謝王賡武老師，陳中和、王麗蘭、吳振南等留臺校友們，無私分享的生命故事與觀點。

第四章
地下黨員

在國民黨的政治宮廷劇中，僑胞、華僑、僑領儼然是種政治通關密語，在全國大選、黨選的時候，用於彰顯自身的正統性。

例如，韓國瑜在二〇二〇總統大選選戰時期曾說，其夫人李佳芬應邀請前往東南亞國家慰問「僑胞」時，一下飛機就被一堆臺商及馬來西亞的僑生（校友）簇擁痛哭。

還有在造勢晚會上，韓國瑜又稱「民進黨實在是太愚蠢了，因為有了中華民國，一九一一年孫中山創立，五千萬華僑我們緊密相連，我們現場支持者都非常清楚，認同國旗，五千萬華僑緊密相連，能有著無限資源、祝福和力量，現在卻把整個中華民國愈做愈小，愈走愈孤獨。」

輪到二〇二一年國民黨主席選舉時，馬來西亞又被搬上這宮廷劇。黨主席競選人張亞中為證明自己有募款能力，公布三張「本票」，稱在二〇一七年黨主席選舉時，他到馬來西亞募款，當地一位「僑領」稱如果洪秀柱當選，就捐款五百萬美金。由於後來洪秀柱自己募款成功，因此這五百萬美金的捐款並未兌現。

無論這所謂的馬來西亞「僑領」是否存在，都說明了兩件事，第一是對國民黨而言，大馬華人的存在，有著用於彰顯自身「正統性」的工具性價值，第二是確實在過去歷史上，一些大馬華人領袖基於民族主義信仰、意識形態或個人利益，與國民黨有密切的關係。

那我們就先來談轟動一時的「僑領」——馬來西亞留臺聯總前總會長陳沛雄的事蹟。

「僑領」陳沛雄

時間回到一九八九年，在介壽路上的雙十國慶大典上，陳沛雄代表「海外僑胞」在國慶大典上發言，而他當時的身分是大馬留臺聯總署理會長，也是沙巴州的縣議員。

時至今日，僑委會每年依然安排包括馬來西亞在內的各國留臺校友會代表「回國」參加國慶。當然僑委會一定知道這些「僑領」未必是有中華民國國籍，但人數若逐年減少的話，勢必得面對立委的批評，為了業績與消耗預算，只能維持這「傳統」。

當年陳沛雄致辭時說：「我們全球各地的僑胞，為了表達對自由祖國的熱愛，對政府的竭誠支持，特別組團回國……近四十年來，我們僑胞雖身在海外，但始終心向祖國……」

陳沛雄當時還批評，中共在六四事件上的作為，讓人看清了中共暴政的本質，勢必更促進全球華僑心向臺灣這被三民主義照耀的反共基地。造化弄人的是，陳沛雄在八年後就潛逃中國大陸，展開其流亡生涯。

一九六三年從臺大農學院畢業的陳沛雄，是在一九九二年當上大馬留臺聯總的總會長，只當了一年。一九九三年四月，陳沛雄率領留臺聯總一行三十人「回國」參訪，當時行政院長連戰還對他們說：「歡迎回到自由祖國……」

一九九六年三月廿五日，這位同時有拿督和「榮譽僑委」大馬聞人出事了。由於陳沛雄有榮譽僑委及沙巴州駐臺貿易代表的身分，他以此利用通關禮遇將大批軍火走私進入臺灣，並賣給竹聯幫。

當時媒體報導說，❶陳沛雄因頻密入境臺灣而引起警方的注意，而他被逮捕的那次，則被查獲走私美製警用雷明頓加強型霰彈槍四支、義大利製貝瑞塔九〇手槍兩支、美製瓦舍加手槍兩支、各式子彈五百發等大批軍火。陳沛雄從高雄小港國際機場入境後，由竹聯幫的呂維新載往高雄市區準備交易時，才被刑事警察局偵三隊在高雄市攔截緝獲。

根據陳沛雄的供詞，他稱和大馬、菲律賓的軍火集團有聯繫，是為了賺取年邁母親的醫療費才鋌而走險。不過，兄長陳沛武則否認弟弟的說法，同時也駁斥外界影射他和弟弟的軍火走私案有關。

由於陳沛雄不僅是留臺聯總前會長，也曾任沙巴團結黨署理主席，其兄長陳沛武更是地位顯赫，不僅曾是家鄉的沙巴州警長，也曾當上首都吉隆坡的首位華裔總警長，因此陳沛雄遭逮捕事件在當時震驚馬臺兩國。兩兄弟各自選擇了黑白兩道的道路，讓各界不禁唏噓。

最終陳沛雄是在一九九七年三月被臺北地方法院判刑十五年，服刑完畢後會被驅除出境，不過後來陳沛雄棄保潛逃到中國大陸，潛逃過程為何仍不得而知。

根據大馬媒體《中國報》❷的報導，陳沛雄在臺求學時加入四海幫，因此與臺灣政商界關係密切，而他逃到大陸後，也被大馬警方通緝，因此多年來在大陸低調生活。二〇一六年十月，陳沛武因腦中風過世，享年七十九歲，家屬在報章上刊登訃告後，外界才得知陳沛雄已過世。一名陳家成員告訴《中國報》，陳沛雄是在二〇一〇年過世（享年七十二歲），陳沛武有到大陸協助處理後事，據悉陳沛雄生前已中風而半身不遂。

◆

在陳沛雄事件發生的那年三月，他曾代表「全球僑胞」發表演說的介壽路，被改名為凱達格蘭大道，而在二十年後的同樣時間與地點，來自大馬的前留臺聯總會長方俊能，再次代表「全球僑胞」發表演說。

陳沛雄的風光時期，正值李登輝政府首次推行「南向政策」，而方俊能發表演說的時間點，則正是甫上任的蔡英文推行「新南向政策」，蔡英文任內的首場雙十國慶大典，就讓來自大馬的方俊能演講，可見其中的南向政治意涵。

方俊能代表「僑胞」演說後，部分大馬媒體報導稱他是首位代表全球華人在臺灣雙十國慶演說的大馬人。可見在事過境遷下，大馬華社已忘了陳沛雄早在一九八九年就已登上雙十國慶大舞臺。

對於陳沛雄曾被僑委會委任榮譽僑委，當時媒體報導稱這榮譽僑委是無給職，任期是到一九九六年十二月，因為陳沛雄被逮捕就被撤職了。至於方俊能，則曾任僑務顧問。

方俊能告訴我，陳沛雄事件發生後，留臺聯總的學長姊們也有許多聲音，認為既然沒中華民國國籍，就不該再受僑委會委任為「僑務委員」，因此多年來已無留臺聯總的總會長再擔任任何「僑委」職務。

不過，僑委會還有個兩年任期的榮譽職，即僑務顧問，同樣是沒任何俸祿。方俊能稱只要是任何可促進臺馬兩地交流的華人，即使未曾就任留臺聯總的重要幹部，也都有可能被僑委會聘為僑務顧問。

馬華公會與國民黨

從陳沛雄的事件可看到，這位僑生的生命軌跡，與臺灣的黑白兩道關係相當複雜，而至今唯一讓我好奇的是，究竟陳沛雄是否曾加入國民黨呢？畢竟在那黑金年代，這並非不可能的事情。

前文提到，陳沛雄曾任沙巴州的地方政黨-沙巴團結黨署理主席，該黨屬於執政的國民陣線成員黨，而國民陣線的另一重要成員黨——馬來西亞華人公會，該黨的歷史與國民黨的淵源可就深了，建黨初期的許多黨高層都曾是國民黨員。

馬華公會創立於一九四九年，是至今大馬唯一一華裔族群政黨，儘管該黨近年來已走下坡，但依然是在歷史上具有一定象徵意義的族群政黨。

而在馬華公會成立前，馬來半島的重要華人政治勢力，就是國民黨和馬來亞共產黨。由於國民黨在馬來亞的活動，激起了當地華人日趨強烈的民族主義情緒，再加上有和洪門、三合會等私會黨（黑道）合流的情形，使得英殖民政府感到相當頭疼，最終在一九四九年完全禁止國民黨員的活動，許多黨支部就此轉為俱樂部的形式存在。

一九四九年成立的馬華公會，是英國扶植下的華人資本家成立的，而且多是受英文教育出身的土生華人，如馬華公會首任總會長陳禎祿，其國族認同與當時仍視自身為中國僑民的國民黨員有很大差異。為了讓馬華公會茁壯成長，陳禎祿也拉攏了許多原國民黨領袖加入馬華公會，如曾任國民黨陸軍上校的李孝式，後來還成了建國後的首位財政部長。

由於陳禎祿所屬的土生華人群體在黨內是少數派，因此馬華公會各州的正副主席或黨內要職，依舊被國民黨人把持著，所以馬華公會在建黨建國之初，就面臨了黨內本土派與國民黨派之爭，如前者主張獨立時憲法應限制單一國籍，而後者多主張應爭取雙重國籍，以保有中國人的認同。其中最知名的，是馬華公會副會長兼霹靂州分會主席的劉伯群（曾任廣東省臨時參議會議員），在五〇年代竟「代表」馬來亞華人向蔣介石獻上一柄金劍，以示僑界支持國民黨政府。

陳禎祿等本土派擔心，國民黨派的主張恐影響馬來族群對華人忠誠度的猜疑。一九五二年，陳禎祿透過馬華公會中委會發出「馬華公會會員不得自稱華僑」、「馬華公會會員既然要取馬來亞公民地位，就不得舉辦中華民國的雙十國慶，或致電報臺灣慶賀」等指示。

陳禎祿的兒子陳修信，後來成了馬華公會第三任總會長，兩父子都同樣堅持大馬華人不應再視中華民國為祖國的立場，尤其陳修信在任內就多次對國民黨「干涉內政」的作為表達抗議，如反對把大馬華裔視為華僑，反對大馬華裔學生在臺強制接受軍訓等。一九六六年，國民黨當局頒定《專科以上學校僑生暑期集訓通知》，規定僑生參加為期八週的軍訓，否則無法獲得學分畢業。

儘管如此，由於當時國民黨亟需爭取一切海外的力量支持，同時臺灣又有許多華裔學生留學，意味著都是潛在的選票市場，因此馬華公會與國民黨還是有利益互通的關係存在，即馬華公會意圖爭取留臺生入黨或選票的支持，而臺北當局也欲透過留臺背景的馬華公會黨員，達到促進中華民國與大馬外交關係之目的。

「滲透」馬華公會

根據國立暨南國際大學的歷史所黃辰濤的碩士論文，其中引述了國民黨中央委員會第三組編印的《馬來西亞留臺同學會及其組織情況之分析》，提到了馬華公會欲拉攏留臺校友的情形。這份一九六六年編印的報告指出，馬來亞獨立後，馬華公會曾以留臺同學為主要目標，招考成為馬華公會的基層幹部，以免除在思想與立場左傾的顧慮，而且還派選青年幹部五十人來臺，接受國民黨的反共技術。

至今我未能找到上述報告，但臺灣國家檔案管理局有收藏一份同樣是一九六六年已解密檔案，當中揭露了早年馬華公會與國民黨各自對留臺生的盤算。

一份僑委會檔案揭露，有留臺生畢業後加入了馬華公會，而且還常與僑委會保持聯繫，內容如下，部分字跡已模糊不清：**「馬華公會以在臺大學畢業之僑生為該會骨幹始於該會成立之初，(附參考資料「大學畢業僑生聯繫資料彙報表」□□□)再查其總部各部門及各地分行執行祕書泰半均由畢業僑生擔任，而各該生與本會經常聯繫，其對祖國之向心力有極佳之表現。為能隨時切實了解馬華公會實際情形與如何運用星馬畢業僑生所具有之潛力，本會似應派出工作人員前往就地相機執導，使該生等□□意中接受機宜，使在僑社政治方面充分發揮力量。」**

而另一份國安局的檔案，則記錄了馬華公會的意圖，該檔案主旨為「**馬華人政黨『馬華公會』近計畫吸收在臺學成返馬之學生為該會幹部情形**」。

檔案內容如下：

（一）馬來西亞華人政黨「馬華公會」最近決定積極爭取當地曾在臺灣各大專院校畢業學生支持並計畫吸收當地曾在臺灣各大專院校畢業學生青年之支持，並計畫吸收該等青年為該會之幹部。促使馬華公會採取此種政策之原因如次：

1. 馬來西亞各在野黨最近已進行吸收當地社會中不得志南洋大學及臺灣各大學畢業生，利用彼等對當前政治之不滿情緒，從事反執政黨活動。
2. 民主行動黨最近積極拉攏各華校出身之學生入黨，該黨主席林蒼佑更幕後支持最近在檳城成立之「馬來西亞留學臺灣同學會」。
3. 人民進步黨主席辛尼華沙甘自五月間來臺訪問返馬後，亦曾公開表示關心馬來西亞留學臺灣學生返馬後之出路問題。
4. 鑑於南洋大學畢業生大部均對馬府不滿，乃欲利用由臺灣各大學畢業返馬之學生，與南洋大學相對抗。

（二）馬華公會最近對各州成立「留臺同學會」之事甚表重視，並派遣幹部滲入該等同學會中，以設法控制其組織。

其實，這份國安局檔案犯了一個基本錯誤，即把在野的民主行動黨主席林吉祥誤寫為林蒼佑。不能不提的是，林蒼佑不僅是馬華公會第二任總會長，還曾是中華民國前國防部長陳誠的私人醫生，但回顧一九六六年，確實當時的林蒼佑已離開馬華公會成為反對派，加入了民聯黨，一九六八年才加入民政黨，隔年成為檳城州首長。

林蒼佑的特別之處在於，儘管他有國民黨人背景，但在馬來亞獨立前，已涉入政壇的他便開始劃清自身的國民黨色彩，包括指責在一九五六年，打算與國父拉曼赴倫敦為馬來亞獨立請願的劉伯群是國民黨員，將使獨立成為爭議問題。林蒼佑在野後，曾在國會批評拉曼政府計畫在臺北設立領事館是浪費公帑。

回顧上述檔案，當時馬華公會認為，大部分新加坡南洋大學校友多傾向民主行動黨等在野黨，這可能與當時華社左傾的氛圍有關，而國民黨政府底下的僑教政策是反共的，也許馬華公會認為留臺生的政治立場會與該黨相近吧。

另一方面，民主行動黨的前身是新加坡人民行動黨在大馬各州的支部。由於新加坡在一九六五年八月九日退出馬來西亞，因此各州的人民行動黨支部便在同年十月重新組成民主行動黨。從上述檔案可見，剛「重新出發」的民主行動黨正積極招攬受過高等教育的南大校友、留臺校友入黨。

值得注意的是，這份一九六六年的檔案揭露馬華公會欲「滲入」的同學會，不是一九七四年才成立的留臺聯總，或是一九七六年成立的檳城留臺同學會，可能是同年成立的霹靂留臺同學會。我的判斷依據在於，在僑委會製作的《大學畢業僑生聯繫輔導資料彙報表》所列出在馬華公會擔任要職的留臺校友名單中，我就認出其中一名政大校友的名字，就稱他老學長吧。

這位老學長和我是老鄉，同樣是霹靂州怡保人，早年我就從父親那聽聞這老學長的事蹟。這位老學長是馬華公會黨員，因有黨務介入霹靂留臺同學會的問題，最終被迫退出霹靂留臺同學會。不僅如此，他應該還是個國民黨員，他曾加入國民黨在怡保的地下黨部——「唯誠俱樂部」（已解散；如前文所述，國民黨在馬的活動遭禁後，原各地方黨部轉型為俱樂部），據悉他還健在。

不過，除了霹靂留臺同學會，其實留臺聯總也曾發生過被馬華公會「滲透」的爭議。在二〇一四年三月熱鬧舉行的雪蘭莪州加影區州議席補選中，參選人是在野黨領袖安華的妻子旺阿茲莎（Wan Azizah Wan Ismail），以及馬華公會的周美芬，而周美芬是政大中文系校友。

由於在選戰期間，時任留臺聯總總會長李子松率數名理事為周美芬加油打氣，聲稱此行是要支持鼓勵留臺人參政，還將合照上傳至官網與官方臉書，因此引起了留臺人社群的不滿，一些分屬會也發文告質疑留臺聯總「選邊站」。

雖然後來留臺聯總將照片撤下了，也發了〈留臺聯總針對支持周美芬學姊一事的澄清〉文告，澄清李子松是代表個人，而非同學會，但已引起眾人的不滿，因此當時也有一百八十二名還在學的旅臺生、校友，以個人身分聯署譴責。而當時在公正黨任副總財政的羅志昌，也發文告邀請李子松來辯論。

由於當時大馬華社「反風」興起，馬華公會已不獲多數華裔選民青睞，最終周美芬還是輸了這場補選。

◆

我無法肯定國民黨多大程度上支持了馬華公會吸納留臺生，但至少是樂觀其成的，而馬華公會黨內的國民黨派也樂此不彼，但作為土生華人家族背景出生的時任總會長陳修信，就不見得高興了。

一九六九年三月七日，陳修信在馬華公會第十九屆中央代表大會致辭時，公開要求國民黨當局應廢棄僑委會這組織，他說「臺灣政府把大馬的華裔公民，看作是僑居外國的中國國民，不但會損壞大馬與臺灣之間的關係，同時使別人對大馬華裔公民的效忠產生懷疑。」

沒想到之後僑委會反控陳修信才是「干涉臺灣內政」，接著馬華公會總祕書甘文華反諷僑委會的言論「實在令人好笑」。甘文華批評僑委會才是企圖顛覆在臺灣的大馬華裔學生的思想，顛覆大馬公民。

此一現象顯示了馬華公會黨內的分歧，國民黨派檯面下與臺北當局交好，黨中央則反對國民黨這境外勢力干預內政。

不過，國民黨對於加入馬華公會的留臺生能促進臺灣利益的夙願，有時候也是種鄉愿，無論是國民黨或馬華公會，都無法控制每個人的能動性。例如，一九六三年政大新聞系畢業的陳駒騰，返馬後接受李孝式的面試進入《中國報》當記者，之後也加入了馬華公會，不過一九七一年國民黨不滿陳駒騰在報章批評中華民國的外交政策，因此在外交部的公文裡，就批判受過僑教「恩澤」的陳駒騰忘恩負義，是「附匪者」。

還有曾就讀政大外交系的怡保人張火森，因在臺北時公開反對大馬華裔生被稱為僑生、被迫參加軍訓，得罪了僑委會委員長高信，而且當時張火森還是僑委會底下輔導的星馬學生會會長。當大一暑假結束，張火森準備從大馬返回臺灣準備開學時時，卻遭臺灣政府禁止入境，更甚的是，後來不高興的高信得知學業被迫中斷的張火森加入馬華公會後，於一九六六年透過中華民國駐馬總領事張仲仁，向李孝式控訴張火森是「共黨分子」。

可惜的是，張火森已在數年前過世，來不及在家鄉訪問他。我曾訪問張火森的政大同學饒仁毅先生（曾任大馬留臺聯總總會長），他說要不是當年張火森跟大馬國防部抗議臺灣當局強制軍訓，那大馬僑生被迫軍訓的政策會延續更久。最終在大馬政府的壓力下，國民黨當局在一九七〇年開設「海外青年講習會」（俗稱海青會），課程內容包括一般體能訓練、反共鬥爭及教育訓練等。

儘管海青會看似不如軍訓般會有敏感的國家效忠議題，但據一些學長姊的回憶，其實海青會中也有拿實彈開槍打靶。來自大馬，如今是在臺灣知名的網紅醫生陳志金形容，基本上那七週的講習會就是洗腦課程，海青會快結束時，教官都會私底下問僑生學員入黨，而他當時選擇婉拒，慶幸沒遭到脅迫。

起初海青會的活動地點在南投中興新村，後期八〇—九〇年代則是在桃園龜山警官學校、林口僑生先修部舉辦。最終大約在一九九六年左右，海青會就走入歷史了。

馬華公會派員參加革命實踐研究院？

一九七四年四月，陳修信卸下馬華公會總會長一職，從此即沒出現強烈公開批評國民黨的馬華公會領導人，兩黨關係也逐漸緩和，政黨交流更深，畢竟兩黨在右派、保守主義等意識形態光譜上都是相近的，而且都是未曾經歷政黨輪替的執政黨。

我從馬華公會幕僚甘德政先生那了解到，早年馬華公會元老黃木良，大約在八〇年代曾到國民黨的革命實踐研究院取經，因此馬華公會黨校的課程框架和幹訓內容是源自革命實踐研究院的。

可惜的是，目前臺灣已解密的檔案中，仍未找到黃木良來臺的相關資訊。不過，我卻找到了一份一九九二年國民黨中央委員會海外工作會給中華民國外交部的檔案，內容稱時任大馬下議院副議長的翁詩傑，在該年二月拜會國民黨中央時，提出了希望能派馬華公會黨員到革命實踐研究院上講習課程的要求。

國民黨中央海工會有鑑於大馬族群關係複雜，因此向外交部請示該如何回應？而外交部給國民黨中央的回文中，也稱基於多年來大馬政府對國民黨在馬推展「僑務」及相關文教活動相當敏感，再請國民黨宜更進一步確認翁詩傑的要求是否屬實。

弔詭的是，其中一份公文上有張黃色便利貼寫著「本案翁副議長於拜會我海工會葛副主委時就渠二人談話內容及有關記錄顯示似未提及此事。」（注：這兩分公文、便利貼是檔案局的掃描檔）。

對於這羅生門的狀況，如今已淡出大馬政壇的翁詩傑先生告訴我確實有這麼一回事，當年他是以馬華公會青年團總祕書身分拜訪國民黨，也確實曾表示希望馬華公會能派員參訪革命實踐研究院，並觀摩其課程，以作為馬華黨理論建設的基礎。

翁詩傑強調，當時與國民黨的接觸，與兩岸的意識形態的取向無關，而是意識到馬華公會作為一個政黨，卻沒有政治論述的建設，所以才希望向國民黨學習。翁詩傑指出，他只有一九九二年這次向國民黨提出過派黨員到革命實踐研究院學習的要求，之後就沒了。

不過，直至二〇〇〇年臺灣政黨輪替前，翁詩傑還是常和臺灣官方保持聯繫，如他和當時的僑委會委員長均熟識。至於翁詩傑為何在民進黨首次執政後較少聯繫，主要是當時的僑委會委員長張富美發表了「僑民三等論」，他認為這論述意味著改變與海外華人的關係，那他去建立關係也沒意義。

二〇〇八年，國民黨再次執政，而翁詩傑同年三月入閣當大馬交通部長，同年底當選馬華公會總會長。對於這時期與國民黨的關係，翁詩傑不諱言，畢竟還是有大馬官方的「一中政策」存在，因此無法以官方身分拜訪臺灣，但還是曾在一位臺灣商人的設宴下，在臺北與時任交通部長毛治國進行「巧遇外交」。

馬華公會「臺北市黨部」？

古有國民黨在南洋的黨支部，而在八〇年代末到九〇年代初，則有馬華公會「臺北市黨部」。當然，這不是真的海外黨部，而是馬華公會青年團在海外推動成立的「俱樂部」。而且，在一九五四年成立的馬華公會青年團，是仿效自三民主義青年團，而創辦人就是老國民黨員的大馬華社聞人沈慕羽，他年輕時就是三青團成員，他兒子沈墨義是和俞自鋒同屆的政大新聞系同學。

馬華公會在海外成立俱樂部的背景，主要是當時該黨成立了國際事務局，以拓展與旅居海外的華裔僑民關係，而當時推動海外俱樂部成立的，是時任青年團總團長葉炳漢。

由於大馬長期以來的不公的種族主義政策，使得許多華裔人才外流海外，而相比草莽氣息重的在野黨，如社會主義路線的民主行動黨，馬華公會更自詡是專業菁英、商人階層支持的政黨，因此更積極拉攏在海外發展的大馬華裔專業人士。

馬華公會第一個海外俱樂部，就設立在前殖民宗主國英國，該黨的創會長陳禎祿也是留英畢業的，國父東姑阿都拉曼也是，而臺灣就是第二個設馬華公會俱樂部的國家，但直至九〇年代初結束前，都只是「籌委會」的狀態。

一九八九年六月十八日，臺灣馬華公會俱樂部籌委會在臺北成立，根據當時成立大會報導，馬華公會稱為使在臺的大馬華人能跟進母國的動態，會寄新聞剪報資料及出版物給俱樂部會員，並分享給大馬旅臺同學會。由於參與者寡，據悉在九〇年代初便草草結束了。

政大東亞所畢業的潘永強九〇年代在臺北求學，他也是一名研究大馬華人政治的學者。潘永強認為，臺灣馬華公會俱樂部之所以辦不下去，主要是當時在臺灣的負責人「X同學」站錯邊，以及後繼無人。

當時力促在海外成立俱樂部的青年團總團長葉炳漢，是跟隨另一黨內大佬李金獅，而李金獅在八〇年代末與總會長林良實的黨爭中落敗，葉炳漢便遭邊緣化。潘永強指出，由於X同學屬葉炳漢派系的，也連帶被邊緣化，加上X同學在臺留學畢業返馬後，也無繼承人，所以俱樂部就無疾而終了。

另一方面，無論是在大馬還是臺灣，九〇年代的大環境已不適合馬華公會的發展，對比當時馬哈迪威權統治下的大馬，臺灣社會已走向民主化，因此馬華公會在臺灣的經營就更沒市場了。

由於未能訪問到X同學，因此不清楚臺灣馬華公會俱樂部是哪一年結束的，不過翁詩傑記得他一九九二年到臺北時，X同學依然以俱樂部代表的身分接待他。

根據馬華公會官網介紹，目前僅在英國、澳洲、美國、日本設有海外俱樂部，都是大馬公民熱門的留學國家。

◆

早在多年前，我就聽聞X同學在臺求學時就加入了國民黨，由於他是比我年長好幾十歲的長輩，就稱他「X學長」吧。

為了解X學長為何加入國民黨，我曾嘗試邀訪他，也許礙於這題目敏感，所以他不願受訪，也無回應我是否曾加入國民黨。

不過，至今在國民黨官網的海外黨代表名單上，仍可見到與X學長「同名同姓」的三個字，而且近年僑委會委員長、國民黨領袖（如韓國瑜夫婦）訪問大馬時，都能見其身影。

一些認識X學長的人，儘管已知道他入黨多年，但無人得知他為何入黨，是基於意識形態、民族主義，還是政商利益？由於X學長年紀已大，曾在戒嚴年代自願或被迫入黨的大馬僑生們，也會隨時代更迭而凋零，我選擇不寫他們的名字，當然還是希望有生之年，能為他們做口述歷史。

此外，第二章介紹過的前臺大僑生及陸生輔導組主任周漢東老師也分享到，他二〇二〇年退休前，辦公室抽屜還保留了許多未被領取的國民黨黨證，也得以知道了哪些僑生入黨。我問周老師，當年僑生們是否會向他投訴國民黨招攬入黨呢？周老師說那個年代，僑生比較不敢反映，他相信也有人是不知情下被入黨的。

周漢東老師表示，無論如何那些都是他人的私人物品，他當年也盡職責通知學生來取件，沒來取件也許有各種個人原因。為保護學生們的隱私，周老師在卸任之際，便將這些黨證銷毀了。周老師也提到，就他對早年臺大的僑生觀察，香港僑生會比較積極投入黨外運動，而大馬僑生還是比較對政治保持距離，較專注在課業學習。

「終身學習」

為鼓勵大馬華人族群跟上時代的腳步，馬華公會在二〇〇四年推動「終身學習運動」。時任總會長黃家定稱「『終身學習運動』是一項長期的事業，目的是提高族群素質、解決及減少族群面對的各種社會問題及加強族群競爭力，使之成為國家主流族群之一。」

確實，在治國興黨的道路上，馬華公會也始終在「終身學習」著，如前文提到馬華公會元老黃木良到國民黨實踐研究院取經、翁詩傑詢問觀摩實踐研究院課程等。

包括本人在內，許多學者都認為，雖然馬華公會起初是個右派反共的政黨，但創黨七十多年來，始終沒有發展出一套核心論述與價值理念，加上盟黨——巫統的政治壟斷，以及黨內紛擾不斷的內鬥下，國內政治影響力式微，因此馬華公會近年來不再受到多數華裔選民青睞。

不過，也因為沒有一套核心論述或價值理念，才樂於去學習任何看起來華裔選民可能會喜歡的事務。例如，隨著納吉政府時期國家外交政策迎合中國的「一帶一路」倡議，馬華公會就成立了對華事務委員會、一帶一路中心等單位。由於大馬華人社會立場多親中，馬華公會認為這些動作或許有助於爭取華裔選票。

馬華公會在二〇一三年的全國大選中慘敗後，就成立了馬華革新委員會，擔任委員會主席的馬華公會總會長廖中萊認為，該黨的慘敗是因為黨內有組織僵化、紀律鬆散、黨員素質參差不齊，以及黨意識滑落等多種因素。廖中萊在二〇一五年五月受邀訪中時，就表達了認同中共在基層組織工作上，對於黨員素質要求和黨員思想教育制度有參考價值的立場。廖中萊稱希望經黨內的討論、消化和分析後，學習中共的長處。

此外，馬華公會代表團拜訪了中國國務院國家互聯網資訊辦公室後，認為中共緊密的網路監督工作和迅速的監控程式值得學習，廖中萊認為「中國在互聯網訊息的傳達中，若發現任何不正確或錯誤，有關當局負責人不會怠慢，立即發表立場和看法」。

由於在納吉政府時期，馬華公會與中共的關係前所未有的緊密，也有人不禁感慨，曾堅持反共的馬華公會已不同往日。不過，這不代表馬華公會放棄了向國民黨的「終身學習」。

二〇一八年在臺灣興起的「韓流」也吹到了大馬，確實韓國瑜在當地有許多華人支持者。也許看準了這點，二〇一八年十二月二日在馬華公會總部召開的中央代表大會上，投影片赫然出現了韓國瑜的照片，馬華公會的領導們說要效仿韓國瑜，讓黨再次重生，因為在這一年五月的全國大選中，大馬實現了首次政權輪替，馬華公會在二百二十二個國會議席中，只剩下兩席。

那馬華公會與民進黨的關係呢？有趣的是，馬華公會早已將自身與宿敵——民主行動黨，代入臺灣政治的情境之中了。包括筆者在內，許多大馬華人也是這麼看的。

二〇二〇年一月十一日，韓國瑜挑戰蔡英文連任失敗。就在臺灣總統大選三天後，大馬《光華日報》❸就刊登了對馬華公會總會長魏家祥的訪問，魏家祥說「很多人說國民黨像今天馬華，但今天行動黨更像民進黨」，並稱韓國瑜在過去九個月不斷被抹黑，這讓他覺得自己也是被抹黑的目標。魏家祥的指控依據在於，行動黨與民進黨一樣，會在招聘網站上招募社交媒體寫手。

這不禁令人聯想到，同樣在選舉上面對接連失利、支持度下降的國民黨，在面對挫敗時，也同樣指控對手靠網軍抹黑。

或許是時代的必然性吧！馬華公會和國民黨這兩個黨徽相近的政黨，經歷了長期的執政，又失去政權後，過去的保守主義心態一時之間無法適應新的時代，而擅長社會運動、媒體宣傳的對手，又在網路戰場上掌握優勢，面對挫敗時，怪罪對手操控網軍，往往是迴避問題的常用托辭。

＊本章鳴謝羅志昌、潘永強等留臺校友們，以及翁詩傑先生，無私分享的生命故事與觀點。

---

❶ 陳一雄（一九九六年三月二十八日）。〈陳沛雄私槍疑為馬國軍警用槍　警方情報：可能來自馬國退休情治人員〉，《聯合報》，七版。

❷ 《中國報》，二〇一六，〈前總警長陳沛武逝世．雖涉槍械走私　胞兄不離不棄　陳沛雄六年前離世〉，https://reurl.cc/MbdbbX，二〇二一年十二月三十一日檢索。

❸ 《光華日報》，二〇二〇，〈【魏家祥訪光華】韓國瑜過去九個月被黑情形「已了解到自己成目標」〉，https://reurl.cc/EpZj8v，二〇二一年八月三十一日檢索。

第五章
留臺生都是反對黨？

第四章提到，馬華公會總會長魏家祥將國民黨與民進黨之間的政爭，類比為該黨與民主行動黨的關係；除了執政多年的國民陣線政治人物會認為大馬旅臺生多支持反對黨外，近年來大馬華社也出現似是而非的言論、標籤，如稱華裔學生到臺灣會被民進黨「洗腦」，進而變成「反中分子」。

然而，歷史上真正有在臺灣大規模對大馬華裔學生「洗腦」，以投入「反共大業」的，卻是國民黨才對。就如第四章提到的，從戒嚴時期一直到九〇年代，校園內依然有教官於職業學生慫恿大馬華裔學生入黨，以及要求到「海青會」學習三民主義與軍訓。

那近年的情況呢？至少我在臺灣的這些年，是未聞有任何大馬旅臺生成為國民黨或民進黨黨員的，但確實也有就讀政治系相關的旅臺生參與臺灣政治活動，但也止於實習的層面，由於他們都不是競選公職，因此都在合法範圍內。

要知道的是，一九八六年才成立的民進黨，是走本土路線的政黨，相比堅持大中國主義的國民黨，顯然更無興趣拉攏非臺灣人入黨，而且意識形態更為深綠的，也多反對「僑生」這具有大中國主義精神的政治產物。

接下來，就讓我娓娓道來這些年，大馬旅臺生與大馬、臺灣的朝野政黨的關係。

喜來登政變

二〇一八年五月九日，由馬哈迪領導的希望聯盟（簡稱希盟）擊敗執政多年的國民陣線（簡稱國陣），實現了大馬建國以來的首次政權輪替。

然而，由於希盟始終未能解決馬哈迪與被視為接班人的安華之間的恩怨，擔任公正黨主席的安華不斷要求馬哈迪盡快公布退位日期，並承諾讓他成為下一任首相，最終引發的政爭導致希盟政權的終結。

與安華同黨，但卻是敵對派系的阿茲敏（Mohamed Azmin bin Ali），因為與馬哈迪關係較好，被安華認為是角逐相位的對手。二〇二〇年二月廿三日，阿茲敏與已下野的國陣領袖們，在雪蘭莪州的喜來登飯店進行閉門會議，最終決定退出公正黨，還帶走了幾名國會議員。

最終在一連串的骨牌效應下，來自土著團結黨的慕尤丁在二月廿九日獲得大馬最高元首確認，已獲得多數國會議員的支持，成為新任首相。接著慕尤丁在三月一日宣布任相，並組織國民聯盟政府，希盟僅執政二十二個月便宣告垮臺

而大馬歷史上重要的政治變局，又稱「喜來登政變」。

時間回到二〇〇八年九月，臺北市中正區忠孝東路一段十二號，其實公正黨也差點在臺灣發動一場「喜來登政變」。

◆

二〇〇八年三月八日，長期執政的國陣政府在第十二屆全國大選中，意外地被崛起的在野力量打破三分之二的國會議席優勢，即在二百二十二個國會議席中，在野黨贏了八十二個議席，這場選舉結果被稱為「三〇八政治海嘯」。

之前提到，由於一九六九年發生了「五一三事件」，當年在野黨也獲得佳績，但選後不幸發生了族群衝突，因此多年來執政黨的政客公開「提醒」傾向在野黨的選民，若不支持國陣，「五一三事件」恐重演。

我永遠記得當年的三月九日上午，我依然如常出門和朋友聚會，雖然街上的車輛少了許多，但全馬總算平安過了一天。「三〇八政治海嘯」讓許多大馬人意識到，「五一三事件」恐重演這種論調只是政客的騙術。

這場選舉結果的重要性在於，許多以往不碰政治、害怕政治的選民更敢表達政治立場，也讓更多人開始走上街頭參與社會運動。所以在十年後的五月九日，大馬才得以政權輪替。

◆

「三〇八政治海嘯」也讓安華所屬的人民公正黨一躍成為國會最大在野黨，同年四月一日，人民公正黨、民主行動黨、伊斯蘭黨組成「人民聯盟」（簡稱民聯），以在未來的選舉更團結地迎戰國陣。

不過，安華為了讓大馬盡速實現政權輪替，他打鐵趁熱宣布將拉攏更多執政黨的國會議員加入民聯，以實現在同年九月十六日的「馬來西亞日」（一九六九年馬來亞、沙巴、砂拉越及新加坡組成馬來西亞的日子）這天實現政權輪替。

當然，最終安華的「九一六變天行動」還是失敗了。雖然此後安華在政壇上多次宣布成功拉攏多數國會議員支持他當首相，但始終未能兌現，因此許多大馬人民常調侃安華又「狼來了」。

◆

臺灣有一九八六年成立的民主進步黨，而大馬砂拉越州也有個二〇〇二年成立的民主進步黨（Progressive Democratic Party），有趣的是，該黨的前身是砂拉越國民黨（SNAP）。當然，這政黨和臺灣的國民兩黨無關，只是剛好官方中文翻譯上是同名。

二〇〇八年九月十日，為躲避安華的挖角，國陣後座議員俱樂部主席張慶信以「農業考察」為名，帶領四十九名議員到臺灣（占國陣在國會的三分之一席次）「綁樁」。張慶信就是砂拉越民進黨主席，二〇一四年至二〇一八年時被時任首相納吉委為「首相對東亞特使」，負責外交的國家包括臺灣、日本、韓國，而本人在擔任大馬旅臺同學會副會長期間與他有數面之緣。

為何他們會選擇來臺灣呢？這些年我聽到的坊間說法是，由於大馬和臺灣無邦交關係，兩國政府也無引渡條約，即使安華成功任相，也無法從臺灣引渡國陣議員返馬，使得「變天」無法實現。不過親身參與這過程的前馬來西亞旅臺同學會（簡稱大馬總會）總會長羅志昌認為，應該純粹臺灣離大馬近而已。

同年九月十二日，公正黨派出六位政治領袖來臺談判，這一行人包括時任該黨策略局主任賽夫丁（Saifuddin Nasution）、選舉副主任傅芝雅（Fuziah Salleh）、宣傳主任蔡添強、婦女組宣傳主任黃潔冰、最高理事謝嘉平與羅志昌。

羅志昌在一九九一年回國後投入政治運動，後來成了公正黨創黨黨員。羅志昌在輔仁大學就讀期間，積極參與臺灣的社運、黨外運動，也和民進黨前主席施明德是老相識，因此羅志昌一行人當晚抵達喜來登大飯店後，施明德先為他們設宴洗塵。

十三日中午，臺北市因辛樂克颱風接近而宣布放颱風假，苦於無地點可召開記者會的公正黨一行人，最終在臺灣友人的協助下，在曾是黨外運動人士聚集的新生南路紫藤廬茶坊召開記者會，當時有不少臺灣媒體關注這場攸關大馬國運的「拔樁」行動。

他們在記者會透露，十三日凌晨一點成功與部分國陣議員密談了一個半小時，但依然拉攏不了對方投入民聯陣營，大約在凌晨三點半時，張慶信就連忙要求國陣議員打包行李離開喜來登飯店，而且還大陣仗地叫了二十多臺計程車載送國陣議員到機場，說是為了趕在颱風登陸前去香港。蔡添強還調侃道，說不定颱風是指公正黨才對，為了避免挖角，才趕緊撤離臺灣。

羅志昌記得，在他們飛抵臺灣前，原本國陣議員是在宜蘭參訪，而他們早掌握訊息國陣議員會在十二日入住喜來登飯店，才會在同一天趕來臺灣。因此面對公正黨一行人的「突襲」，也連帶讓國陣議員取消了原安排好的行程，包括拜訪立法院。

當時羅志昌也在記者會上澄清，雖然他們抵達桃園機場時，馬英九政府外交部為方便他們避開媒體，安排了他們在機場獲得特別過關禮遇及專車載送到喜來登飯店，但臺灣官方並沒有偏袒任何一方，均以中立的立場對待先後訪臺的國陣、民聯政治領袖。❶

這裡還有值得一提的往事是，安華在二〇〇〇年再度入獄後，恰好施明德出席在波蘭舉辦的「世界民主論壇」，認識了與會的安華夫人旺阿茲莎，透過她了解到安華的處境後，便在立法院推動立委聯署，呼籲馬哈迪釋放安華。而也曾是政治犯的蔡添強，在施明德舉辦的接風宴上，也把自己坐牢時的囚衣送給施明德。❷

成為國州議員的留臺人

我在二〇一〇年來臺後的十一年間，經歷了二〇一三年、二〇一八年的兩次馬來西亞全國大選，兩場大選都有不少旅居臺灣的大馬人回國投票。會如此願意請假花時間、花錢買機票回國，就只為了投下「神聖的一票」的人，想當然爾多是支持在野黨，千里迢迢投票只為了實現政權輪替。

根據大馬教育部二〇一九年的統計資料，共有七萬名大馬公民赴海外留學，前三大目的地國家分別是英國、愛爾蘭和臺灣。由於在臺留學的多是華裔，對以爭取華裔選民選票的政黨而言，臺灣就是兵家必爭之地。

在上一章介紹的馬華公會，是大馬唯一一個以華裔為成員的族裔政黨，而馬華公會的「宿敵」——民主行動黨，儘管黨章無限定黨員的族裔，但多數黨員為華裔，因此在大馬社會的語境中，也稱之為「華基政黨」。由於馬華公會在近幾屆的大選中節節敗退，華裔選票在二十多年來已多流向希盟的行動黨、公正黨，故行動黨也已被視為能代表華裔族群的「華基政黨」。

上一章提到，一份一九六六年國安局的檔案記錄馬華公會招攬留臺校友為幹部的意圖，係因在野黨（行動黨）積極吸納在社會中不得志的新加坡南洋大學及臺灣各大學畢業生（且多是華校生）入黨，因為這兩個群體多對大馬社會有強烈的不滿。結果在一九六九年五月，最終發生「五一三事件」的那屆大選，多數華裔選民支持了在野黨。

根據記載，行動黨中第一代留臺校友背景的政治領袖，是一九六四年從師大畢業的陳慶佳，意味著他是美援年代的僑生。

二〇一一年過世，享年七十一歲的陳慶佳是在一九六七年加入成立兩年的行動黨，他曾任行動黨副主席，以及四度選上國會議員，而且其中一次當選時仍在獄中服刑。陳慶佳是在一九七六年因批評官方對華文教育的政策，在內安法令下被扣留四年九個月，一九七八年的全國大選時，在獄中服刑的他仍以六千多張多數票擊敗馬華公會競選人，成功捍衛霹靂州華都牙也的國會議席。

至今行動黨與馬華公會，分別出現了二・五位留臺人國會議員，之所以說是二・五位，是因為先是行動黨國會議員的蕭漢欽後來加入了馬華公會。其餘者包括行動黨國會議員陳慶佳和政大畢業的黃書琪，還有馬華公會的鄧育桓與周美芬，她倆同是政大校友。

周美芬是在一九八三至一九八七年就讀政大中文系，與她同時代的羅志昌之所以投入反對黨陣營，是受到大馬的政治衝擊，以及臺灣民主思潮所感染的，那為何同樣參與過大馬總會、大馬青年社的周美芬卻選擇加入馬華公會呢？

周美芬跟我說，有位臺灣政治人物的一句話，影響了她做出進入馬華公會「看一看」的決定，那人就是當時被稱為「政治金童」的趙少康。周美芬依稀記得，她是透過電視節目看到趙少康被記者問，為何自稱是國民黨裡的反對黨（新國民黨連線），而趙少康大概的回應是「國民黨是可以去做事的政黨，既然覺得自己是好人，為什麼不進去裡面讓壞人少一些呢？」

不過歷史的發展也很有趣，周美芬是在一九九一年加入馬華公會，而趙少康在一九九二年脫離國民黨，隔年成立新黨。

周美芬自身當然也意識到，馬華公會長年來被許多華裔選民批評在朝卻辦不好事，而她相信進入體制才能「改變成真」。周美芬在一九九九至二〇〇八年擔任國會議員，接著在二〇〇九至二〇一八年受委任為婦女、家庭及社會發展部副部長，二〇一九年七月卸任馬華公會副總會長後淡出政壇，如今就讀北京大學歷史所博士班。

◆

下頁圖表是我整理了近一甲子以來，投入大馬政壇，並成為州議員、國會議員的留臺校友，當然各黨派當中的政治幕僚、祕書，或是黨高層，都有不少留臺人的身影，如曾任公正黨高層的羅志昌。

列表中的大馬留臺校友共有二十人，其中包括五位國會議員。由此可見，儘管多年來臺灣文憑不被大馬政府承認，但仍有許多留臺校友投入母國的公共事務中，他們是否會促進大馬與臺灣關係倒是其次，重要的是讓大眾意識到，不是所有華校背景的留臺人都有「棄嬰情結」，依然關懷自己的祖國。

馬來西亞各政黨之留臺校友

政黨	姓名	臺灣母校	成為民意代表年代	身分
民主行動黨	陳慶佳	國立臺灣師範大學	1974-1982	國會議員、州議員
民主行動黨	蕭漢欽	國立臺灣大學	1978-1986	國會議員
馬華公會				
民主行動黨	戴成埠	國立臺灣師範大學	1978-1982	州議員
民主行動黨	胡昌佑	文化大學	1990-2004	州議員
民主行動黨	王國慧	國立臺灣大學	2008-2018	州行政議員
先民主行動黨，後社會主義黨	鄭雨州	國立海洋大學	2008-2018	州議員
民主行動黨	黃書琪	國立政治大學	2013-	國會議員、州議員
民主行動黨	李政賢	國立臺灣大學	2013-	州議員
民主行動黨	鄭福基	國立成功大學	2013-2018	州議員
人民公正黨	劉子健	國立中興大學	2008-	州議長
人民公正黨	謝嘉平	東吳大學	2013-2018	州議員
馬華公會	鄧育桓	國立政治大學	1986-1999	國會議員
馬華公會	周美芬	國立政治大學	1999-2008	國會議員
馬華公會	賴觀福	國立臺灣師範大學	1982-1986	州議員
馬華公會	李敬輝	國立臺灣師範大學	1982-1986	州議員
馬華公會	吳連芳	國立政治大學	1982-1986	州議員
馬華公會	駱福漢	國立臺北醫學大學	1995-2004	州行政議員
馬華公會	張華	高雄醫學大學	1995-2004	州議員
馬華公會	蕭國根	國立政治大學	1978-1986；1995-2004	州議員、市議員
民政黨				
民政黨	江真誠	國立臺灣大學	1990-2004	州行政議員

此外，臺灣社會，尤其僑委會，勿因留臺校友成了民意代表，就將他們視為「僑領」，畢竟他們是在自己的祖國奉獻，不是極度具誤導充分的「僑居國」。我記得黃書琪國會議員數年前來臺出席玉山論壇時就呼籲，臺灣看待東南亞應跳脫不合時宜的「華僑視角」，應積極耕耘與東南亞非華裔族群的關係。

大馬旅臺同學會培養反對黨？

從圖表可見，投入馬華公會、民政黨等執政黨的留臺人，多集中在千禧年之前。進入廿一世紀後，二〇〇八年發生「三〇八政治海嘯」，在野力量更為茁壯，得以讓新生代的留臺校友有了在政治領域大展拳腳的機會。

上一章提到的馬華公會前總會長翁詩傑，在九〇年代因公務而常到臺灣，也帶團到各大學與旅臺生交流。

我問翁詩傑，多年來有一種聲音認為，大馬留臺生多是支持在野黨的，那當時他身為馬華公會政治領袖，是如何看待的？翁詩傑回答，儘管他知道多數在臺灣的大馬人未必支持馬華公會，但他還是要進入校園直接跟旅臺生對話，讓旅臺生清楚知道該黨在馬來西亞國內的政治課題立場。翁詩傑記得，當時會有部分旅臺生肯站出來「辯論」，而他也不畏懼回應。

另一方面，翁詩傑認為多數來臺的大馬人多是獨中生，多會對國陣政府有較多怨氣。就個人的觀察，確實許多獨中校友會對國陣政府不公的族群政策有所怨懟，但來臺留學的大馬華裔年輕人對在野黨的支持，應是不分教育源流背景的，更多的是時勢使然。

隨著大馬的高等教育市場在九〇年代開始蓬勃發展，國內私立大專院校林立，獨中畢業生出路更多，不一定會選擇來臺灣。進入千禧年後，扁政府大力推展高教國際化，鼓勵各大學廣招外籍生，有越來越多大馬公立體系的畢業生來臺留學，意味著大馬旅臺生已不必然和僑生、獨中生劃上等號。而且「三〇八政治海嘯」後，大馬華社吹起「反風」，在接下來的兩場馬來西亞全國大選，「民心思變」的華裔選民幾乎一面倒支持在野黨，馬華公會的衰敗乃時勢使然。

◆

本人是從二〇一三至二〇一六年參與大馬旅臺同學會的活動，曾任副總會長與顧問。猶記得當時常訪臺的國陣華裔政治人物，在與旅臺生聚餐的活動時，表達過對旅臺生多支持在野黨的「抱怨」，如東亞特使張慶信在致詞時「調侃」旅臺生們在二〇一三年五月五日的大選，都買機票回國「五月五！換政府！」（這是在野黨於該屆大選提出的經典選戰口號。）

此外，他們偶爾也抱怨大馬總會親在野黨。由於當時在野黨已在大馬數個州屬執政，如檳城州、雪蘭莪州，因此由在野黨掌權的州政府也會派官員、議員來臺招商、訪問，既然都是官方代表，大馬總會的幹部自然也來者不拒地接觸。當然，國陣會質疑大馬總會成員的立場也不意外，確實歷屆大馬總會歷屆正副會長中，就曾出現了一批投入社運組織、在野黨的學長姊。

首先，要介紹的是本書多次提到的前公正黨最高理事羅志昌，他在一九八七年任大馬總會第十五屆會長，也是在這一年的十月廿七日，大馬發生了首相馬哈迪援引「內安法令」，展開對在野黨、華教運動人士，以及部分持異議的馬華公會領袖的大逮捕行動的，代號是「茅草行動」，共逮捕了一百零七人，三家報社被勒令關閉。

眼看母國政治局勢緊張，宛如回到了一九六九年「五一三事件」般肅殺，羅志昌便領導大馬總會在「全省」辦抗議集會或說明會，但當時剛解嚴，國民黨當局也不清楚大馬學生在搞什麼政治運動，因此許多學校拒絕租借場地，他便寫信給僑委會，盼勿阻擾同學會辦集會。

羅志昌記得，當時他幾乎上遍所有臺灣的電視與廣播媒體，說明大馬的政治情勢，以營造國際輿論壓力，同時也和東京大馬同學會串連在同日舉行聲援活動，而最終還是臺北的規模最大。

大馬總會成功於十一月一日，在臺大綜合大禮堂舉行「大馬國民覺醒大會」，千多名大馬學生的左臂綁黑絲帶赴會，以示大馬的自由民主即將淪喪，而周美芬也有出席這場集會。同時，當天大馬旅臺生也成立「捍衛大馬華教行動委員會」，以響應「茅草行動」後，大馬華社所發起的「全國華團政黨聯合行動委員會」。

「茅草行動」後，時任衛生部長陳聲新（馬華公會）率官員訪臺，羅志昌稱以往同學會的會訊對於母國官員來慰問學生的記錄，多偏向是「大拜拜」似的報導，而他們這屆毫不客氣地在會訊批評，如寫陳聲新被問到有關「茅草行動」的問題時「言詞閃爍，內容空洞」，所以他們也是馬臺官方眼中頭痛的一屆。

羅志昌回憶道，當時他們也不是因為剛好臺灣解嚴才比較敢抨擊國民黨和僑委會，而是「時勢造英雄」。一方面大馬學生受到母國「茅草行動」的餘波衝擊，也受到臺灣民主運動興起的薰染，因此這一屆的同學會比較有批判性，而羅志昌也認為自己是當時僑委會眼中歷屆最難搞的總會長。

◆

大馬總會第十屆總會長張永慶，應是最早返國後投入政壇的總會長。政大新聞系畢業的張永慶，目前是波德申中華中學（獨中）的校長，他曾代表行動黨在一九九〇年的大選中上陣（敗選）。

而第十五屆總會長羅志昌是在一九八五年來臺就讀輔大企管系，一九九一年返國後，先是從事華文教育的工作，接著加入行動黨，最終在一九九九年成為公正黨創黨黨員，至今未投入選舉。

而又步上學長從政腳步的，是第十九屆總會長張濟作。臺大農化系畢業的張濟作，是因大馬總會活動才認識羅志昌的，他在九三年返國後也投入華文教育工作，並透過羅志昌接觸行動黨，曾任前行動黨國會議員柯嘉遜博士的政治祕書。接著張濟作也在九九年加入公正黨，並在同年的全國大選參院國會議員，但不敵對手黃家定（時任馬華公會總會長）。

羅志昌回憶，由於他和張永慶、張濟作的年代相當接近，而他們又是較高調加入在野黨的留臺人，所以當時華社才會有留臺校友都是支持在野黨的印象。不過羅志昌強調，投入政治運動的留臺人還是少數，但無可否認留臺人確實是支持在野陣營的重要勢力。

彷彿是世代交替，繼鄧育桓、周美芬後，第三位成為大馬國會議員的政大校友，就是第三十三屆總會長黃書琪。政大新聞系畢業後，黃書琪返馬當記者兩年半，在二〇一一年加入行動黨，兩年後當選州議員。而黃書琪的政治祕書楊惠儀，也剛好是第四十五屆副會長，畢業於成大政治系。

而最後兩位投入在野黨陣營的總會長，是四十一屆的官世峰與四十二屆的曾文誠。官世峰曾任前副國防部長劉鎮東的新聞祕書，如今是行動黨市議員，曾文誠則在行動黨內從事政治幕僚的工作。

大馬總會即將來到五十屆，上述幾位都是在政界大展拳腳的留臺人，其他沒被提到的，我相信也依然在不同領域發光發熱，如和張濟作同屆的副總會長王國璋，是知名的政治學者，旅居香港多年，曾在香港中文大學、港大任教。王國璋著有多部研究大馬族群政治、政黨政治的著作，也可謂對大馬華人政治、知識建構上有一定影響力。

另一位也在學術界發展有成的，是第廿四屆總會長陳丁輝，他曾任新加坡國家圖書館李光前訪問學者，主要研究領域海外華人史，目前是新加坡中華總商會研究員。而陳丁輝的妻子潘婉明也是留臺校友、知名歷史學者，研究領域是馬共歷史。

那在野黨早年是否有系統性地經營、拉攏大馬旅臺生呢？這還是要回歸到大馬的政治環境變遷。如同第三章提到的潘永強所言，行動黨在九〇年代還很弱，在國內慘澹經營著，也無心於經營海外選民。

公正黨與行動黨的「布局」臺灣

二〇〇八年三月八日，廿八歲的怡保人鄭立慷沒有想到自己會在「三〇八政治海嘯」的浪潮下，當選了霹靂州公正黨的州議員，而他負責的州選區，剛好在我家隔壁，其選區代號是N46，我家是N45，不過我是二〇一一年來臺求學後才認識他的。

鄭立慷在三〇八大選前已答應女友（如今的太太）一起到臺灣旅遊，因為他真沒料到自己會選上。在不能食言的情況下，新官上任的鄭立慷依然在四月和女友來臺旅行，也趁此機會和旅臺生接觸，如當時準備離開臺灣，但還在華視打工的前總會長黃書琪。

在此機緣巧合下，當時是公正黨青年團成員的鄭立慷，儘管不是留臺校友，但也和臺灣結下不解之緣，往後多次率同黨的年輕華裔政治工作者來臺經營旅臺生關係。而黃書琪在二〇一三年當選州議員後，也同樣積極經營與旅臺生，還有臺灣各政黨、NGO的關係。

鄭立慷告訴我，確實離大馬僅四個小時飛行時間的臺灣，由於海外華裔選民相當集中，所以備受重視。由於初期資源有限，對海外僑民關係的經營上，二〇〇八年後鄭立慷僅專注在臺灣，直到希盟在二〇一三年奪下更多國會議席、州政權後，公正黨對海外的經營才更進一步擴展到中國、澳洲、英國等也有眾多大馬僑民的國家。

根據個人十多年來的觀察，國陣來臺經營旅臺生的方式，多是舉辦餐宴拉近學生關係，或給大馬總會辦活動的經費撥款（如每年在臺灣不同城市舉辦的「大馬運動會」）。基本上會出席餐宴的旅臺生，也明白這是在收買人心，並沒有更多政治理念上的交流，如辦講座，因此國陣來臺籠絡人心的效果是有限的。

前文提到，前馬華公會總會長翁詩傑稱他九〇年代來臺時，積極到各校園與旅臺生交流，甚至辯論交鋒，這場景近十年來未曾見過。反觀二〇〇八年後積極來臺的公正黨、行動黨政治領袖，則積極走入校園，或在校外辦公開講座，與臺灣北中南各地的旅臺生交流。印象中馬華公會少數的在臺演講，是二〇一七年四月，時任教育部副部長張盛聞應東吳大學政治系劉必榮教授邀請，在臺北辦了一場公開演講。

除了辦講座，公正黨、行動黨均有公開招募實習生，讓海外（包括臺灣）的大馬學生可暑假返馬時觀摩政治工作，以培養新血。馬華公會方面，筆者未曾見過有同輩的大學生在當時到該黨實習，反倒是認識與耳聞數名在臺就讀政治系的旅臺生，曾暑假返馬到公正黨、行動黨實習。

例如，第四十五屆副會長楊惠儀，在成大政治系就讀時，認識了到該校演講的黃書琪一行人，由於老家也靠近黃書琪的州選區士乃，她便自告奮勇到黃書琪辦公室實習，而且還在二〇一八年大選助選，畢業後便返國擔任黃書琪的政治祕書。

其實，就算在野黨在二〇〇八年後不來臺拉攏民心，大馬華裔「民心思變」乃時勢所趨，而且同一時期大馬的社運活動也風起雲湧地進行著，也連帶影響海外僑民。

大馬的社運牽動著旅臺生

無論是公正黨還是行動黨，來臺目的除拉攏民心外，更重要的是呼籲在臺的合格選民回國投票。根據當時大馬的選舉制度，年滿廿一歲才能跟選委會登記成為選民，而開放海外郵寄選票，也是靠社運團體「乾淨與公平選舉聯盟」多年來走上街頭爭取，才得以在二〇一三年大選實現，記得當時甚至有在臺灣中南部的大馬人包車到臺北的「馬來西亞友誼及貿易中心」（大馬駐臺代表處）投票。

「乾淨與公平選舉聯盟」簡稱「淨選盟」（BERSIH），前身是二〇〇五年成立的「選舉改革聯合行動委員會」，其主旨是推動大馬的選舉制度改革，至今共辦了五場走上街頭的大型集會。

第一場淨選盟大集會是在二〇〇七年舉行，隨著隔年「三〇八政治海嘯」後國內政治空間擴大，以及在野黨的支援下，接下來分別在二〇一一年、二〇一二年、二〇一五年、二〇一六年舉行的大集會，都有數以萬計的人民不分族群走上吉隆坡街頭，其中二〇一六年的大集會更號稱有廿五萬人參與。

更重要的是，二〇〇七年後的每一場淨選盟集會，在全球各大城市都有大馬僑民響應支持，連管制言論自由的中國，都有大馬僑民在北京、上海集會舉國旗聲援。至於海外大馬華裔最集中的臺灣，也不落人後，每一場對淨選盟的聲援集會，都會在臺北市自由廣場舉行，參與者數以百計。

除了二〇一六年十一月十九日舉行的淨選盟集會，當時我正好人在吉隆坡的街頭現場外，前三次的集會我都有在臺北參與，而且也是「臺灣淨選盟」的成員之一（其實也只是臉書群組內較潛水的成員，主要負責攝影）。

由於當時仍是未曾經歷政權輪替的國陣掌權，對於海外僑民聲援親在野黨的淨選盟，在那時代背景下，也難免會有自我審查與被審查的情形出現。

首先，在自我審查方面，如旅臺生之間有傳聞稱，參加在自由廣場集會的大馬人，可能會被外交部列入黑名單，無法入境大馬，或入境後被召去問話。幸運的是，淨選盟的集會辦了好幾次，這種事也未聞發生過。這傳聞的來由，可能是家鄉的家長的擔憂，或是特定政黨人士的政治威嚇，猶如過去警告華人支持在野黨的言論——「五一三事件」恐重演。

至於在臺灣的大馬代表處，既無法，也無力阻止在臺僑民的集會自由。根據當時的大馬總會會長、臺灣淨選盟團隊參與者的說法，大馬代表處沒法阻止集會舉行，但有私底下告知他們，希望集會中避免出現大馬國旗，因外交部擔心中國會「敏感」。

對大馬人而言，我們是大馬公民，舉自己國家的國旗何錯之有？因此在自由廣場的集會上，國旗還是照舉，國歌依舊照唱。

時至今日，我依然認為，執政黨抱怨在野黨滲透旅臺生的想法是不公平的，反觀國陣政府更有資源，如與國民黨關係不錯的馬華公會，也在臺灣耕耘多年，為何還拉攏不了更多旅臺生，該反思的就不是學生了。

同樣地，我們也不必把公正黨、行動黨對旅臺生的影響力無限擴大化，儘管他們都有黨員在臺求學，但依然是少數，也無在臺成立海外黨部或俱樂部。不過某希盟政黨確實有試圖在臺發展「附隨組織」的計畫，而負責執行的接頭學生告訴我，儘管在臺大馬學生非常多，關心母國政治者也不少，但組織就是發展不起來，也許在臺灣的生活多姿多彩，也非常容易融入臺灣社會，若要投入更多心力，並進一步成為該希盟政黨的在臺黨員的話，還是會卻步。

無論如何，旅臺生的政治立場並非鐵板一塊的，能決定多數人政治立場的，還是母國政局的走向，而且在這資訊流通的年代，新一代旅臺生個人的政黨喜好，透過政黨在網路上的輿論戰就能牽引了，也不必然非得到臺灣布局。

希盟與民進黨

之前談了不少國民黨與馬華公會之間的關係，那大馬在野黨與民進黨的關係呢？

羅志昌指出，一九九九年成立的公正黨早期與臺灣朝野兩黨不熟，只要有人到臺灣訪問，兩黨都會接待交流，如馬英九任臺北市長時期，公正黨人就有來臺取經，也對臺北市政府的垃圾分類政策有興趣。

不過這當中也有羅志昌個人際遇的因素存在，他是少數有野百合學運經驗的旅臺生。馬英九的臺北市政府「小內閣」有兩位非國民黨系代表，如勞動局長鄭村棋、民政局長林正修。輔大畢業的羅志昌參與野百合學運時認識了林正修，而當時率領輔大隊伍參與野百合學運的鄭村棋，也是羅志昌的啟蒙恩師，因此他得以間接透過這人際網路協助公正黨與臺北市政府交流。

馬英九在二〇〇八年三月廿二日當選總統，同月馬來西亞也發生了三〇八政治海嘯。羅志昌提到，三〇八大選後有更多在野黨人士當上議員或當官（州政府），也得以有正式管道與臺灣朝野政黨、民間團體直接的聯繫與交流，他提供協助的角色也漸淡了。

至於行動黨與民進黨的關係，黃書琪認為行動黨和民進黨只能說有類似的境遇，都是曾長期在野的政黨，對手都是掌權多年的威權政黨，意識形態方面還是有差異。

黃書琪指出，行動黨是走社會主義路線的行動黨，而民進黨偏右，如行動黨是國際性政黨聯盟「進步聯盟」（Progressive Alliance）的成員，反觀民進黨與曾是國陣成員黨的民政黨（二〇一八年六月退出國陣），同是亞洲自由民主聯盟（Council of Asian Liberals and Democrats）的成員。

值得一提的是，民進黨在二〇一六年九月在臺北舉辦的「亞洲民主論壇」，竟邀請了民政黨成員，以及國家新聞通訊社「馬新社」的前總理來對談。當時大馬還沒實現政權輪替，一位在野黨議員友人跟我抱怨說，在推新南向政策的民進黨「搞不清楚誰才是民主運動路上的朋友」。

不過，隨著新南向政策的重頭活動「玉山論壇」在二〇一七年開始舉辦，情況也有了變化。例如，二〇一八年十月舉行的第二屆玉山論壇，便邀請了甫當選國會議員的黃書琪演講，隔年第三屆玉山論壇，則邀請了另一名留臺校友、檳城州議長劉子健演講，而本章前文提到在二〇〇八年送囚衣給施明德的蔡添強（時任公正黨副主席），也是演講嘉賓。

無論如何，臺灣的選舉政治向來都是大馬華社熱衷的話題，從一九九六年至今的總統選舉，朝野兩黨都會派人去選舉現場觀摩，近年的選舉期間也會到國民黨、民進黨黨部，與國際部的人進行黨際交流。大馬朝野兩黨或多或少都有對臺灣選戰進行模仿、參考，如政治口號、文宣手法等，但場景回到大馬後，是否能接地氣，就是另一回事了。

臺灣政治人物訪馬

二〇一六年的「雙十節」，還在前東家《多維TW》任職的我，獨家報導了前總統馬英九將於同年十一月十五日至十八日，到大馬進行卸任後的首場海外演講，邀請單位是世界華人經濟峰會（WCES），這峰會的主辦人是大馬知名華商、綠野集團創辦人李金友，李金友也在二〇一八年獲清華大學頒發榮譽校友。

為何我會搶先總統府、其他媒體獲得這「獨家報導」呢？原因不複雜，就是剛好上班時間滑臉書時，看到一位大馬的朋友分享馬英九將到柔佛州南方大學學院演講的海報，我便馬上求證是否為真，才產出這獨家報導。

也因為這獨家報導，讓我得以被公司安排回大馬採訪馬英九的演講行程，當時馬英九除了出席在馬六甲舉行的世界華人經濟峰會、南方大學學院的演講，也有到檳城踏訪孫中山遺跡。這不是馬英九首次訪馬，他在一九九六年及二〇〇一年，分別以法務部長及臺北市長身分來馬訪問。

雖然我跟訪了馬英九四天三夜，期間也沒找他握手，但還是感謝他的出訪，讓我實現了人生首次「獨家報導」，還附送了一次回家的機會。而在這旅程中，我也見識了大馬華社對馬英九與國民黨的熱愛。

由於前總統陳水扁任內爆發弊案，讓自身與民進黨形象受創，因此當時大馬華社也對興起的

「小馬哥」著迷，而且第一任期搭檔的副總統蕭萬長，還曾是中華民國前駐馬副領事，更加深了對馬英九政府的好感。當馬英九確定會訪問大馬的新聞出來後，大馬華社的態度多是正面的，甚至對他訪馬的頭銜不斷被更改也感到可惜。

當本人的獨家報導刊出時，所得到的活動海報是寫「中華民國原總統」，後來主辦單位正式召開活動記者會後，所推出的海報則是寫「臺灣前總統」，但卻傳出中國駐馬大使館有意見而改成「臺灣前領導人」，馬英九辦公室也提出抗議。

十一月十五日，馬英九抵達南方大學學院演講那天，更有趣的事情發生了。當日下午我先抵達校園，結果發現校園門口的大型活動看板竟寫「世界華人領袖前總統」，便把這畫面拍下來，並上傳到臉書，接著也有媒體報導了這有趣的稱謂，結果校方便動用幾個花盆遮蔽「世界華人領袖前總統」這一行字。

慶幸的是，當晚演講活動開始時，會場外的大型活動看板寫的是「臺灣前總統」，而馬英九演講時，出現的投影幕畫面則是寫「中華民國前總統」。

記得那一晚，先開場的南方大學學院領導人致詞長達半小時之久，致詞內容滿是對馬英九溢美之詞，我旁邊的臺灣記者同行已抱怨連連。當輪到馬英九致詞時，我記得他說「終於輪到我說話了」。

無論如何，我相信那四天三夜對馬英九應該是畢生難忘的。當時剛卸任的馬英九，無法讓接班人贏得總統選舉，國民黨再次丟失執政權，其任內爆發太陽花學運，受到年輕世代反撲，在民望低迷時卸任，而他在大馬之旅，想必感受到了臺灣社會早已淡化已久的「中華文化情懷」，以及對國民黨的溫情。

無論是藍或綠的朋友都跟我說過，當他們去了大馬旅遊一趟後，覺得大馬華人社會都很「傳統」，還保留許多中華文化元素。至於這種傳統、情懷是否還適合在臺灣生存，不同藍綠立場的人各有解讀吧。

馬英九的訪馬之旅讓我意識到，基於大馬華社「大一統」的立場，以及希望臺灣會出現「世界華人領袖」的嚮往，未來可預見的是，蔡英文總統卸任後，未必會出現有力的大馬華商、社團邀請她訪馬演講。畢竟相較於國民黨，民進黨並不追求所謂的捍衛「中華文化」，也不以「世界華人領袖」自居的蔡英文，自然非大馬華社所好了。

那綠營是否有人曾到大馬演講，還受到熱烈歡迎的呢？有的，那就是前民進黨主席施明德。施明德曾在二〇〇七、二〇一〇年受大馬媒體、民間團體邀請來演講，而羅志昌也提供間接的協助。由於當時大馬華社相當關注扁政府的貪腐案，因此對倒扁運動領導人施明德相當有興趣。

馬英九之後，還有來訪大馬的政治人物包括柯文哲、韓國瑜及夫人李佳芬。

柯文哲是在二〇一七年三月訪馬，在當地受到留臺校友們的邀請辦餐敘演講。耐人尋味的是，柯文哲還到馬華公會總部密訪一小時。未來臺灣民眾黨會怎麼發展與大馬朝野政黨關係，也是可值得觀察的事情。

二〇一九年二月，當時還沒被罷免的高雄市長韓國瑜訪問大馬，相比馬英九、柯文哲訪馬，我觀察到當時大馬華人社會顯然對韓國瑜的興趣更高，也確實韓國瑜的「庶民性格」也蠻受到一般大馬華人老百姓所好，因此當時大馬華社也吹起了「韓流」。

而韓國瑜訪馬也發生了一些政治插曲，當時高雄市政府官員稱韓國瑜會和數名大馬國會議員見面，其中包括會與行動黨主席陳國偉有早餐會，但後來陳國偉對外宣稱並沒有這行程安排，時任農業部副部長沈志勤（公正黨國會議員）稱沒接到來訪的公文，行動黨國會議員黃書琪也表示沒接到邀請。因此當時藍營還因此傳韓國瑜外訪「遭打壓」。

至於韓國瑜有沒有和馬華公會的人見面，就不得而知了，不過旅臺的大馬作家陸之駿當時有在臉書指出，當時大馬已政權輪替，接待韓國瑜的都是親馬華公會的人，要和已當家的希盟議員接觸當然有難度。

接著在二〇一九年十一月，韓國瑜夫人李佳芬訪馬，為韓國瑜拉票，當地臺商為李佳芬設了多達一千三百人規模的餐宴，除當地臺商出席外，也有不少大馬「僑胞」出席，包括一些大馬華社聞人，可見韓流對大馬華社之影響。值得一提的是，這餐宴地點就在大馬「華總」大廈，過去這裡常辦與中國駐馬大使館相關的活動，如新春團拜，因此國民黨人能到此參加餐宴，可見背後的政治意涵。

若大家還記得的話，「韓流」興起時，也讓許多臺灣年輕人與長輩掀起了世代之爭，在大馬華人之間亦然。

「韓流」在大馬華社興起時，我多數時間都在臺灣，因此所謂很多大馬華人變「韓粉」之事，很多時候是從網路上大馬KOL的觀察、友人的家庭故事經驗分享所得知的。不過，在臺的年輕大馬華人，與在臺的大馬長輩之間的摩擦，也確實存在著。

猶記得韓國瑜出來選高雄市長、參選總統、面臨被罷免的時期，觀察到幾個大型的在臺大馬人LINE群組中，有人會因有關韓國瑜的政治新聞、政黨宣傳被傳到群組而引起政治口水戰，群組內支持韓國瑜的確實以年長者居多。這些紛紛擾擾，也得以窺探到，在臺不同世代的大馬華人對統獨、藍綠認同的光譜。

大馬人在臺參政

二〇二〇年的立委選舉中，也出現了一位「新住民」立委，那就是被列入民進黨不分區立委名單第四名的羅美玲，而我也有幸在大選前訪問她。❸

在羅美玲當上立委前，國民黨的蔡正元對她提出了一個蠻「有趣」的質疑，他說羅美玲是冒充「新住民」的「僑生」，並不能代表新住民；蔡正元還稱，民進黨把羅美玲列入不分區名單的考量是家族政治，因為羅美玲丈夫吳棋祥是前國民黨籍的南投縣議長，因砂石場案下臺，後來羅美玲也從政當上南投縣議員。

蔡正元認為羅美玲是冒充「新住民」的「僑生」，某種程度上也反映了多年來臺灣社會對東南亞外籍配偶的想像，是來自落後國家的非華裔族群，而來自星馬的（儘管有的人也以為大馬是非常落後的國家），通常都是「華僑」。

在這種把東南亞外籍配偶與「非我族類」想像的掛鉤下，一般我們想像到東南亞外籍配偶會發生遭歧視的事情時，不會聯想到「同文同種」的大馬華人。根據內政部的定義，新住民係指「配偶之一方持有外僑居留證、永久居留證，申請入境停、居留及定居我國之中國大陸（含港澳地區）配偶」，而與臺灣公民結婚的羅美玲，當然就是新住民。

無論如何，已當上立委的羅美玲，也確實如她在訪問中告訴我的，她的職責就是會在立院推動新住民、長照2.0相關的政策。

羅美玲一九六九年出生於馬六甲，培風中學畢業後來臺就讀師大地理系，一九九四年與吳棋祥結婚，長子出生後才入籍中華民國。吳棋祥在二〇〇二年參政時是無黨籍身分，二〇〇八年恢復國民黨籍，四年後捲入南投的砂石場案，被控施壓業者出售砂石場，以及利用議會發行的議政週刊「爆料」對業者施壓，最終最高法院依觸犯貪污治罪條例的「藉勢勒索財物未遂罪」，判吳棋祥六年徒刑，如今他在埔里經營診所。

在二〇一九年十二月訪問羅美玲時，她說在地人都很清楚吳棋祥的為人，因此二〇一四年縣市議員選舉時，為不負鄉親們的期待，期望她能繼續照顧地方的弱勢族群，她才毅然參政，也順利當選。如今，羅美玲也成了臺灣首位原籍大馬的立委。

羅美玲就跟一些移民西方國家的大馬華裔、臺裔一樣，入籍後從政，並成為民意代表，顯示了這些移民對新土地、新家國的認同與貢獻。雖然每當大馬媒體報導有原大馬公民成為他國政治人物時，社會上多認為這是「光宗耀祖」之事，但若是在臺灣從政的話，情況可能會更曖昧複雜了，因為多了一道「統獨」難題。

就如目前本書多次提到的，大馬華人社會基於「大一統」的思維，多不認同民進黨的臺獨或本土路線主張，因此當羅美玲在二〇一四年決定加入民進黨時，她家人也有所微言，但同時也是擔心她得獨自照顧三個孩子已很辛苦，不該踏入政治這渾水。最終羅美玲母親選擇尊重，而父親則不認同，她也為此做了許多溝通。

而羅美玲當選民進黨南投縣議員後，每當回馬六甲過年時，多會面對親友對民進黨臺獨主張的質疑。當時羅美玲告訴我，她能理解親友們的疑惑與不解，因為大馬華人長期接受來自中國媒體不平衡的資訊影響，對臺灣政治的認知不一定全面。因此羅美玲嘗試更多解釋與理念上的溝通，如向親友解釋蔡英文總統任內在做的是維持現狀，後來親友們也發現她負責的政治工作多是偏向長照、新住民權益的範疇，也漸漸理解她了。

至於其他非親非故的家鄉大馬華人怎麼想，也不是羅美玲能管的了。不意外地，當大馬媒體在二〇二〇年報導羅美玲當選的新聞後，社交媒體平臺上的貼文留言，就出現了許多謾罵大馬華人跑去臺灣搞臺獨之類的言論。

如今民進黨出現了第一位原籍大馬的立委，那未來其他政黨也可能會出現第一位原籍大馬的立委、市議員，或黨主席？畢竟在臺定居的大馬人越來越多，也必然會有更多人選擇入籍中華民國，那參政權也理所當然是自身的權益了。

❶ 李志德（二〇〇九年九月十四日）。〈反對黨來臺拔樁　大馬議員落跑〉，《聯合報》，A4版。

❷ 李志德（二〇〇九年九月十三日）。〈施明德為安華代表接風〉，《聯合報》，A8版。

❸《關鍵評論網》，二〇二〇。〈民進黨不分區立委羅美玲：其實當初父母希望我大學畢業後就回馬來西亞〉，https://www.thenewslens.com/feature/darimalaysia/129525，二〇二一年九月九日檢索。

第六章
「境外勢力們」

第四章主要談國民黨這「境外勢力」對馬來西亞政治的影響，而第五章則探討大馬旅臺生，與馬臺朝野政黨的關係。

本質上乃政治產物的僑生，也算是種「境外勢力」，如對早年的國民黨而言，僑生就是「反共復國」的助力，但擁有「海外背景」的僑生們，同時也是國民黨防範的群體。基於成長背景的差異，以及對「僑居地」情況的不了解，國民黨也擔心僑生會是中共派來滲透臺灣，或是啟蒙臺灣人對民主追求的不可控分子。

那麼在臺灣歷史裡，大馬華人是否也可能成為影響臺灣民主進程的「境外勢力」呢？從本章的幾個例子，就說明了他們是存在的，儘管只是鳳毛麟角，但某種程度上，有的人也算是關鍵少數。

此外，在臺灣當「境外勢力」的大馬人，肯定不止以下幾位，礙於篇幅，以及個人人脈有限，若有疏漏，請多見諒。

黃文雄與馬來西亞

若要說目前臺灣社會最明顯的大馬「境外勢力」，其實不是已入籍中華民國的民進黨立委羅美玲，而是仍保留大馬國籍的臺灣勞工陣線祕書長孫友聯，不過接下來要談的先不是孫友聯的事情，而是「刺蔣案」的關鍵人物黃文雄先生，有關他刺殺蔣經國後流亡的事蹟，就不在此多贅述了。

一九九六年，除了是臺海危機發生的一年，也是黃文雄偷渡回臺的一年。同年，已來臺四年的孫友聯剛大學畢業，從臺灣勞陣的實習生成為正式成員。

當時孫友聯只是在勞運路上初出茅廬的小伙子，有一天他騎機車載這位臺獨運動前輩回新店的家，不過在路途上他們先到萬隆羅斯福路附近的馬來西亞旅臺同學會（簡稱大馬總會）的會所，黃文雄和大馬總會的幾個幹事進行了小小的交流會。

孫友聯記得，黃文雄在交流會上說自己和大馬很有緣，大馬僑生改變了他的政治思想。當年黃文雄之所以會從拿國民黨中山獎學金出國留學的好學生，變成黨國下的「全民公敵」，是因為他在政大讀研究所時期，一位大馬僑生同學帶了本禁書來臺灣，那本啟蒙他的禁書，就是《馬克思主義》。

二〇〇九年天下文化出版的《臺灣，請聽我說：壓抑的、裂變的、再生的六十年》中收錄的〈黃文雄：四二四那一天，我開了一槍〉一文，也提到了這段往事，只不過沒直接說是大馬僑生：

政治意識真正開竅

這些初高中時期的往事都有很重的「鬧事」的成分。雖然高中時就開始看《自由中國》，在政治和社會意識上開始開竅，卻是進大學以後的事。一九五八年，我考進政大新聞系，之後又讀了兩年新聞研究所。開始開竅有兩個重要的因緣：僑生朋友和外國朋友。

一九六二年的時候，認識了一位臺大的女僑生。玫（May）來自東南亞的富商家庭，本來被送到英國讀書，因為不慎懷孕，家裡因此覺得還是臺灣最「安全」，被送到臺灣來。她的反叛性格很強，和我頗為臭味相投。玫雖然對政治興趣不大，卻因為個性豪爽，有幾個蠻特殊的僑生朋友。

因為中國革命的影響，東南亞的共產黨運動華人很多，很多華僑家庭不免因此有人出事或被關被殺，為了不願再有人犧牲出事，玫的這些朋友也被送到「最安全」的臺灣來。這些朋友雖然不是共產黨員，卻因為耳濡目染甚至幫過地下黨的親友做過傳信之類的工作，在政治上遠比臺灣學生成熟多了。通過玫和他們認識，我才第一次認清自己在很多方面（包括安全警覺上）有很多幼稚之處。有些禁書就是因為他們才有機會讀到的。

一九六二年，正是第一章提到的俞自鋒，來臺就讀政大新聞系的第一年，也是政大新聞系畢業的黃文雄是否認識俞自鋒，就不得而知了。不過，黃文雄所結交的玫，以及幾位立場左派的大馬僑生，讓我聯想到五位來自大馬森美蘭州芙蓉市的僑生，而他們的事蹟，我曾寫在《血統的原罪》第九章〈左派讀書會〉。

黃文雄肯定不認識這五位來自芙蓉的僑生，因為他們是六〇年代末來臺，一九六九年被國民黨當局遣返回馬。有關這五位僑生的事蹟，簡單來說是他們在臺灣以「掛號」傳信的方式分享讀書心得，被國民黨當局視為左派讀書會，而警總的偵訊報告等檔案也記錄道，他們在芙蓉就讀高中時，閱讀了許多左派書籍。

由此可見，確實在那一年代的大馬華裔年輕人，接觸左翼思想的機會比臺灣青年來得容易，而這也是國民黨當局畏懼的。至於後來國民黨當局有無對付黃文雄的大馬僑生友人，由於無法聯繫上黃文雄，也沒看到相關的檔案記錄，也不得而知了。

除了我的家鄉霹靂州相當與臺灣有淵源外，森美蘭州似乎冥冥中也和臺灣有難以言喻的歷史連結。

馬來亞共產黨，簡稱馬共，於一九三〇年四月三十日在森美蘭州瓜拉庇勞縣的村落成立，那五位在一九六九年被遣返回馬的芙蓉僑生，他們的家族是否和馬共有關係，我並不清楚，至今只找到其中二人，可惜他們仍不願受訪。

陸景華與陸之駿

第一章提到，第一位來臺就學的大馬僑生，是一九五三年就讀臺北市建國中學的楊來添，那第一批來臺直接就讀大學部的，就是一九五六年來臺陸景華。當時陸景華等五十二名東南亞僑生是在曼谷集合，再搭乘國民黨安排的軍機，經西貢、菲律賓再到臺灣，還獲得蔣介石接待。陸景華自臺灣省立師範學院教育系畢業後，便回國發展，之後當上波德申中華中學校長多年。

祖籍廣東新會的陸景華一九二九年出生，他比歷史學者王賡武年長一歲，他倆同樣是在印尼泗水出生，後來隨家人移居馬來半島。陸景華在二〇二一年七月一日辭世，享年九十二歲。令人遺憾的是，陸景華長子陸之駿，在同年八月廿四日英年早逝，得年五十五歲。而陸之駿的生命旅程，與臺灣民主發展密不可分。

陸之駿是在八月廿三日接種了臺灣國產高端 COVID-19 疫苗，隔日不幸過世，之後官方公布解剖結果，死因為主動脈剝離合併心包填塞。由於陸之駿是第一宗國產高端疫苗開始施打後，疑似第一起「疫苗不良反應」而死亡的案例，再加上國產高端疫苗的發展摻雜了政治鬥爭，因此成了當時全臺，甚至大馬矚目的案件。

高端疫苗並非筆者在本書所關注的重點，我也尊重陸之駿先生支持發展國產疫苗的選擇，我想探討的是，陸之駿的生命旅程得以讓我們見到，一個大馬華人國族認同的能動性，如何從嚮往大中華民族主義，到對臺灣共同體的認同。在此，再次感謝陸之駿先生，生前接受了我的獨家專訪，留下了文字讓後世了解您精采的人生。

我是在二〇一九年底訪問陸之駿，起因是當時正值臺灣總統大選選戰，而陸之駿在臉書上發表的政論，也常受到臺灣媒體報導，因此這讓我好奇，為何一名大馬華人對臺灣政治的了解，竟會比臺灣人更臺灣人？根據網路上能找到的資料，除了陸之駿在一些網媒上的政論文章、出版過的書的訊息外，有關他的生平故事出奇地少，所以才決定專訪他，而他也答應受訪。

最終這篇專訪我發表在《關鍵評論網》，文章標題是〈末代「叛亂」僑生陸之駿，如何從認同「左統」到支持蔡英文〉，[1]下文對陸之駿生平的介紹，也是從這篇專訪再次改寫，與補充新內容。

從「左統」到支持民進黨

陸之駿一九六六年出生於芙蓉市，在波德中成長，中學就讀於父親陸景華擔任校長的波德中中華中學。

儘管馬共早在五〇年代已退居馬泰邊境，但在陸之駿年少時期，仍有許多華校生是左傾的，「以我念的波德中中華中學為例，我有的朋友真的是那種有過上山打游擊的左派，這種國家與共產黨對抗的事情，對我來說不是歷史，我所認識的朋友就有參加過共產黨的，就真的是馬共地下黨員。」陸之駿這麼說過。

儘管大馬早在一九七四年和中華人民共和國建交了，但基於馬共未投降，雙邊關係始終未正常化，大馬人民依然無法到中國求學，因此陸之駿也步上父親的腳步，選擇到臺灣，而當時的陸之駿也認為自己是個民族主義者。

彼時陸之駿仍保有強烈的「中國人」認同，並不認同自己是馬來西亞人，因此選擇到「祖國」中華民國求學。值得一提的是，一九八三年陸之駿赴臺時，趁著在香港轉機的時間，就跟新華社香港分社申請了進入「內地」的文件，到深圳晃了兩天才重返香港轉機來臺。

原本陸之駿對身為「自由中國」的臺灣有美好的想像，但當時臺灣距離美麗島大審判才不遠，他抵臺前的暑假，母校文化大學才發生政治系教授盧修一被逮捕的事件，一連串的政治變化都讓陸之駿備感衝擊。最終，有位同學送陸之駿四本《美麗島》雜誌，才讓他才恍然大悟，原來臺灣根本不是中國。

◆

一般許多來臺念書的大馬僑生，還是會有自己的大馬人圈子，如參與校內的大馬同學會、州屬的同學會，或是大馬總會，有的人鮮少參與臺灣人圈子，也有的人同時關注大馬與臺灣社會發展，如前幾章提到的羅志昌學長，既是大馬總會總會長，同時也參與過野百合學運。

羅志昌記得，他在臺灣時就聽過陸之駿的大名，知道對方是臺灣社運界相當活躍的同鄉，只是從來沒機會跟他見面。而陸之駿來臺後，幾乎完全投入了臺灣人的圈子中，與大馬旅臺生圈子的接觸甚少。

陸之駿的融入，是從文學領域開始的，如參加文化大學華崗詩社，擔任《春風詩叢刊》的執行編輯。由於《春風詩刊》這政治詩刊挑戰了國民黨，出版了四期就被查禁，之後陸之駿就參與統派雜誌《夏潮》，並擔任該雜誌最後三期的編輯。

由於理念的差異，後來陸之駿從《夏潮》雜誌轉移到另一份新雜誌《前方》，陸之駿稱這是很標準的左派馬克思主義雜誌，走的是「左統」，而《夏潮》的陳映真路線是「統左」。此外，陸之駿還和文大、輔大的左翼朋友成立「文化社」，翻譯出版如《路易・阿杜塞》（Louis Pierre Althusser）和《1968——法國學生大革命》等左翼書籍。

無論是社會運動、工人運動，到政治參與，陸之駿可以說是至今大馬旅臺生中參與最深的。帶領陸之駿投入鹿港反杜邦運動等社運的，是與陳映真同案的詩人林華洲。工人運動方面，陸之駿和朋友到臺灣各地組工會，也參與了工黨的建黨，但後來工黨因在民族主義與階級鬥爭的路線差異分裂，在陳映真另組「統左」的勞動黨後，從此陸之駿離開這圈子，跟統左不再往來。

一九八七年七月十五日，蔣經國宣布解嚴，但陸之駿對這日子沒什麼印象了，反而是對民進黨的建黨日記憶深刻。一九八六年九月廿八日，那天早上陸之駿和文化社的友人一得到民進黨準備在圓山大飯店組黨的消息，就趕緊躲上陽明山。當時他們擔心國民黨會展開大逮捕行動，不只抓民進黨的人，還包括搜捕與社運、學運沾上邊的人，最終他們躲了三到五天，確定國民黨沒抓人後，才返校正常上課。

幸運的是，陸之駿不似早年被國民黨當局判刑坐牢或遣返的大馬僑生，沒遭到政治迫害。對於那段搞運動的日子，無論是警總、調查局，或學校教官，都找過陸之駿問話，關切他這大馬僑生為何要做這些禁忌的事情，他還曾被當局以「同居」的理由要脅法辦。最常找陸之駿的就是學校教官，不過陸之駿記得那位教官人很好，來找他的時候還帶酒。

民進黨成立後，隔年吳祥輝創辦了《民進周刊》，後來吳祥輝因案入獄，就由八〇年代的學運人物劉一德（現任臺聯主席）接掌，而劉一德就找陸之駿來幫忙。原本以為會是玩票性質的陸之駿，只想賺份薪水，後來也順水推舟地當上《民進周刊》總主筆。除《民進周刊》，也短暫在陳映真的《人間雜誌》及《中時晚報》任職，以及曾任《自立晚報》總主筆、《臺灣公論報》社長。

進入九〇年代後，陸之駿離開社運圈，曾進入立法院擔任無黨籍黨團執行祕書，九〇年代末才離開立法院去從商。二〇二一年八月辭世前，擔任雙喜營造執行長，財團法人新興民族文教基金會執行長，這基金會的董事長是許信良，而陸之駿也是許信良的特別助理。此外，陸之駿在網媒《上下游》有飲食專欄、網媒*BuzzOrange*有政論專欄，二〇一六、二〇一七年分別出版《不等》、《飲食隨筆》等著作。

端看上述經歷，若不知道陸之駿來自大馬的話，幾乎讓人以為他就是臺灣人。直至辭世前，陸之駿始終未入籍臺灣，依然保留大馬護照。陸之駿記得，在民國七十五年以前，「華僑」到戶政事務所登記就可以拿到身分證了。

早年陸之駿之所以選擇不入籍，並非擔心會受到堅持單一國籍政策的大馬政府對付，而是擔心國民黨少了國際壓力，可更名正言順地對他「法辦」。而當他日後想拿中華民國國籍的時候，由於得面對嚴格的兵役限制，加上忙著工作與生活，也就擱置了。

當時陸之駿說：「現在對我來說，是否入籍只有參政權的問題。」他不諱言，雖然他參與過許多選戰，但他一生都沒投票過，包括母國的選舉，他也沒想過要參選，熱愛自由的他對出任公職毫無興趣，而去要參選的政壇友人也不會擔心他搶位子了。

國籍上，來臺三十八年的陸之駿一直是大馬人，然而在個人的國族認同上，早已經歷天翻覆地的變化。從初期認為自己是「中國人」，到生前那已不再看著民族、血緣這被建構出來的概念，而追尋無政府主義，但更強調的是守護臺灣這塊土地上的人們，如同他家人為其生平事略寫的：

二〇二〇新冠肺炎COVID-19肆虐全球；二〇二一國產疫苗開放民眾施打，那個曾經奮力捍衛臺灣價值和社會進步的任性男子，就像當年一樣，站在趨勢的最前方，大力支持國內公衛的成果，守護著他最愛的這片臺灣，以及站在他身後最愛他的家人。

從早年的左統，再到無政府主義立場的轉變，陸之駿認為人總是會成長的，他說「每個人的政治立場，都是一個摸索的結果，如果一個人跟我說，他生下來就是綠，到老都是綠，那他是未經思考……對我來說，忠誠、一成不變這種事，只表示他沒大腦。」

對於臺灣的未來，他主張未來臺灣會走到統一或獨立，民主的機制會決定，但國民黨在臺灣長期的不義統治，應被連根拔起。

對於國民黨，陸之駿和父親陸景華的世代差異，似乎注定了他們政黨傾向的分歧。陸之駿的生平事略寫道：**出生地芙蓉，就像一座「中國現代史的城」，父親常常跟他提起，自己小時候在芙蓉聽過汪精衛演講抗戰募款、汪的太太是檳城有錢人家的大小姐等精采故事；由於父親認識的一位芙蓉蔡姓老先生，和孫中山、馮玉祥、蔣介石等民國人物都有書信往來，所以陸之駿很小的時候，就已建立對兩岸政治的基本印象。甚至送他來臺灣念書的「保送人」，都還是芙蓉的一位老國民黨黨員。**

陸之駿認為，畢竟父親早年受到國民黨政府僑教恩惠的際遇，會支持國民黨是理所當然的，況且那年代的大馬華人也多認同自身是中國人。不過，陸之駿也認為父親相當特別，是早年馬華公會當中，推動華人爭取馬來亞公民權運動的一員，當時這運動鼓勵華人應放棄中國國籍，爭取成為馬來這新興國家的公民。

陸景華赴臺升學時已廿七歲，當時已是馬華公會芙蓉區會長的祕書，而成年後的陸之駿，開始與父親產生政治信仰的隔閡。陸景華支持馬華公會與國民黨，陸之駿則支持社會主義路線的民主行動黨，以及主張臺獨的民進黨，父子倆為此爭執了幾十年。

二〇一九年十一月，陸之駿說：「我們感情很好，他現在很老了，已九十歲，已經沒力氣跟我吵了」、「我搞社運那幾年，他都知道，但彼此都避開這話題，我們相處方式就是避開這話題。」

二〇二一年的夏天，陸景華、陸之駿不幸相繼離世，彷彿意味著兩個世代的終結。陸景華代表的既是第一代來臺的的大馬僑生，也代表著「美援世代」的僑生因歲月而凋零，而陸之駿所代表的精神面貌，是只能在特殊的大時代洪流才會誕生的，因在建國不久後出生而為自己是馬來西亞人、中國人還是臺灣人而曾困惑著，在獨裁政權下為爭取臺灣的民主自由而衝撞，會有此般認同困惑與捨生取義的大馬人，也許往後難再有第二人了。

勞工陣線祕書長孫友聯

只要有人的地方，就會有江湖存在，社運、工運必然如此。陸之駿記得，當年他還在臺灣各地幫各國營事業搞公會的時候，他們的競爭對手就是親民進黨新潮流的臺灣勞工法律支援會。後來這組織改名為臺灣勞工陣線，簡稱勞陣，而現任勞陣祕書長就是來自大馬的孫友聯。

也許可以這麼說，同樣來自大馬的陸之駿和孫友聯，若同一時期在臺灣社運圈活躍的話，也許就是競爭對手。只不過現實上，陸之駿屬於戒嚴末代的僑生，而孫友聯則屬解嚴初代的僑生。

孫友聯是一九九二年來臺，而此時陸之駿已離開社運圈，因此他倆互不相識。不過，孫友聯投入社運多年後，自然耳聞陸之駿的存在，也知道彼此有許多共同朋友，但一直沒機會熟識。當聽到陸之駿不幸辭世的消息後，孫友聯感懷地在臉書寫道，他和陸之駿直至數年前才終於在共同朋友揪的場合碰面相識，還有一次是在路上偶遇，彼此閒聊了幾句家鄉的事。

本人對陸之駿、孫友聯兩位投入社運的學長的觀察，就他們關懷的面向來說，陸之駿很斜槓，臺灣政治、烹飪、寫詩樣樣行，而孫友聯也關心政治，但涉獵範圍更廣，除關懷臺灣政治，也聲援馬來西亞、緬甸、西藏、新疆的人權議題。

雖然本人沒吃過陸之駿煮的菜，但還是要提一下，因為曾到孫友聯的家作客，所以清楚知道他也是個被社運耽誤的廚師，而孫友聯參與經營的「左轉有書」獨立咖啡書店所販售的「左轉咖哩飯」，也是他指導製作的大馬風味咖哩。

其實我在專訪陸之駿後曾想過，也許可以找機會，安排一個聯合訪談，透過陸之駿與孫友聯的對談，聊聊他們的國族認同、人權、政治理念、飲食……，應該會是精采的報導。也因為他倆都還很年輕，所以我也一直很散漫地以為，反正還有很多時間……

◆

來自柔佛州麻坡的孫友聯，他姊姊孫秀燕也是留臺校友，也曾任大馬總會第廿屆副會長，當年高三的孫友聯並不清楚未來要讀什麼，因此姊姊建議他就申請臺大吧，若覺得不適合再轉系。當時孫友聯的高中成績也不理想，就隨意填選了三個科系，那就是臺大社會系、臺大經濟系和臺大國貿系。

在這機緣巧合下，孫友聯就被臺大社會系社會工作組錄取了，也在臺灣走上了自己從來沒想過的一條路，即在他國搞社運！

雖然孫友聯常跟許多人說，他當年這樣填志願是來亂的，但我相信他心中多多少少對民主自由有憧憬。孫友聯讀高中的時候，平時的嗜好就是將重大華文新聞做成剪報，如一九七九年的「魏京生事件」、一九八九年的「六四天安門事件」。

天安門廣場上的大屠殺，震撼了孫友聯，也讓他注定此生對中國不會有好感。值得一提的是，早年大眾傳播的選擇不多，孫友聯也是臺灣中央廣播電臺忠實聽眾，他是透過央廣的報導跟進天安門事件。至今孫友聯還記得那招牌開場白——「這裡是自由中國之聲，在中華民國，臺灣臺北發音」，才得以認知到原來還有一個「自由中國」，至於「中國大陸」是到了臺灣才接觸的概念，此前都是互不隸屬的臺灣與中國。

儘管孫友聯政治立場是支持臺獨、港獨、藏獨、疆獨，但孫友聯也不否認祖先來自中國的事實。孫友聯的全家人都曾去過中國「尋根」，探訪在祖籍地廣東潮安縣的宗族親友，其實孫友聯也想去看看他祖先來自的地方，但因為中國不是民主國家，孫友聯也不想去中國，而中國也早已禁止他入境，包括香港。

孫友聯所就讀的麻坡中化中學，也有位知名留臺校友，那就是歌手黃明志，也許孫友聯和黃明志這位學弟的共同點，都有些叛逆精神吧。

◆

一九九一年五月，發生對臺灣政治影響深遠的「獨立臺灣會」案，隔年五月十五日，臺灣立法院終於三讀通過《中華民國刑法》第一百條修正案，刪除惡名昭彰的「陰謀叛亂」罪的處罰，而孫友聯在同年九月十日來到了臺灣，且這天也是他十九歲生日的前一天。

這一年正逢臺灣舉行第二屆立委選舉，初來乍到臺北的孫友聯覺得這裡相當熱鬧，禁不住好奇，在開學前去看各處舉行的競選活動，而且還見到了偶像羅大佑！不過當時羅大佑不是在辦演唱會，而是在街頭為立委候選人林正傑助選，羅大佑在宣傳車上高喊「打倒大金牛！支持林正傑！」這也讓他好奇誰是大金牛？誰是林正傑？

還有一次是，孫友聯誤入了還在當立委的陳水扁的晚會，讓他見識到臺灣選舉的精采。如看到陳水扁陣營的文宣寫著「阿扁落選了，怎麼辦？」，翻到背面又寫著「阿扁落選，他的理想將化為烏有」，這份文宣至今讓孫友聯記憶深刻。對當時的孫友聯而言，大馬強人首相馬哈迪發起的「茅草行動」這政治風暴還是很近的事情，剛解嚴的臺灣則是新的世界，而且空氣更自由。

也許是潛移默化，當開學時各社團舉辦招生活動時，孫友聯走向了臺大臺灣研究社的攤位，從此他的命運就與臺灣連繫在一起。在臺研社，孫友聯大量閱讀了有關臺灣的書籍，如二二八史料、白恐資料、政治犯回憶錄、黃春明的小說等，這一反了他在高中時期所閱讀的國民黨政府宣傳品《光華雜誌》對他建構的美好臺灣的認知。

當然，如果不是選上了臺大社會系，也許孫友聯就不會投入社會運動了解這片土地。大學時期，孫友聯參與過大大小小有關環保、反核、女權、原住民和勞工議題相關的運動，因此大四在找實習時，就選擇了許多街頭上結識的戰友也在其中的臺灣勞陣。

孫友聯自二〇〇四年擔任勞陣祕書長至今，廿八年來協助許多臺灣人處理了大大小小的勞資糾紛，也上過街頭朝勞動部、行政院丟雞蛋。儘管不是臺灣公民，但孫友聯也嘗試在體制的邊緣改變體制，給予官方政策上的建議，如陳水扁時期受邀擔任體制外的經濟發展永續會議委員，蔡英文政府時期，也擔任總統府人權諮詢委員會委員。除了目前擔任臺灣勞工陣線祕書長，孫友聯也是臺灣健康人權行動協會理事長、法律扶助基金會發展專委。

以上林林總總的經歷，以及相當融入臺灣的口音，常讓人忘了孫友聯是大馬人。因此孫友聯好幾次遇到一種尷尬的狀況，太多人忘了他真的不是臺灣人，以至於當有人找他做共事的時候，活動程序走下去才發現國籍限制的困擾，如曾被行政院推薦參加「國發班」，這是給高級文官參加的課程，卻因國籍限制無法參加。

儘管如此，孫友聯還是認為他身為一個外國人，已能深入參與臺灣的公共事務，蔡英文總統也知道他是外籍人士，依然邀請他擔任人權諮詢委員會委員，也正說明了臺灣是非常包容的地方。

◆

我跟孫友聯的認識，是二〇一一年在自由廣場舉行的「淨選盟」集會。上一章提到，「淨選盟」集會主旨是推動大馬的選舉制度改革，至今共辦了五場走上吉隆坡街頭的大型集會，而每次集會都會同步有旅居海外的大馬僑民在各國主要城市舉行，臺北就是其中之一。

當時孫友聯在廣場上自我介紹道，他是在臺灣從事勞工運動的大馬人，但依然心繫母國。我原以為應該只是場面話吧，也許孫友聯早已「涉入」臺灣社會太深，應該和大馬政治社會脈動無太多連結。不過當我和孫友聯開始變熟後，才了解到他就是一個「Hub」，一個連結大馬與臺灣政治、社運圈的樞紐。

儘管孫友聯大學時期積極投入臺灣的社會運動，但當時大馬的政治、經濟也在經歷翻天覆地的變化，孫友聯也難以置身事外。

一九九八年，孫友聯考上研究所，此時的大馬政治因受到亞洲金融風暴衝擊而動盪，時任首相馬哈迪主張不跟隨國際貨幣基金組織的措施，但副首相兼財政部長安華的立場則與馬哈迪相左，憤怒的馬哈迪將安華革職。而安華也開始在全國各地演講反擊，揭露馬哈迪政府的醜聞，而馬哈迪也指控安華有不道德性行為，被逮捕的安華因被總警長毆打致傷，引爆了大馬的「烈火莫熄」運動。「烈火莫熄」是取自馬來文 reformasi（改革）的音譯。

這場政治風波也吹到臺灣。眼見當時的大馬總會未對「烈火莫熄」運動表態，孫友聯和友人在全臺發起簽名連署運動，最遠到成大和中正大學收集同鄉們的簽名。

當時旅臺大馬人在BBS有個「大紅花的國度」，在那年代的旅臺生就是透過這平臺分享活動訊息。孫友聯記得，在那依然對政治敏感的年代，有的旅臺生一看到有疑似「職業學生」且自稱有過理想的老學長在BBS上「提醒」大家，小心回國會被政治部約談的言論，有的旅臺生就臨陣退縮，並要求撤回簽名。

除此之外，孫友聯也曾是大馬總會的學術部幹部，每當他們要辦「五一三事件」的講座，就會被大馬駐臺辦事處警告刪除給大馬總會辦國慶活動的預算補助。對孫友聯而言，那就隨它去吧，講座依然照辦。

這些年來，孫友聯難免會被質疑「你一個馬來西亞人，為什麼不去管自己國家的事情？」孫友聯對這些質疑早習以為常，也對自己的國家無心無愧。孫友聯舉例，當他反核的時候，有人質疑他「憑什麼反對其他國家政府的政策？」，他會反駁說，如果核電廠爆炸，他身處在臺北市也無法置身事外。

目前孫友聯還保有大馬國籍，在臺灣成家的他育有一女一子，臺灣籍的妻子是他在勞陣的前同事。孫友聯說，孩子也沒問過他為何身為一個外國人卻在臺灣搞社運，但他依然記得女兒在很小的時候，會說爸爸的工作是「上電視、講電話、罵人」。

而孫友聯在臺灣推動勞權的事蹟，也被收入三民書局出版的《素讀．公民》課本，還有其他課本中出現的勞工議題新聞照片，也有孫友聯的身影，他的孩子曾詫異，「這不是我爸嗎？」

談到孩子，孫友聯記得孩子們曾說「爸爸是公眾人物，我不是」。孫友聯有點驕傲地告訴我，他孩子相當注重隱私權，也許也有部分價值觀受到他影響，相比同齡孩子會來得成熟些。

學術上，孫友聯可說是最了解臺灣健保的大馬人，他在國立陽明大學衛生福利研究所的碩士論文，就是《臺灣、馬來西亞及新加坡醫療福利體制比較研究-一個歷史制度論的初探》。寫碩論期間，孫友聯就回到家鄉進行田野調查，也因此認識了母國的非政府組織、社運圈友人。

隨著二〇〇八年「三〇八政治海嘯」後，大馬的言論自由空間擴大，在野黨與非政府組織更為茁壯，他們來臺參訪交流的次數也變多，孫友聯的角色也開始吃重，協助他們與臺灣相對應的團體做連結。

個人認為，最「盛況」的一次，就是二〇一七年四月廿六日，十二名來臺參訪的馬來西亞公正黨國會議員、州議員，以及部分黨高層，在臺北慕哲咖啡舉行交流會，其中包括上一章提到的鄭立慷、蔡添強等人，而這場活動的牽線人就是孫友聯。

此外，孫友聯也供稿給大馬的網媒，如《燧火評論》（已結束營運）、《當代評論》，主要談臺馬兩國的公衛政策比較，如健保制度。

其實孫友聯對政治的關心也是跨國界的，他在臺灣不僅支持臺獨，也聲援香港、西藏、新疆、緬甸的民主人權發展。早年翁山蘇姬被軟禁時，孫友聯是臺灣的「自由緬甸網絡」召集人，當在臺灣的圖博人舉行「三一〇西藏抗暴日」遊行時，孫友聯也多次擔任遊行指揮，身體力行他所堅信的普世價值、民族自決。

最後，二〇一八年十一月九日，孫友聯在勞陣推動多年的《勞動事件法》終於被立法院三讀通過。二〇二〇年一月，《勞動事件法》正式上路，但孫友聯在臺灣的勞權工作還沒結束，始終堅守在追求為勞動環境更平等的道路上。

從臺灣到香港的陳允中

在九〇年代的臺灣從事社運的大馬人除了孫友聯，其實還有一位，那就是陳允中，只是他後來的「主戰場」已轉移到香港。

一九七〇年出生的陳允中，來自東馬砂拉越州，一九八七年來臺就讀臺大機械工程系，接著在臺大城鄉所攻讀碩士學位，最終在美國加州大學洛杉磯分校獲得都市計畫博士學位。

陳允中的妻子司徒薇是香港人，是他在美國留學期間認識的，司徒薇返港後曾任香港大學比較文學系助理教授，也和陳允中一同參與香港的社運，中國知名作家許知遠曾撰文形容陳允中和司徒薇是「愛人同志」。[2]

二〇〇四年，陳允中在香港科技大學任教，後出任香港嶺南大學文化研究系副教授。二〇一七年，陳允中選擇在香港「回歸」二十週年之前離開。至截稿前，因無法聯繫上陳允中，故本書有關他的事蹟，主要是根據過去的媒體報導整理而成。

被香港社運圈譽為「社運軍師」，綽號ＹＣ的陳允中，其社運啟蒙是大學二年級時開始的。當年陳允中上葉啟政教授的通識課時，葉啟政在教法蘭克福學派，提倡科學家、哲學家與社會學家組成學術社群，這讓平時接受機械系理工教育的陳允中獲得啟蒙。

一九九二年，孫友聯來臺，同年陳允中讀臺大城鄉所，研究所的四年期間在三重進行社區營造項目，完成了他在臺灣的第一次社區民主實踐，與居民的多番討論後，成功建造了一座公園、圖書館和活動中心。儘管身為「外來者」，但這社區營造的經歷，也催生了陳允中的「國際在地主義」。

二〇〇四年到香港後，陳允中繼續實踐其「國際在地主義」，他在香港的第一個遊行，是參加民陣舉辦的十萬人遊行爭普選；而反對公共資產私有化上市的「反領匯」，是陳允中在港參與的第一個社運。此外，陳允中也在香港做中國的「女工關懷」與中國農民工維權工作。

後來香港爆發保護天星碼頭運動，陳允中被朱凱迪找來協助組織社運、成立工作坊，陳允中得以將過去在臺灣的社運經驗帶來香港。此外，陳允中在香港還參與過反迪士尼、反高鐵、保衛菜園村、藍屋的運動，也成立過「土地正義聯盟」、「本土行動」，還有二〇一四年雨傘運動時成立的「流動民主教室」。

目前有關陳允中的「最新」專訪，是吾友金其淇在陳允中離港前報導的，原文〈不如歸去〉與〈社運不老〉刊登在《明周文化》。❸陳允中在訪問中提到，香港是使其社運理念成熟的地方，而保護菜園村、藍屋事件、成立「土家故事館」，是他在香港最重要的社運實驗。

陳允中在二〇一七年的離開，某種程度來說也非壞事。陳允中經歷過二〇一四年的雨傘運動，與二〇一九年的反送中運動交錯，如果他二〇二〇年還在香港的話，那這一年實行的《國安法》，會更讓人擔心他難以置身事外。

◆

在金其淇對陳允中的專訪裡，陳允中也提到孫友聯，他說：「我們都是搞臺灣的本地運動，當地（臺灣）的馬來西亞人都不喜歡我們，覺得你關心政治一定是關心本國政治才對。」、「你不是這個國家的人，卻關心這個國家的事，他們覺得很奇怪。所以我們沒有馬來西亞朋友，朋友都是臺灣人。」

不過孫友聯跟我說，他覺得自己倒還好，他有積極參與大馬總會的活動，一起辦讀書會與講座，依然關心大馬的政局。不過孫友聯也坦言，確實回過頭來看，也許當年真的「操之過急」，想讓更多大馬旅臺生了解臺灣在發生什麼事，會讓一些同鄉覺得他挺怪的。

那麼，難道陳允中不關心母國的政治嗎？其實陳允中一直心繫著家鄉砂拉越，他在一九九一年寒假回鄉時，曾目睹一群原住民因為抗議原始森林家園遭木材商破壞而被捕，而這些木材商多是華人資本家，陳允中為此感到痛心，覺得自己虧欠原住民族。

許知遠的文章也提到，陳允中年輕時的夢想，就是希望把在臺灣的經驗帶回大馬，而再到美國深造也是為了家鄉，他記得陳允中說過「如果我回馬來西亞搞革命，如果是個博士，就不至於死在牢裡沒人知道」。最終得到博士學位的陳允中不僅在香港成為知名教授，也成為一名既是他者，但更像香港共同體的一分子的革命家。

原本陳允中打算離開香港後回到家鄉，幫忙原住民捍衛自己世代居住的森林地，協助他們維權抗爭，不過最終他還是轉念了。兜兜轉轉，陳允中在二〇一七年還是「回到」了臺灣，已嘗試過在香港的風雲中尋找自由的他已累了，這次決定在臺灣閉關修佛。

透過孫友聯和金其淇，我才知道陳允中學長還在臺灣修佛，而我們都選擇不去打擾他。

在臺灣追彩虹的湯明越

湯明越是少數在臺灣公開出櫃，且積極參與臺灣性別平權運動的大馬人。我與湯明越的認識，就是在二〇一一年臺北的「淨選盟」集會，當時他做了一個令人印象深刻的舉動，他在集會的發言環節時，公開自我介紹是同志，直接在眾多同鄉面前出櫃，而當時有許多人為他的勇氣鼓掌。

另一方面，每年在臺北舉行的同志大遊行隊伍裡，都會有一支大馬隊，而高舉大馬國旗的召集人就是湯明越。對湯明越來說，關注臺灣同志運動與母國公民運動發展是相輔相成的，畢竟性別平權與公民權終究不可分割，每個人的性別認同能被社會認可，就是一個國家的進步。

湯明越是在二〇〇七年來臺就讀元智大學中國語文學系，畢業後到桃園的「桃緣彩虹居所」工作，這是個設在桃園，為同志提供社會支持，如心理諮商、愛滋匿名篩檢諮詢等服務的機構，服務對象除了臺灣同志與馬國同鄉外，還有許多不諳中文的東南亞移工。目前湯明越已到收容無國籍兒童與愛滋感染者的關愛之家工作，擔任行政專員。

◆

相對於臺灣，大馬的華人社會始終保守許多，湯明越很少在家裡談自己是同志的事情，儘管母親清楚知道。

湯明越和我是怡保同鄉，只是他比我稍年長，一九八四年出生的他記得，在他成長的年代，大馬華社氛圍是很保守的，很少人能公開跟他談論性別認同的事情，而他之所以來臺留學，也和一位留臺校友有關。

湯明越來臺念書前，是在大馬新紀元學院念中文系，畢業後認識了公司裡的一位留臺校友同事，對方也是同志。湯明越常從這位同志同事的口中得知，當時的臺灣相對大馬，對同志群體更為包容，同志能不畏懼地在臺灣生活。這位留臺校友同事也告訴湯明越，臺灣社會在首次政黨輪後變得更多元，如電視劇《孽子》在二〇〇三年播出後，進一步提升臺灣社會對同志議題的關注。

湯明越來臺後，在同志友人揪團下，首次參與了二〇〇七年的同志大遊行。隔年，湯明越和幾位一起組性別讀書會的大馬同學，以讀書會的名義參加同志大遊行。

二〇一一年舉行的「淨選盟」集會，進一步刺激了湯明越的國族認同，因此在這一年的同志大遊行，他才首次以大馬同志隊伍的名義報名，並帶著大馬國旗走上街頭。雖然我在同志大遊行時沒參與湯明越的隊伍，但很明顯的現象是，在湯明越的號召下，每年有越來越多的旅臺大馬同志加入了他的隊伍，規模逐年茁壯。

湯明越記得，他在自由廣場公開出櫃之前，他並沒有正面地面對過自身的國族認同。例如，他會盡量避免讓臺灣人聽到帶有大馬腔的口音，也不會特別主動自我介紹來自大馬。

參與組織「淨選盟」的臺北集會，對湯明越來說是個重要的啟蒙運動。除了每年參與同志遊行，他也像孫友聯那樣，扮演臺馬兩地同志社群的樞紐，如他有許多在母國的朋友會組織一些性別議題活動，而他能協助分享臺灣同志議題的最新資訊；同時也組織「Mamak檔——大馬旅臺同志會」，讓準備回大馬的旅臺同志能跟進母國的LGBTQ+社群的現況，或讓初來乍到的同鄉同志融入臺灣的同志圈子，以及舉辦讀書會等。

◆

在湯明越來臺的第十二年，二〇一九年的五月十七日，臺灣立法院三讀通過《司法院釋字第七四八號解釋施行法》，賦予同志伴侶得以結婚權利的法律依據，使臺灣成為亞洲第一個同婚合法化的國家。

不過，這法案只允許臺灣國民與其他也同樣承認同婚的國家的外籍人士結婚。由於大馬擁有眾多穆斯林人口，官方與社會普遍反對同志婚姻，對很多大馬同志而言，也許數十年之內是很難看到同婚在大馬合法化了，也意味著臺灣人無法與來自大馬的同志伴侶結婚。

湯明越希望，無論是臺灣或是大馬政府，總有一天能完全承認跨國同志婚姻的合法性。而在這一天到來之前，湯明越會持續其志業，讓更多人不再歧視同志，讓臺灣社會對同志更友善，也讓在臺的大馬同志能活出自己。

飛馳的張馳

對我而言，大馬人來臺灣修讀法律系的是很奇怪的行為，我在臺灣期間，至少知道有四位同鄉就讀臺大法律系。之所以說奇怪，乃因臺灣法律實行「大陸法系」，身為前英國殖民地的大馬，則實行「英美法系」(或譯普通法系)，從臺灣回國當律師的話就會有困難，而接下來要談的張馳，就是我眼中的奇葩。

張馳當然不是第一個來臺就讀法律系的大馬人，個人知道也許是最早的一位，是六〇年代來就讀政大法律系的饒仁毅。在第四章提過的饒仁毅，從政大畢業後，便到英國獲得林肯大學法學院院士，回國後曾任留臺聯總會長、雪華堂民權委員會主席，二○○五年創辦對大馬政治、媒體界影響深遠的獨立網媒《獨立新聞在線》（已於二○一二年結束）。

據我所知，過去一些基於各種原因來臺就讀法律系的大馬人，也如同饒仁毅般，為方便回母國就業，會選擇到也實行英美法系的國家攻讀碩士。「反觀」張馳，二○○九年來臺就讀臺大法律系，畢業後繼續到政大就讀法律所。

如同張馳的碩士論文《延長羈押及其合理期間——以歐洲人權法院判決為借鏡》所關注的面向——人權，二○二二年四月，張馳離開了工作數年的臺灣「民間司改會基金會」，他曾在其中擔任倡議部副主任，以及國際特赦組織臺灣分會副理事長，在臺灣從事人權工作，實踐法律系給予他維護人權的理念。

◆

高三時的張馳，因對法律、政治與社會的議題有興趣，在選填海外聯招會的志願時也沒多想，就選擇了臺大法律系。

張馳比我早一年來臺，我跟張馳的最早接觸，應是在二○一一年參與籌備臺北「淨選盟」集會時期，他也是籌備小組成員。後來有更多往來，則是到二○一六年後，當時就讀研究所的張馳，已在司法改革基金會兼職，而我當時在研究僑生白色恐怖案，因此有所接觸。

其實，起初張馳對臺灣公共議題的關注不多，而對他算是啟蒙開端的，就是是「紹興社區」拆遷的抗爭事件，是他少數有參與抗爭，而且還讓他為此在網路上與臺大學生筆戰的公共議題。

不過，大學時期的張馳還是對母國的公共議題關注較多，一方面比較常和同鄉往來，另一方面也或許是時代使然。當時張馳比較關注的是正追求民主化、政權輪替的母國政治，所以才成為臺北「淨選盟」的成員，在臺灣聲援母國的民主浪潮，而當時大馬警方對抗爭者的暴力鎮壓，也催生了他對人權的關注。

那為何張馳臺大畢業後不直接回馬呢？張馳很坦白地跟我說，他大學最後一年感到迷茫，不知道接下來要幹嘛，眼看身邊朋友都繼續讀研究所，那不如也去念吧。而這決定也改變了張馳與臺灣的關係，也讓他從原本以同鄉為主的朋友圈，擴大至臺灣人，也因人權議題，認識了更多志同道合的朋友。

在研究所的第二學期，臺灣爆發反服貿的「太陽花學運」，當時有許多大學教授將課堂移動到立法院外，發起「街頭民主教室」，其中也包括張馳就讀的政大法律所。張馳記得，太陽花學運期間，他幾乎每兩天都會到立法院外聲援，這場運動正是讓他更深入參與臺灣人權工作的重要轉捩點。

為了解臺灣過去的人權歷史，張馳在研究所的某年暑假，參加了國家人權博物館在綠島舉行的「人權之路——青年體驗營」，才得以在營隊中認識了大馬政治受難者陳欽生前輩。陳欽生自二〇〇九年開始出來訴說自己的故事後，已連續多年擔任這營隊的講師，只為了讓更多年輕世代記得臺灣曾發生過的白色恐怖歷史，勿讓臺灣再重演國家侵害人權的事件。也因為這營隊，張馳才對轉型正義有了概念。

◆

我問張馳沒有想過回馬從事相關人權工作嗎？為何留在臺灣呢？

對張馳而言，他進入司法改革基金會後，投入最多的就是平反「邱和順案」。至今邱和順未被特赦，此案未了結，也是他留下來的重要原因之一。此外，「李明哲案」也是張馳在國際特赦組織負責的重大司法救援案。

對於家人，張馳的父母也沒有強求他一定要回大馬發展，而他也認為趁年輕可以在外面的世界看看。因此對張馳而言，也許臺灣不是他人生的終點，下一站也不一定是大馬，若未來有機會，也會考慮到其他國家的國際人權組織工作。

最後，張馳表示儘管他不是臺灣人，但他代表工作單位參加國際會議時，始終是代表臺灣，這也強化了他對臺灣的認同感，也為臺灣感到驕傲，因為臺灣是國際民主社會的重要一員。同時，張馳也支持該由臺灣人決定自己的命運，對於過去做過許多侵害人權事情，如今始終不願面對轉型正義責任的國民黨，他是非常不認同的。

「我認為不讓臺灣被國際社會看到，是非常可惜的事情。有點像是為臺灣爭光，雖然我不是臺灣人，但我希望臺灣被國際社會看到，這是一種基於我對自由、民主價值的認同，所以為臺灣發聲。」張馳說。

媒體界中的大馬人

對一些極權國家而言，境內的外籍記者就是「外國勢力」的代理人，那如同我這樣，在臺灣的大馬籍媒體工作者們，某種程度上也算是一種「境外勢力」吧。不過，我們依然多是為臺灣媒體機構工作。

如同我在自序中提到的，進入臺灣媒體業，是各時期人生關卡中抉擇的結果，回母國當記者，始終是個人的夢想。對我而言，會選擇讀新聞系的人，多多少少對新聞業、社會正義有所憧憬，也想透過新聞人的筆（或鍵盤）改變國家。

在我早期的想像裡，以及過去學長姊等前人的腳步來看，會來臺灣讀新聞系的，多數終究會回馬發展。畢竟新聞也是很「在地」的事業，一個外國人能在臺灣媒體界爬到多高的位置，終究有天花板，回去自己的母國成為「媒體人」、「報人」也許是更好的選擇，終究是自己的國家。

當然，這是我本人的主觀判斷，一個在臺灣讀新聞系的大馬人是否要留在臺灣發展，也有客觀環境的限制，例如在那「老三臺」的年代，能選擇的媒體機構不多，而且多直接受黨國控制，若沒有人脈，可能也難以進去。

即使在解嚴後，媒體機構百花齊放，但也許多數臺灣媒體機構關注的是本國新聞，未必有聘雇外籍人士的急迫性與需求。如果今天我不是在臺灣讀新聞系，而是在美英日等大國留學的話，那我很有可能就會有留在那當記者的規畫了，畢竟那有《紐約時報》、美聯社、路透社、BBC、NHK等國際級媒體機構，無論最終是一生留在那，還是衣錦還鄉，履歷都會相當漂亮吧。

那要因此怪罪臺灣媒體不夠國際化？或甚至批判臺灣本土媒體機構歧視外國人嗎？個人有聽過這種言論，但我覺得這觀點太武斷，畢竟這是自由市場，有供應未必有需求，只是時候未到。

◆

第一章提到，國民黨敗退來臺後，第一位來臺的僑生，是來自印尼的蘇玉珍，她臺大外文系畢業後，曾擔任過《中央日報》副總編、《香港時報》臺灣分社主任、副社長、社長及《臺灣新生報》社長等媒體的高層。那誰是最早在臺灣從事媒體工作的大馬人呢？

一九五四年，政大在木柵復辦，隔年復辦新聞系。我目前所能收集到的資訊，一九六三年就讀政大新聞系的大馬僑生賴俊達，畢業後曾任中央社國外新聞部編譯、《綜合月刊》編輯、現代關係社英文顧問、華視新聞部國外組編譯。根據最後的公開資訊，賴俊達在二〇〇六、二〇〇七年，曾為九歌出版社推出的兩部美國小說擔任譯者。還有一位是小賴俊達兩屆的沈長祿，曾在《聯合報》當記者多年。

接下來這位，是在媒體界表現亮眼的政大新聞系系友胡福財。胡福財也算是我的老鄉，同樣是霹靂州人，家鄉是江沙縣。胡福財在馬來亞獨立的一九五七年出生，一九七八年就讀政大新聞系。

根據媒體的報導，胡福財也被譽為「攝影詩人」，而這得追溯到他大學時期，也曾是神州詩社的一員。這由溫瑞安等大馬僑生創辦的詩社，曾叱咤臺灣文壇，但因在白色恐怖時代下遭政治鬥爭，一九八〇年溫瑞安與方娥真被捕，成立六年的神州詩社便宣告結束。如今，沒人知道方娥真的下落，而已定居中國多年的溫瑞安，已是聞名的武俠小說大師。

神州詩社的其中一宗旨，即是「為中國做一點事」，而胡福財在一九八二年接受大馬總會會訊記者陳錦松的專訪時，也再次提到「為中國做一點事」。

根據這篇專訪，胡福財在大學時期的新聞專業表現相當亮眼，無論是文字或攝影能力都兼備，大三時榮獲「陳香梅特殊才能獎」，大四便進入《中國時報》當記者，後進入藝文組擔任編輯、採訪和攝影的工作。

當時的《中國時報》仍是創辦人余紀忠領導的時代，在戒嚴時期是被視為自由派的報紙。由於獲得《中國時報》賞識，胡福財在大四畢業的那年，一九八二年九月曾有機會獲派到美國當美洲版的記者，但行前一個月卻因故而不成行了。

根據公開資訊，胡福財曾是《時報周刊》攝影總編，此後擔任過《中國時報》文化新聞中心攝影召集人、《樺舍文化》攝影總監、《時報周刊》攝影主編、《中時網路公司》設計部協理、《中時電子報》副總編輯、《年代資訊公司》總監、《Media-i》多媒體事業開發處處長、廣達集團廣藝基金會網路總監等。對攝影創作有熱忱的胡福財，曾舉辦「藝術目擊」（一九八六）、「城市舞臺」（一九八八）等攝影展，著有攝影集《癡人列傳》（一九九一，時報出版）。由於健康因素，胡福財已於二〇一九年返回老家江沙退休。

◆

二〇一〇年，對我來說，除了是來臺的第一年，也是臺灣媒體產業，從傳統的紙媒、電視媒體為王道，準備過渡到新媒體世代的一年。

以媒體產業的變革年代來劃分的話，二〇一〇年之前的「傳統」年代，在臺從事媒體工作的大馬人，戒嚴時期有賴俊達、胡福財。

解嚴初期，除了有本章介紹過的陸之駿之外，還有一九八八年政大新聞系畢業，後來成為《聯合報》資深財經記者的羅兩莎。一九八九年政大新聞系畢業的沈雲驄，先後進了《新新聞》、《商業周刊》當記者，後來轉換跑道進出版業，如今是《早安財經》出版社創辦人。

一九九一年政大新聞系畢業的胡瑞麒，在壹傳媒集團旗下的《蘋果日報》、《壹週刊》擔任攝影記者多年，多次在臺灣新聞攝影大賽得獎。另一位從九〇年代活躍至今的記者，是孫友聯的同鄉，來自麻坡的陳如嬌。陳如嬌師大畢業後，曾在《中國時報》、《聯合報》當記者，主跑交通與觀光新聞，目前是《蘋果日報》記者。也同樣還在媒體界活躍的，是畢業於臺大機械系、臺大新聞研究所的龔招健，他曾任專利工程師、《中國時報》記者、中時電子報理財網副總監，現為《Money錢》月刊主筆。

◆

其實，九〇年代還有位在臺灣當過記者的大馬人，但本人無法聯繫上她，無從得知她目前的下落，也無法證實網路上有關她的資訊，以及其回憶錄是否真實，她就是陳緩荷。

根據陳緩荷在二〇〇八年出版的《被偷竊的國家》中的陳述，她一九八〇年從臺大畢業，接著到香港中文大學讀研究所，曾在臺北長庚醫院、臺大醫學院、世界衛生組織及臺灣資策會擔任工程師；媒體界方面，曾在香港《信報》、香港《經濟日報》、臺灣《時報周刊》、《工商時報》、《聯合報》當記者。

陳緩荷聲稱，她因握有「劉邦友血案」的重要線索而遭到追殺。目前臺灣媒體中有關陳緩荷的報導甚少，「最新」的是《中國時報》在二〇一〇年八月十八日的報導：

馬來西亞籍專欄作家陳緩荷，十多年前自爆知道劉邦友血案兇手後，被查出逾期居留遭到遣返；六年多前她再度入境，日前又因逾期遭移民署遣送出境，但陳拒絕登機，咬傷隨行人員，官員最後把她塞布封口，強制束帶束縛坐上輪椅，由兩人隨機護送到馬國。

移民署昨天強調，陳解送機場時，情緒還算平穩，一路步行，但登機前，開始耍賴，擔心她自殘及影響其他旅客，才以碎布塞嘴，戴上口罩；且陳稱不良於行，改以輪椅代步，並以束帶束縛、未上銬。登機後，陳女情緒漸平穩，否則機長不會同意起飛。

五十六歲的陳緩荷，以僑生身分來臺念臺灣大學，畢業後待在臺灣工作，替多家雜誌寫專欄，劉邦友血案發後，陳緩荷自稱從國際鑑識專家李昌鈺博士口中，得知血案的兇手，此次被查獲逾期居留，陳女仍舊事重提。

由於本人無法查證陳緩荷的遭遇，有關她的事蹟，網路上仍能找到她訴說自己故事的影片。這裡還能分享的是，我有位友人曾與陳緩荷近距離接觸，而地點就在北京。二〇一九年的春天，友人T和幾位同樣是在北京留學的大馬人，在北大校園內高談闊論時，陳緩荷忽然走上前跟他們搭話，她說因為聽到熟悉的口音，所以來確認是否也是同鄉。

友人T相當好奇陳緩荷怎麼孤身一人在北京，一問之下，才得知她的經歷，當時陳緩荷也把

《被偷竊的國家》帶在身上，就把自身在臺灣的遭遇告訴他們。

後來友人T也離開了北京，也聽說陳緩荷常獨自在北大、清華出沒，如今已沒她消息。

◆

無論是臺灣或大馬的媒體機構，都曾委任特約或特派記者，在各自的國家進行報導，對促進馬臺兩國的關係有過貢獻，我也在此簡單介紹他們的背景。

首先是我的碩士論文口試委員林若雩老師。林若雩老師在九〇年代，擔任《中國時報》的新加坡特派記者，不過林若雩老師基本上是星馬兩邊跑，因此對大馬政治社會相當熟悉，而且曾在一九九八年專訪過馬哈迪，也出版過有關大馬政治研究的學術著作。

後來林若雩老師往學術界發展，如今是淡江大學外交與國際關係學系全英語學士班榮譽教授，二〇二一年成立臺灣東南亞與南亞協會，並任理事長，持續推動臺灣與東南亞的交流。同樣在九〇年代派駐大馬的臺灣記者，是聯合報的程榕寧，可惜截稿前未能聯繫上她。

還有位經歷獨特的臺灣作家、媒體人歐銀釧，曾任大馬《星洲日報》的特派記者多年。根據九歌出版社的資訊，歐銀釧是澎湖人，東海大學中文系畢業，她在一九九八年獲「臺灣文學年鑑」選為「十大文學特寫人」之一；二〇〇一年獲「五四文學獎」之「文學教育獎」。業界經歷方面，曾任皇冠雜誌編輯，《民生報》資深記者、澎湖鼎灣、桃園監獄寫作班創辦人兼導師。近年歐銀釧的文章也散見於《人間福報》的副刊。

近幾屆的臺灣縣市長選舉、總統大選（包括二〇二〇年），歐銀釧依然有為《星洲日報》進行報導。值得一提的是，筆者曾在二〇一二年的臺灣總統大選時，擔任《星洲日報》的特約記者，當時曾短暫與歐銀釧女士共事過。

最後，也是《星洲日報》的在臺記者，不過他是大馬人，二〇一八年至今在臺灣任該報的駐臺通訊員，他就是李振成。李振成於二〇〇八年自世新大學新聞系畢業後，曾回到大馬媒體界工作，後來因馬臺跨國婚姻關係，移居臺灣後接下了駐臺通訊員的工作。相比歐銀釧因較熟悉自己國家的政治，而在大選時期協助《星洲日報》進行報導，李振成因人脈優勢，報導了許多在臺灣的大馬人的事蹟，如大馬餐廳的創業故事。

◆

接下來，是臺灣中央通訊社的特派記者。首先，來自臺灣的黃自強從二〇一五至二〇二〇年擔任中央社駐新加坡特派記者，期間也是星馬兩邊跑，曾採訪諸如馬習會、川金會與東協峰會、新馬兩國的大選等重大國際新聞。而我是在二〇一六年馬前總統訪馬時，與黃自強認識的。

也不能不提的是，儘管黃自強是派駐新加坡，但關注難民議題的他，曾遠赴吉隆坡進行羅興亞難民議題的採訪，其專題報導「難民歸鄉路迢迢」在二〇一九年入圍臺灣「卓越新聞獎」的國際新聞獎。

另外兩位中央社的駐馬特派記者，則是大馬留臺校友了，分別是世新大學新聞系、臺大政治所畢業的孫天美，以及政大新聞系畢業的郭朝河。其中郭朝河也是大馬知名影評人，他在擔任中央社特約記者時期，就進行了許多有關大馬影視與文化相關的專題或人物專訪，特別是近年有不少優秀的大馬歌手、演員、導演入圍臺灣的「三金」獎項。

此外，我在《關鍵評論網》東南亞組任職後，也邀請了郭朝河當專欄作者，撰寫大馬政治評論、影評文章。

◆

我是在二〇一九年擔任《關鍵評論網》東南亞組編輯，工作期間與不少東南亞籍的華裔學者、研究生、評論人建立聯繫，並邀請當專欄作者，其中還是以同鄉為大宗。

當然，我並非最早廣邀大馬人在臺灣媒體寫評論、報導的編輯，我想表達的是，我在臺灣從事媒體工作時，已進入了所謂「新媒體」的時代，國界早已不是最困難的限制。

也許早年資訊較不流通，而且當時還是傳統大報社還賺錢的年代，有能力把優秀的記者送到東南亞當特派員，如知名臺灣媒體人梁東屏，在一九九八至二〇一二年擔任《中國時報》的東南亞特派員。

隨著傳統媒體式微，媒體機構不願再投入更多資源支持臺灣記者在海外當特派員。如今，有國家資源支持的中央社，依然有特派記者在大馬、新加坡、印尼、越南、泰國、菲律賓與越南等東協成員國駐點採訪。

◆

根據內政部二〇二〇年的統計，在臺灣的外籍人士職業別中，從事記者工作的大馬人有八人。不過我認為人數應不止於此，若將媒體機構內的編輯計算在內，也許人數會更多。與我同輩的旅臺大馬媒體工作者也有不少人，這裡就不逐一列舉了，不過最後還是要介紹一位優秀的記者，她就是周慧儀。

周慧儀於二〇一七年從政大廣電系畢業，畢業後進入協助在臺移工的非營利組織工作，同時以獨立記者身分在馬臺兩國地進行報導。周慧儀的報導，散見於《端傳媒》、《關鍵評論網》、《轉角國際》等媒體。

周慧儀曾是《關鍵評論網》實習生，她和另一實習生、政大新聞系的葉蓬玲（大馬人），共同策畫的「眾聲喧譁：馬來西亞第十四屆選舉專題」，獲得二〇一九年金鼎獎優良出版品推薦。關注大馬少數民族、原住民課題的周慧儀，曾在《端傳媒》發表數篇獨立報導，並獲得二〇二〇香港人權新聞獎優異獎，以及入圍亞洲出版業協會的「二〇二一年度卓越新聞獎」。

如今周慧儀和我一樣，都在臺灣擔任編輯工作，她任職於聯合報集團旗下的網媒《轉角國際》，除了撰寫文章與邀稿外，也是該網媒的Podcast節目「轉角國際．重磅廣播」的主持人。

二〇二〇年我在《關鍵評論網》成立的Podcast節目「阿峇卡巴．東南亞電臺」，在同年入圍臺灣卓越新聞獎的「Podcast新聞獎」，其中拿來參賽的一集作品，就是對周慧儀的專訪，談她為何在臺灣當獨立記者。

當時周慧儀告訴我，有關其自身在臺灣的角色和定位，或許自己可以作為一扇窗，連接臺灣與東南亞，讓臺灣讀者了解更多東南亞的邊緣群體的議題。

我的想法和周慧儀差不多，我覺得幸運的是，我們相比上一世代在臺灣從事媒體工作的大馬人，得益於傳播科技的發展，更有效連結臺灣與大馬。臺灣過去需要派記者到大馬採訪，如今在臺灣的我們，也能將大馬人的聲音、觀點帶到臺灣。

當然，我不認為在臺灣從事媒體工作的大馬人，就非得要串連大馬與臺灣，我們還是可以在臺灣專心地當政治線記者、財經記者，或是電視臺主播也行。只是，傳播科技在這時代的革新發展，讓我們更有條件，在哪天需要連結大馬時能派得上用場。我想這種潛在的「連結」可能，也是當今臺灣媒體公司在應聘大馬人時的重要考量點吧。

❶《關鍵評論網》，二〇二〇，〈末代「叛亂」僑生陸之駿，如何從認同「左統」到支持蔡英文〉，https://www.thenewslens.com/feature/darimalaysia/129491，二〇二一年十一月三日檢索。

❷《FT中文網》，二〇一六，〈愛人同志〉，https://big5.ftchinese.com/story/001051360?archive，二〇二一年十二月三十一日檢索。

❸《明周文化》，二〇一六，〈【星期日人物】不如歸去——陳允中〉，https://reurl.cc/12gYMV，二〇二一年十二月三十一日檢索。

第七章
追夢人

多數臺灣人對在臺馬來西亞華人的想像，除了是來臺求學的「僑生」外，還有在臺灣各行各業都能見到大馬華人的身影。

然而，對所謂「各行各業」的想像，多是直觀地認為在臺馬來西亞華人都是從事白領工作的專業人士。當提到馬來西亞、新加坡以外的東南亞人士時，則直覺式地認為他們多是來臺從事藍領工作的移工，或婚姻仲介而來的外籍新娘。

接下來，本章會講述過去來臺當藍領勞工，以及在一些專業領域發展有成的馬來西亞追夢人的故事。

跳飛機

大馬曾是全球重要的錫礦出口國，但隨著錫價在八〇年代末崩盤，造成了大批原依賴錫礦業的華人城鎮陷入經濟停滯的困境，尤其當中教育程度較低的華人所受到的失業衝擊最大，為改變生活，他們只好「跳飛機」，而臺灣就是其中一個落腳國。

所謂「跳飛機」，是指這些欲前往已開發國家，如英國、美國、澳洲、日本打黑工的的華人，多購買機票入境當地後，就逾期逗留非法工作，其中不少華人是來自我的家鄉霹靂州，我親戚中就有人曾到日本和英美跳飛機。

霹靂州、森美蘭州曾是馬來半島，甚至全球的重要錫礦產地，因此錫礦業崩潰後，許多到海外跳飛機的華人也多來自這兩州。值得一提的是，據悉在英國跳飛機的華人多來自霹靂州，是因為霹靂州華人多為廣府人，在懂得廣東話的優勢下，許多英國的香港餐廳老闆也樂於雇用刻苦耐勞的霹靂州華人。

至於臺灣，由於薪資條件、匯率不比英美日澳等國，因此會選擇來臺跳飛機的華人始終是少數，而且逗留時間不長，會長期留下來的，要麼是已習慣了臺灣這純華語社會，要麼是因為愛情。

◆

一九八九年十月廿八日，勞委會為配合六年國建計畫，開放政府重大公共工程正式合法引進外勞。一九九一年公告「因應當前人力短缺暫行措施」，允許公告中的六行業十五種職業可專案申請聘僱海外「補充勞工」；接著一九九二年公布實施「就業服務法」，正式開放引進產業及社福兩大類的移工。

不過，根據一些報導和當事人的記憶，早在臺灣政府宣布開放引入外籍勞工前，就有大馬華人來臺非法打工。我父親記得，在他家鄉霹靂州打巴鎮，早在一九八四年就有同村的人到臺灣跳飛機，這是我聽過最早的時間點。

另外在一九八八年七月十七日，時任大馬勞工部部長的李金獅和首相馬哈迪訪臺，根據馬來西亞旅臺同學會（以下簡稱「大馬總會」）的會訊記載，同學會幹部和李金獅部長交流時提到，大馬勞工在臺灣非法打工的問題，已影響了國家和同學會的形象，因為當時有大馬非法勞工在臺做出不法行為，如搶劫。以下這篇《聯合報》的報導❶，提到了大馬非法勞工的犯法事蹟，而當時寫這篇報導的記者就是政大新聞系畢業的怡保人沈長祿。

一九八九年六月四日，一位名葉姓大馬華人涉嫌在公車上持刀搶劫乘客現金一千三百元，結果被司機制伏，並送到士林警察分局處理。報導提到，這位廿五歲的葉姓大馬華人已來臺半年，簽證也已逾期多時。

我無意為那些曾在臺灣犯下罪行的同鄉洗白，但就如今天我們看待「逃跑移工」（又稱「失聯移工」）般，很多會做出法律不允許行為的移工，多有可憐之處，還是要看當時候大馬勞工在臺灣面對怎樣的處境。

一九九〇年，《聯合報》就報導了大馬勞工在臺灣的處境。❷當時大馬政府表示正尋求國際刑警組織協助，以調查三萬多名大馬人在臺灣非法工作的情形，官方認為可能有幕後集團操縱從事不法行為，而且得益於馬臺無邦交關係，被剝削情形也更嚴重。

大馬警方提到，這些非法入境臺灣的大馬勞工因受職業介紹所欺騙，在臺灣受到旅行社或工廠老闆的壓榨，護照也被老闆沒收，受害者可能多達數千名，所以決定採取救援行動。當時大馬政府呼籲流落臺灣街頭大馬人，應盡快聯繫馬來西亞友誼貿易中心（駐臺代表處），以獲得臨時護照回國。

對於有三萬多大馬人在臺工作這點，也許有被誇大。依據警政署在一九九〇年六月份為止的統計資料，在臺大馬公民有二萬六千七百一十五人，其中屬逾期滯留者一萬七千九百四十二人，而六月被查獲的非法大馬勞工有四百六十八人，其餘五千多人為學生。到底那些年有多少人來臺灣跳飛機，最終又有多少被壓榨的大馬勞工被遣返回國，我無法找到確切的統計數字。

不過，端看被合法引入臺灣工作的大馬勞工人數，得以窺見九〇年代大馬人來臺從事藍領工作的趨勢消長。根據勞委員從一九九四年起的統計（此前無統計資料），被引入臺灣的馬籍勞工人數，從一九九四年至一九九八年，分別有二千三百四十四、二千零七十一、一千四百八十九、七百三十六、七百七十四人。明顯地，合法在臺工作的大馬勞工從一九九四年開始雪崩式下滑，即便是經濟更糟糕的一九九七、一九九八年（亞洲金融風暴爆發），短短數年人數已不到千人，這趨勢也吻合一位曾到臺灣跳飛機的Simon告訴我的，臺灣在九〇年代中已不再有吸引力。

◆

當年這群來臺非法打工的大馬華人，也不全然都是被騙來的，他們很清楚就是來臺非法工作，賺夠了就回國，而臺灣老闆也鼓勵他們介紹更多同鄉來臺打工，其中有的人幸運地沒遇上惡劣的老闆，更有的人娶得美人歸，最終選擇一起留下，或一起回馬，來自怡保的Simon就是其中一位。

Simon是我父親生意上的客戶，他是在一九八七年底到臺灣。與其他多數是在臺灣工廠、工地打工的華人不一樣的是，Simon是在東區的餐廳當服務生，一九九五年才離開臺灣。

Simon來臺時才高中畢業，當時的大馬經濟相當不景氣，即使有機會打工，也沒辦法實現成家立業的夢想，因此Simon決定到海外打拚。對於為何不去英國賺匯率更好的英鎊，Simon稱要去英國打黑工也需要有人引介，他因為沒有當地人脈，加上在臺灣讀廚藝課程的朋友建議他不妨來臺，而自己也是獨中畢業生，只好選擇到靠講華語就能通的臺灣。

與其他到臺灣工地、工廠打工的大馬人不一樣的是，因為沒有一大票同鄉一同住在工人宿舍，在東區餐廳工作的Simon和友人在臺北各處租屋，因此他在臺接觸的大馬同鄉沒有很多。也幸運的是，Simon的臺灣老闆沒有不當對待他。Simon記得，早在一九八四年就有霹靂州人到臺灣跳飛機，後來多數人陸續在一九九四、一九九五離開，因為賺得也不多，有的人從臺灣轉去日本繼續打黑工。

Simon工作時認識了臺灣女友，最終也順利結婚。不過因為Simon是逾期逗留的，他先「自首」返馬後，再入境臺灣與妻子生活。一九九五年，也就是臺灣首次總統直選的前一年，由於臺海局勢緊張，Simon為了給妻子和兩個孩子更好的生活環境，而選擇舉家回怡保定居，最終成為一名成功的商人，已在數年前退休。

許多來臺灣打黑工的大馬華人當中，也有的人跟Simon一樣為了愛情而和臺灣人共結連理，有的選擇繼續留在臺灣，也有的最終一起回大馬。在王麗蘭出版的《我們在馬來西亞當志工》中，也有提到一個跟丈夫回馬的臺灣太太的故事。

來自霹靂州拉灣古打小鎮的小李，九〇年代到臺北東區的餐廳打黑工，不過Simon並不認識小李。小李是在忠孝東路上的一家理髮廳與阿君相遇，兩人因愛慕彼此而在一起。後來小李因被警方查獲是逾期逗留而被迫遣返，當時已懷孕的阿君決定為愛與小李辦公證結婚，但依然無法讓官方網開一面允許小李留在臺灣。最終阿君決定隨小李回大馬生活，如今阿君在拉灣古打這小鎮開了個家庭式理髮廳。

一九八七年擔任大馬總會會長的羅志昌學長表示，早年同學會主要的收入來源，除了協助旅臺生代購機票的手續費，就是協助在臺灣結婚的大馬人辦「單身證明」，其中一群客源就是打黑工的同鄉們。

對於當時臺北明明有官方的馬來西亞友誼貿易中心，為何臺灣政府卻還認可大馬總會提供的「單身證明」？羅志昌表示他也不清楚，而他在電話中似乎略帶尷尬地笑說：「我猜測，應該是官方機構（友誼貿易中心）太繁瑣，還要跟大馬登記局查證，而同學會最方便，同學會也認真做。為了創造收入，急件貴一倍，不過同學會也沒做太多查證啦。」

◆

非法勞工

我想我是第三代被賣的「豬仔」

這一次賣給

臺灣人的怨言
值得悲哀
為什麼是這樣的命運選擇了我？
祖父從廣東到南洋
我以為是歷史的曲折
而今我才知道
原來是生命的挫折
什麼「歡迎華僑歸國」（什麼國？）
「華僑為革命之母」（我只要賺口飯吃）
都敵不過他人的一個白眼
一句冷言
渴望傾訴向留學在此的童伴
又怕他抵不過千元獎金的誘惑
今後的日子恐怕只有齒輪、老闆和加班
家鄉，只有在夢中
偷偷地回一趟

這是一九八九年三月刊登在大馬總會會訊的詩，作者是就讀政大的馬貴才。這詩作反映了當年來臺非法打工的大馬人的心境。

文中之所以提到「豬仔」，那是許多星馬華人的祖輩，是以契約勞工（俗稱「賣豬仔」）的方式下南洋的，賣豬仔的背後，往往是華工被騙，或身不由己簽了賣身契，下南洋成為殖民地資本家的苦力。

羅志昌回憶說：「當時馬來西亞非法打工的人確實不敢認我們，除了怕檢舉，更主要的還有階級的自卑感，我們是大學生，對他們而言很遙遠……」

在臺灣參與過社運、勞運的羅志昌，本身也在假期時當水泥工，以賺取生活費。他記得當時一天的工資是臺幣一千兩百元，但非法的東南亞熟練工人卻是七百元。羅志昌感嘆，他這合法的兼差大學生的收入居然比技術熟練的黑工還高，可見臺灣資方對移工的壓榨。羅志昌是以合法的留學生身分在臺灣，依規定能合法打工。

當時臺灣才正式開放引入東南亞移工不久，亂象也猛然叢生，報章上常出現移工被壓榨的社會新聞。羅志昌常聽聞在新竹、桃園的工廠跳飛機的同鄉被壓榨，他記得當年被臺灣媒體訪問時，他還破口大罵臺灣老闆壓迫大馬的勞工，

畢竟大馬總會終究是學生團體，對來臺跳飛機的同鄉也無法協助太多，羅志昌記得同學會只

協助過不幸在臺灣死亡的同鄉後事，如協助家屬安排喪禮、領骨灰。忘了是哪一年，羅志昌曾經手過兩個案子，一位是因交通死亡，另一位是不幸在工作地點死亡的砂拉越人。

羅志昌對這砂拉越同鄉案子的印象最為深刻，是因為來臺領屍的死者母親和孩子，在經過中華路時，羅志昌留意到他們停駐在中華路天橋上許久，只為了看火車呼嘯而過，因為這是他們生平首次見到火車，當年家鄉砂拉越並沒有鐵路建設。

◆

隨著歲月的洗禮，大馬的經濟不斷發展與進步，這些曾經來臺打黑工的大馬人故事，如今在臺灣已鮮少被人提起，即使是在臺的大馬留學生，也不清楚這段往事。

每當媒體提到非法移工，大眾多會想到失聯的越南、菲律賓或印尼移工，大家忘了也曾有一批大馬移工不堪壓榨而逃跑。如今，許多在臺灣留下成功故事的大馬人，多是曾在臺灣大專院校求學的僑外生校友，他們成功「翻身」的故事，也被臺灣大眾與媒體津津樂道。

無論如何，本人作為一個霹靂州子民，以及家族中也有親戚曾赴海外跳飛機，對於那些為生存、為家庭而到海外拚命的每一個人，還是值得給予敬意，而我能力範圍內可做的，就是在本書寫下這段過往。

關鍵少數

來臺跳飛機的大馬人都是從事藍領工作，如今會被臺灣與大馬社會記憶與頌讚的，多是在臺灣從事白領工作的專業人士。

接下來，本文將介紹幾位在臺灣商界赫赫有名的「關鍵少數」大馬人，而這些大馬人不一定都是留臺校友，有的是來臺經商一闖成名。

◆

臺灣是電子科技產業強國，而在科技業中有舉足輕重地位的大馬人，非群聯電子創辦人潘健成莫屬了。

潘健成一九七四年出生於雪蘭莪州的農村適耕莊，一九九三年就讀臺灣國立交通大學控制工程學系，二〇〇〇年在新竹成立群聯電子，隔年設計出全球第一顆USB快閃記憶體（flash）的系統控制單晶片（SOC），至今依然是記憶體產業的領導廠商。

根據本人有限的人脈與訊息，就目前臺灣科技業來看，還找不到第二位有如潘健成「教父級」地位的大馬人，儘管這產業中也有不少大馬籍工程師。根據內政部二〇二〇年的統計，在臺灣擔任工程師的大馬人有八百三十三人。雖然這項統計無細分是哪些行業的大馬人，但可以肯定的是，由於近年臺灣科技業急缺人才，招了大批外籍畢業生工程師，二〇二一年在臺灣科技業當工程師的大馬人已不止八百三十三人吧。

潘健成在二〇二一年五月與大馬總會合辦的徵才直播活動提到，群聯電子員工已有兩千多人的規模，其中有一百多位是外籍員工，並以大馬籍為最大宗，未來還會增加。由此可見，全臺科技業的大馬工程師人數中，群聯電子的占有率可謂不小。此外，群聯電子總經理歐陽志光也來自大馬，是小潘健成一屆的交大學弟，他也是群聯電子的共同創辦人。

有關潘健成的個人生命故事、群聯電子的商業新聞已汗牛充棟，本文就不再多贅述，這裡主要談的是潘健成與在臺灣大馬人社群的連結。而這方面的連結，除了下一章會提到他成立的餐廳「馬六甲馬來西亞風味館」外，主要還是他對旅臺生的支持。

潘健成除了提供母校交通大學設立獎學金外，也贊助臺灣的大馬校友會辦活動。例如，大馬總會多年來辦的大型活動「大馬運動會」，在租借場地方面耗資甚鉅，都有尋求群聯電子的贊助；除了大馬總會，潘健成出生的雪蘭莪州，在臺灣也有雪州旅臺同學會，有的活動也獲得潘健成的贊助。

不僅是對學生活動的支持，潘健成也有支持馬華文學的發展。二〇一六年，國藝會首度舉辦「馬華長篇小說創作發表專案」，接受大馬籍作家的華文長篇小說創作申請，而這專案經費的贊助者就是潘健成與前南山人壽董事長郭文德先生。

「馬華長篇小說創作發表專案」為期三年，共出版了賀淑芳《繁花盛開的森林》、龔萬輝《少女神》及黎紫書（本名林寶玲）《流俗地》等馬華小說。其中賀淑芳畢業於政大中文所，龔萬輝畢業於師大美術系，都是留臺校友。

接下來，要介紹的就是這上述專案的另一名贊助人，有臺灣「壽險教父」之稱的郭文德先生。

◆

郭文德是誰？我想就算是在臺灣的大馬人，可能已忘了，或沒聽過，畢竟他年紀較大，來臺發展的時間也較早。我之所以得知郭文德是臺灣壽險界重要人物，跟宏碁集團創辦人施振榮有關。

大概是二〇一四年的一次經濟論壇活動中，當時我是中央社的實習記者，有幸跟施振榮先生交換名片，他一聽我說來自大馬，就高興地說很喜歡這國家。宏碁集團曾到檳城投資，施振榮在一九九四年獲檳城州元首冊封拿督。

當時施振榮還說，他有許多大馬好友，就問我是否認識郭文德？經施振榮先生介紹，我才曉得郭文德曾是南山人壽董事長。在這機緣下，我搜尋郭文德的背景，才了解到他果然是臺灣壽險界的教父級人物。值得一提的是，前文提到郭文德是國藝會「馬華長篇小說創作發表專案」的贊助人，當時國藝會的董事長就是施振榮，我想其中也是施振榮先生的牽線吧。

南山人壽成立於一九六三年，一九七〇年由美國國際集團（AIG）投資接辦，並由同集團的美亞保險公司（AIU）董事長朱孔嘉先生，出任改組後的首任董事長，而郭文德就是在同年來臺擔任訓練總監。

一九三九年在大馬出生的郭文德，於一九六〇年擔任大馬的美國友邦保險公司發展部經理，一九七〇年在臺灣南山改組時以訓練總監身分加入，歷任副總經理、常務董事兼總經理、副董事長兼執行長、董事長等職，在南山人壽工作超過四十年。

郭文德在九三年接受《聯合報》訪問時提到❸，當初以為來臺協助訓練只有兩年的期限，沒想到待如此的久。郭文德之所以來臺，乃因早年東南亞地區的保險產業比臺灣先進，因此他才有來臺灣服務的餘地，而令他甚感欣慰的是，東南亞地區的同業在八〇年代開始邀請南山的經營者前往傳授心得，意味著臺灣保險產業已獲得國際同業肯定。郭文德在訪問中提到，大馬的壽險業務員相對受人尊敬，而臺灣壽險業務員地位卻低得可憐，他決定改變業務員形象，找來的都是一批素質高、具有大學以上學歷的業務員，並加以訓練。

《經濟日報》在二〇〇三年報導❹，甫上任南山人壽董事長的郭文德為人低調，但在壽險界有「教父級」的地位，當時臺灣至少有一半壽險公司的高階主管，都是郭文德教導出來的子弟兵。同年，財政部長林全頒發「財政專業獎章」予郭文德，以感謝他對臺灣保險產業的貢獻。二〇〇四年底，郭文德宣布退休。

不過，隨著二〇一一年臺灣潤泰集團與寶成工業組成的潤成投資控股入主南山人壽，在南山人壽外部董事施振榮牽線下，潤泰集團總裁尹衍樑成功邀請郭文德復出擔任新南山人壽董事長。直至二〇一五年八月十三日，年事已高的郭文德正式宣告退休。

郭文德在臺灣保險業未興之時來臺，創造了一個時代。至今，依然不乏大馬人在臺灣保險業工作，而且任高層，如中國人壽在二〇二一年七月宣布由大馬籍的Saloon Tham（譚碩倫）擔任董事長。

◆

除了保險業，臺灣與大馬在直銷產業的關係也相當密切，而且源遠流長。

我記得來臺灣後，偶有聽到幾位從事直銷的臺灣朋友說「你也是大馬人喔？我們公司有好幾位鑽石級高層也是大馬人耶！」還有一種情況是，看到在大馬從事直銷的朋友常來臺灣，理由是「會議旅遊」。對於這些情形，過去我沒想那麼多，直至為了寫這本書，跟曾光華老師請益時才恍然大悟，原來是大馬人加速了臺灣直銷產業的發展。

在臺灣各大學，有許多大馬籍學者的身影，而曾光華就是其中一位。來自柔佛州新山的曾光華，一九八四年畢業於政大企管系，後來在美國密蘇里大學獲得行銷管理博士學位，目前是國立中正大學行銷所專任教授兼碩士在職專班執行長，著有多部行銷學相關的著作。

曾光華表示，郭文德是臺灣的大馬籍專業人士中不能不提的一位，因為他確實為臺灣培養了許多保險人才。除了郭文德，曾光華還舉出兩位值得一提的專業人士，那就是把安麗從大馬帶到臺灣的傅後堅，以及王品集團前品牌總經理高端訓。曾光華指出，與郭文德在臺深耕相比，傅後堅及一些大馬籍的直銷業者，主要是在臺灣培養下線，把原在大馬的經驗帶來臺灣。

傅後堅的年紀約七十歲，根據臺灣安麗成冠團隊官網的介紹，傅後堅大學畢業後是在新加坡當保險業務員，廿六歲時受到當時大馬牙醫公會理事長Dr. Gerald的鼓勵才加入安麗，不到廿七個月就爬上「鑽石級」。

根據公開資訊，傅後堅在臺設立的「香港商成冠有限公司」是一九八五年四月核准設立的。根據該公司官網的介紹，一九八二年，大約三十歲的傅後堅隻身到臺灣發展，而當時的臺灣非法直銷很多，因此媒體對剛進入臺灣市場的安麗多偏負面報導，稱之為「馬來西亞來的老鼠會」。

當傅後堅成功把臺灣安麗帶起來後，他更跨足到中國與其他東南亞國家，擴大自身的事業版圖，至今依然在安麗集團活躍。

本人對直銷業無興趣，也不願多對這行業的好壞做太多批評，畢竟身邊也有親友在這行業中。就當前的客觀現實來看，確實安麗已是臺灣具有一定規模的直銷公司。也許還有其他大馬人跟傅後堅一樣，在臺灣扮演著一名有影響力的「上線」吧。

相比郭文德、傅後堅是因馬臺之間的產業發展落差，而被「空降」來臺，那高端訓的歷程，更像大馬旅臺生的縮影與憧憬吧

◆

來自柔佛州笨珍的高端訓，一九八一年赴臺就讀中興法商學院企管系，即如今的國立臺北大學，並一直在原校讀至博士學位。根據媒體報導，高端訓讀大學期間，透過半工半讀養活自己，同時也從打工的經驗裡學習從事業務工作的技巧與心態，以及提早體驗社會。❺

大學畢業後，高端訓白天到一家小公司負責數位化工作，晚上下班後到補習班去教電腦操作。四年後，高端訓經客戶推薦下，進入了廣告業巨頭——奧美廣告集團工作，曾高就業務企劃總監，一待就是十二年。後來王品集團創辦人戴勝益延攬高端訓當品牌總經理，也同樣工作了十二年。高端訓在二〇一五年告別王品，到美國進修。如今已返臺的高端訓，除了在政大企管系、臺北大學EMBA當兼任教授外，也擔任AMT亞太行銷數位轉型聯盟協會理事長。

◆

在臺灣各行各業的臥虎藏龍的大馬專業人士，當然不只有潘健成、郭文德、傅後堅和高端訓，相信還有更多人的故事值得被發掘。那麼，在臺的大馬專業人是否有組成屬於自己的團體

呢？

論最早的相關團體，是「中馬文化經濟協會」。根據全國性人民團體名冊的記錄，中馬文化經濟協會於一九五二年在臺北市成立，一九九九年解散。根據能找到的資訊，曾任該會理事長的聞人有「中國石油化學工業開發公司」前董事長董事芬，以及前中國新聞學會理事長楚崧秋。維基百科記載，楚崧秋是在一九八四年任中馬文化經濟協會理事長、中星文化經濟協會理事長。

值得一提的是，大馬總會第十七屆總會長黃俊發於一九八九年在會訊提到，有關他任期內與臺灣黨政民間團體交流的成績方面，同學會堅持第十五屆總會長羅志昌定下的決策，不與國民黨海工會交流、申請補助，以避免母國政府不必要的猜疑。不過，對於中馬文化經濟協會副祕書長是海工會成員，大馬總會以該會是民間團體而不迴避接觸。國民黨海工會的職責就是負責海外統戰與僑務工作，因此會與中馬文化經濟協會有人事上的重疊關係，也不令人意外。

顧名思義，中馬文化經濟協會應是著重在處理臺灣與大馬經貿交流的民間團體，那相對應的團體，則是二〇一四年在吉隆坡成立的「馬臺經貿協會」，是大馬的民間組織。

最後，在臺灣的大馬學生團體，有大馬總會，以及來自各州各高中的分屬會，至於大馬專業人士團體，就是成立超過十年，如今還活躍的「馬來西亞商業及工業協會」。馬來西亞商業及工業協會於二〇一一年九月在臺北成立，而比它更早的同性質團體，則是成立與解散時間不明的「專業大馬人士在臺俱樂部」，至少大馬總會會訊記載了這俱樂部在一九九〇年還在運作。

醫界

臺灣進步的醫療水準是享譽各國的，相信許多人跟我一樣從媒體上看過許多海外的病患、病童來臺求醫的新聞，其中也包括不少來自東南亞的鄰居。而在眾多來臺求醫的案例中，我想來自大馬的張四妹女士，是曾讓一代臺灣人印象深刻的案例。

一九四八年出生於森美蘭州淡邊的張四妹，從小罹患罕見的「先天性魚鱗病」，由於皮膚滲血、龜裂，會如魚鱗般剝落，因此被稱為「穿山甲人」。

張四妹與臺灣的結緣，是源自作家柏楊一九八二年到大馬演講時，從當地《新生活報》社長周寶源和總編輯吳仲達那聽聞了張四妹的事蹟，因此柏楊返臺後撰寫了「穿山甲人」的兩篇專題報導，並發表在《中國時報》。由於張四妹的身世引人同情，柏楊的報導刊出後，各界人士紛紛捐款支持張四妹，林口長庚醫院也提供免費醫療，因此張四妹近四十年來，曾六度來臺就醫，與臺灣結下不解之緣，據悉她也是央廣的忠實聽眾。

大馬與臺灣的連結，除教育領域交流外，其實醫療領域也是不能被忽視的一塊。從張四妹的例子可見，醫療水準領先區域各國的臺灣，一直以來協助了不少東南亞國家的罕見疾病患者，也因為臺灣的醫療水準令人信賴，多年來才有許多大馬華人來臺就讀醫學系，其中不少人畢業後留臺從醫。

◆

若論目前臺灣最知名的大馬醫生的話，大概就是「網紅」醫師——「ICU醫生陳志金」，他的臉書粉絲頁有廿六萬的追蹤者。那大家是否知道，除了陳志金外，其實臺灣還有不少大馬籍醫生呢？

民國一〇八年統計，全臺的外籍醫師有六百二十三人，護理師有四十三人，其中人數最多的來源國就是大馬！大馬籍的醫師及護理師分別有四百二十、廿四人。

臺灣之所以有許多大馬籍醫生，主要還是跟母國的教育、醫師政策有關。與臺灣一樣，大馬華人社會傳統上多希望孩子當上醫生，以獲得穩定的收入與生活，因此在大學選系階段時，家長會希望資優的孩子選填醫學、牙醫系熱門科系。

然而，由於大馬的國立大學實行種族固打制（quota），保留多數學額給土著，因此華裔學生縱使成績優異，也無法進入國立大學就讀醫學系。儘管大馬也有私立大學醫學系可選擇，但學費可能比臺灣私校還貴，有的家長乾脆把孩子送到臺灣念醫學系。

另一方面，由於早年大馬官方不承認臺灣的醫學系學位，也讓許多人決定留臺從醫。不過，即使後來大馬官方承認了臺灣多所大學的醫學系，但若要選擇返國行醫的話，還是得進行相關的資格考與實習，在時間與金錢成本考量下，或許繼續留在臺灣會是較好的選擇。關於這當中的各種考量，稍後再詳細說明。

無論如何，確實許多選擇來臺念醫學系的大馬人，背後動因多和基於「馬來人優先」的國家教育政策的結構性不公有關。然而，對臺灣社會來說，臺灣各大學的醫學系名額也牽涉到族群政策的不公，若大家還記得第一章提到的「僑教風波」的話，八〇年代末各界抗議僑生占用太多名額，最終教育部才明文規定，僑生名額是以原系所的額外一成為限。

另一方面，從《僑生回國就學及輔導辦法》的定義來看，僑生是指「海外出生連續居留迄今，或最近連續居留海外六年以上，並取得僑居地永久或長期居留證件回國就學之華裔學生。但就讀大學醫學、牙醫及中醫學系者，其連續居留年限為八年以上。」明顯可見欲讀醫學系的話，對「連續居留海外」的時長限制更為嚴格，反映了臺灣社會擔心教育資源被剝奪的心態，意即擔憂會有人將孩子送到海外念書幾年，最後以僑生身分返臺占用學額。

◆

一九九一年離開家鄉，北漂到臺大醫學系的陳志金還記得，當時僑教風波發生沒幾年，他在學校還是感受到明顯的壓力與異樣的眼光，同學會問他怎麼考進臺大醫學系的？是否有加分？也告訴他許多臺灣學生考聯考考得很辛苦。

儘管陳志金在家鄉就是個學霸，成績也足以直接分發進臺大醫學系，而不必到林口僑生先修部苦讀一年，但相比臺灣學生，還是有程度上的差距。由於東南亞各國的中等教育學科水平和臺灣有落差，許多大學班級的成績排名中，僑生總是吊車尾，臺灣學生也因此會看不起僑生，進而被歧視、排擠，而這些就是陳志金大學時期身為醫學系僑生的回憶。

面對這些異樣眼光，陳志金也只能咬緊牙關發奮圖強。「說真的很難融入，也有腔調問題，只好不斷去適應，說閩南語不容易被認出是僑生，而如今說國語（普通話）也不容易被認出了。」陳志金說。

也許過去陳志金很難融入臺灣，但隨著娶妻生子落地生根，陳志金不僅早已融入這片土地，更是許多臺灣人最熟悉的大馬醫生。陳志金是在二〇一六年開始經營粉絲頁，他在網路上除了分享醫療相關的科普資訊，也常對臺灣針砭時弊，也不避諱在諸多公衛、防疫議題上支持蔡英文政府的立場。

不過陳志金也分享道，其實早年許多僑生是討厭民進黨的。陳志金明白僑教政策的用意是用來跟中國競爭海外華人的支持，但對一般臺灣人而言，卻是剝奪資源的政策，因此當時對僑教政策持強烈批判立場的民進黨，就在部分僑生心中留下負面觀感。

除了曝光度較高的陳志金較為大眾所知外，其實臺灣還有幾位在醫界地位相當崇高的大馬醫生，為臺灣醫學發展貢獻良多。

首先是曾任高雄長庚醫院副院長的張明永，是臺灣精神科的權威。一九五五年出生的張明永，一九七五年來臺求學，就讀高雄醫學院，最終獲得英國倫敦大學精神研究所醫學博士，多年來為臺灣培育了許多精神科專業照護人員、醫師與教授。

根據長庚醫院官網的介紹，張明永是臺灣唯二的英國皇家精神醫學院院士級專科醫師（FRCPsych），也是國際著名的精神流行病學專家，曾擔任環太平洋精神醫學會理事長，也出版過多部著作與期刊論文。值得一提的是，張明永在SARS疫情期間，對醫療人員的壓力和精神狀況進行了研究，成功發表在國際著名學術期刊，受到國際學界的重視。

根據《蘋果新聞網》報導，[6]一九八一年高雄醫學院（現為高雄醫學大學）成立精神科時，張明永是創科成員之一，當年南臺灣的綜合醫院設立了精神科是種創舉。而張明永在當住院醫師時，注意到早年臺灣社會對精神疾病認知不足，多以撞邪等理由帶罹患精神疾病的親友到神壇收驚，因此張明永多年來積極推動為精神疾病去污名化，讓患者透過治療後仍可在社會生存。張明永在一九八四年開始與一群精神科醫師向政府建言，讓精神疾病患者在必要時須就醫，以避免傷人或自殘，最終在一九九〇年催生了《精神衛生法》立法。

此外，張明永也是前總統陳水扁醫療團隊的成員，為陳水扁診斷精神狀態。張明永曾公開表示，他站在醫師的立場，不看藍綠的政治紛爭，特赦絕對會對陳水扁的病情有幫助。

而另一位值得介紹的大馬醫生，則是林口長庚醫院臨床毒物中心主任、腎臟科系教授暨主治醫師顏宗海，他師承被譽為「俠醫」的臺灣已故毒理學權威繼林杰樑醫生。一九六六年出生的顏宗海，二十歲時來臺就讀臺大醫學系，一待就是三十多年，當他恩師林杰樑不幸在二〇一三年過世後，就被各界視為是林杰樑的接班人。

根據媒體報導，❼林杰樑和顏宗海的重要貢獻，是搶救因用除草劑「巴拉刈」服毒自殺的生命。林杰樑生前研發全新的巴拉刈中毒療法，而顏宗海在林杰樑過世後仍持續設法搶救因巴拉刈中毒瀕死的生命，在顏宗海等學者的推動下，長庚醫院、臺北榮總、清華大學與神光晶片公司在二〇二一年三月宣布成功開發全球首款巴拉刈尿液檢測試劑，十分鐘便可知檢驗結果，讓醫院在更短的時間迅速搶救生命。此外，在多年的倡議下，臺灣農委會終於在二〇二〇年禁用巴拉刈。

除了張明永與顏宗海，相信還有更多大馬醫生為臺灣醫療界貢獻甚多，若有遺漏的，盼請見諒。至於歷年來有多少大馬人在臺灣當醫師，目前還查不到相關數據，但人數肯定不止四百二十人，陳志金醫生分享道，早年許多大馬醫生已入籍臺灣，源自大馬的醫生肯定會比官方數字更高。

礙於公立醫院的醫師乃公務員的限制，如果沒入籍中華民國的話，那一般在臺灣的大馬醫師，多是在私立醫院服務，如張明永與顏宗海都是長庚醫院的醫師，而陳志金是奇美醫院醫師。至於在臺大馬醫師之間的社群關係為何，陳志金告訴我，雖然在臺大馬醫師有個臉書群組，但人數、代表性上也不夠全面，因為平時大家各忙各的，也鮮少跟其他醫學院有聯繫，更遑論接觸到其他醫院的大馬人。

無論如何，臺灣有一群大馬醫生存在是客觀的事實，人數是多是寡也許不是最重要的，因為醫生救人一命不會問病人的國籍，而會在臺灣從醫的大馬人，也會以這土地上的人的健康為福祉。

◆

對於如何留在臺灣醫院工作，臺灣各時期有不同的政策，而大馬政府是否承認臺灣醫學系學歷，也影響了大馬醫師回國的意願。

一九九六年，大馬政府承認了臺灣八所大學的醫學系，如臺大、成大、陽明交通大學、國防醫學院、北醫大、中國醫藥大學、中山醫學大學和高醫大，自此陸續承認數所大學的牙醫系、獸醫系及藥學系（在此不逐一列舉）。儘管未有數據支持，但會回國的大馬人並不如想像中多。

一九九九年，臺灣政府開放醫學系的僑生畢業生可留下來進行專科訓練，此前是無法的。許多醫學系僑生畢業後，利用畢業後居留權只能延長一年的時間內到醫院「打工」，簽證期滿後才回去大馬的醫院重新實習。

所謂的「打工」，是指醫學系畢業的僑生只要有醫師執照，一樣可當住院醫師，但和一般醫學系畢業的臺灣人相比，僑生醫師無法如本地人般一邊工作，一邊準備三年後報考專科，直至一九九九年才放寬此限制。

不過，早年臺灣官方限制僑外生畢業後不能直接留下來工作，有要求回母國兩年的限制。因此有的醫學系僑生，由於在研究所的時候找到伴侶了，畢業後就結婚合法留下來，再進一步獲得永久居留後，基本上工作權就沒問題了。

◆

為了解為何大馬政府承認了臺灣醫學系，但「衣錦還鄉」的人還是不多，我訪問了年紀和我差不多的譚詠康醫師。二〇〇九年來臺的譚詠康目前在一家私立醫院擔任精神科醫師，他歸納選擇不回國的大馬人是基於三大原因，第一是臺灣薪資較高，第二是在臺灣升遷到專科醫生較快，第三，也是最重要的，就是初級住院醫生（junior medical officers）的勞動環境問題。

大馬官方政策規定，不論國內公私立醫學院或外國醫學系畢業生，在馬執業都需先向大馬醫藥理事會申請臨時註冊，接著分發到公立醫院成為合約醫生。在現行的合約制度下，國內醫學系畢業生可獲得四至五年的合約，其中二至三年是實習醫生（housemanship）合約，接著的兩年是初級住院醫生（junior medical officers）。

至於在海外完成實習的醫學系畢業生，返馬後只要通過大馬醫藥理事會臨時註冊的考試（EPR），即可直接獲得兩年的初級住院醫師合約。然而，由於公立醫院實習名額供不應求，國內外的醫學系畢業生排隊等實習的情況非常嚴重，近年來大馬政府也想辦法遏制國內醫學系學生的數量，但專科醫生數量稀缺。

二〇二一年疫情期間，大馬發生了「合約醫生」為爭取正職而罷工的事件，譚詠康表示這反映了大馬的醫院勞動條件在惡化。相較之下，譚詠康認為也許留在臺灣發展會比較穩定，若真的要回去，也許在臺灣當到專科醫師再回國會相對簡單，然而尚需通過一些考核，如英國皇家醫學會的專科考試，才有在馬升任專科醫師的可能性。

不過，就算回去了，也還有族群、文化的問題需要克服。譚詠康提到，根據他身邊友人的經驗，不少從國外回大馬公立醫院體系服務的醫師，都面臨到種族歧視的問題，以至於無論要升專科或升主管，都比在原本就讀大學的國家（如臺灣、英國、新加坡）還要艱辛，最終有的人因意興闌珊而決定再離開大馬。此外，若是進入公立醫院體系的話，因身分屬公務員，可能會被指派到偏鄉醫院服務，悖離了返國為就近照顧家人的初衷，最終可能又選擇離開。

至於私立醫院方面，對於前幾年有臺灣媒體大幅報導，大馬的私立醫院挖角留臺的大馬醫師，根據幾位留臺大馬醫生的觀察，確實前幾年曾有這股風氣，當時大馬政府還提供免所得稅優惠、免稅進口兩臺車、外籍配偶可獲得永久居留權等優惠條件，但近幾年招募的人變少了，申請門檻也變得更高。

◆

我在臺灣觀察到一個特殊現象，也許基於醫師特殊的工作環境，相當接近病患的生離死別，見過不少人情冷暖，因此臺灣有許多醫師以文字傳達他們的人文關懷，如在網路上開粉專、在媒體專欄寫作，常受媒體採訪或上政論節目，傳達他們對生命的關懷，以及正確的醫療知識。

接下來要介紹六位留臺的大馬醫生作家，他們也透過文字發揮自身的影響力。

首先是本文已多次介紹的陳志金醫師，就是近幾年最為人所知的留臺大馬醫師作家了，他出版過兩本著作，包括《ＩＣＵ重症醫療現場：熱血暖醫陳志金 勇敢而發真心話》，以及《ＩＣＵ重症醫療現場２：用生命拚的生命》。

第二位是廖宏強醫師，他在一九八六年就讀臺大醫學系，目前是苗栗一家醫院的一般內科及急診醫學科專科醫師。廖宏強曾獲大馬重要的文學獎——「花蹤文學獎」的華文小說優秀獎，著有小說《被遺忘的武士》、《皮影》、《Ｙ教授》；散文《獨立公園的宣言》、《病患奇談，行醫妙事一籮筐》。

第三位是歐陽林，他在一九九〇年就讀臺大醫學系，一九九五年當實習醫生時出版了首部著作《青年醫生歐陽林——病人不要睡》。三年後城邦出版集團開拓大馬市場，歐陽林的名字也開始傳回大馬。至今歐陽林出版的書籍超過三十本，是在臺灣和大馬都有知名度的醫生作家。

第四位是擔任兒童心理學醫師的陳質采，她畢業於高雄醫學院醫學系，曾赴美修習兒童發展及蒙特梭利教學法，目前是臺灣兒童青少年精神醫學會理事長。陳質采著有《玩遊戲，解情緒——兒童ＥＱ學習手冊》、《與孩子談安全》、《在歡笑和淚水中成長》等著作，以及策畫與翻譯《我會愛》等繪本系列。

第五位是來自檳城的黃軒醫師，是胸腔暨重症專科專家，曾在慈濟醫院、中山醫學院等醫院服務多年，目前是中國醫藥大學附設醫院國際中心副主任。一九六四年出生的黃軒，一九八八年來臺就讀僑生先修部（二〇〇六年併入師大），隔年考上中國醫藥大學，並一路在臺灣獲得博士學位（中臺科技大學放射研究所），二〇一二年獲師大頒發第十二屆傑出校友。

黃軒從二〇〇九年至今共出版了四部書籍，主題多是圍繞他在醫院的病房故事與對生命的關懷，其中二〇〇九年的第一本著作《肺癌診治照顧指南》，更是臺灣第一本由醫生撰寫的對肺癌疾病的衛教書籍。二〇一六年還出版了教科書《內科胸腔鏡教學圖譜》。

除了專書外，黃軒也在大馬《星洲日報》、《光明日報》，臺灣《天下》、《康健》雜誌當專欄作家，分享他的醫療現場故事，以及宣導公共衛生與防疫的訊息。黃軒告訴我，他在大馬媒體上寫專欄已超過十年，這些年所獲得的稿費都捐給了檳城留臺校友會設立的獎貸學金，希望造福更多學弟妹來臺深造。除了造福學弟妹外，近年在新南向政策的效應下，黃軒受委擔任衛福部國合組醫療顧問，協助臺馬兩國在醫療產官學界的交流。

最後一位是本名張容嵻的張草，他算是留臺馬華醫生作家中的異類，相比前面幾位著作都與醫療現場有關，一九九八年臺大醫學系畢業的張草卻是寫奇幻小說。張草廿四歲在《皇冠》雜誌發表《雲空行》系列，曾以《北京滅亡》奪下第三屆「皇冠大眾小說獎」首獎，與後續作品《諸神滅亡》、《明日滅亡》構成「滅亡三部曲」。如今張草已回到家鄉沙巴開牙醫診所。

我相信臺灣不只有這六位大馬醫生作家，可能有被我遺漏的，也許未來還會有更多醫生作家，他們透過有溫度的文章，一定程度上也串起了臺灣與大馬華人社會的情感。

從跑單幫到評點配額制

臺大畢業的老吳回馬二十年，如今已是成功的企業家，但如果當年沒有被臺灣政府遣返的話，或許在臺灣也會功成名就吧。

二〇〇〇年十月，發生了轟動臺灣與大馬的社會案件，約四十名大馬人因透過「偽造文書」申請工作證而遭拘留，最終被臺灣政府驅逐出境，而老吳就是其中一人。

老吳是在九〇年代末臺大畢業，由於居留證有效期還有一年，因此他跟一般僑生多會在居留證快期滿時才回國，以在臺灣學習更多經驗與賺錢。當時臺灣官方對開放外國學生留臺工作的法規相當嚴格，畢業後必須回國，有了兩年相關工作經驗，才能再申請來臺。

不過老吳提到，相關留臺工作政策對不同行業有差別待遇，若是進入新聞出版業，只要新聞局通過就可留下來，這點我跟那年代留下來當記者的學長姊已確認無誤；理工科背景的，若是進入工研院工作，工研院點頭就沒問題了。而新聞出版、工研院以外的工作，都必須向經濟部投審會申請。老吳表示，當時大部分僑生心裡是不一定想留在臺灣的，多是想拿一兩年臺灣的業界經驗再回去，畢竟臺灣產業發展較大馬進步。

老吳大學畢業時，正是網路經濟正起步的年代，他進入一家電商公司工作，老闆也相當欣賞他，也喜歡僑生刻苦耐勞的工作態度，因此老闆希望老吳再想想辦法申請工作簽證吧。老吳記得，當時僑生圈子內得悉臺灣有兩位大馬籍仲介可協助外國人申請工作簽證，一位是負責中南部市場的陳先生，另一位是北部市場的周先生。

周先生跟老吳說，只要付六萬元臺幣，就能申請到合法的工作簽證，當時老吳不疑有他，而老闆也樂意支付這筆費用。最終老吳也順利獲得工作簽證，在公司工作了一年多，然而一切都在二〇〇〇年十月十二日結束。

老吳一直記得，被帶走的那一天，才距離雙十國慶煙火結束不久，沒想到國慶後兩天，就有大批警察來到公司，要求他交出護照檢查，老吳便意識到事情不妙了，應該跟工作簽證有關。當時老吳沒把護照帶出門，他上警車回住處取護照後，就被送到警政署外國人收容所，十天後被遣送回國。到了收容所後，老吳才感到安心，因為見到了更多「同是天涯淪落人」的同鄉，還有十多位印尼人，他們都是因找周姓仲介辦工作簽證而受牽連。

對於「偽造文書」這件事，老吳表示當年他們真的不曉得那位周姓仲介，會偽造他們畢業證書、在馬的工作記錄才申請到工作簽證，至少他是完全被蒙在鼓裡。老吳在收容所時，也見到那位周姓仲介被抓了進來。

由於這案件相當轟動，《星洲日報》、《南洋商報》連續三天頭條報導多名大馬人在臺灣被逮捕。事情發生後，老吳和其他大馬人有向大馬總會求助，而大馬的中華總商會會長也親自來臺解圍。當年《聯合報》報導，❽涉案的僑生有六十六人，他們被拘留後精神狀況不佳，而許多大馬僑生在專屬BBS站（大紅花的國度）熱烈討論這事件，並質疑僑委會不聞不問態度，讓涉案僑生們不知所措。時任大馬總會會長何錦財當時稱已設法求援，而大馬駐臺辦事處也已派人到收容中心了解案情，至於那僑委會，則因適逢週休二日而無回應。

老吳認為，最終他們之所以沒被起訴，可能是因為人真的太多了，最後官方只好以「逾期居留」為由，關了十天便將他們驅逐出境。不過這作法又衍生了一些問題，因為法官原定開庭審理他們案子，卻因官方已將他們遣返，他們在無法出庭的情況下，被法院列為「通緝犯」。

由於已被列入黑名單，當時被遣返後的老吳認為已無望再入境臺灣了，但身邊卻有一位同樣被遣返的朋友，為了臺灣女朋友，決定返臺「自首」，並被判刑一年。最終老吳這位朋友獲得緩刑，始終沒有入獄，也有情人終成眷屬，在臺灣結婚定居了。

大約在二〇一二年左右，老吳這位朋友為了結婚，向臺灣警方申請良民證時發現，竟然沒有他過去被通緝的案底記錄。因此當年這批被遣返的大馬僑生校友們也陸續發現，他們真的已被移除黑名單了。雖然不曉得發生什麼事，但對老吳來說就是好的結果，他說從二〇一二年開始，就「報復性」地多次來臺旅遊、出差，以彌補逝去的留臺時光與遺憾。

相比今日有看個人專業能力的「評點配額制」，早年僑外生畢業後留下來的工作門檻是相當高的。

以老吳的情況為例，當時官方依據的法規是一九九三年推出的《公民營事業聘僱外國專門性技術性工作人員暨僑外事業主管許可及管理辦法》第九條第三款規定：「外國人受聘僱在國內工作應具有下列資格之一：具相關科系之學士學位且曾任相關實際工作二年以上者。」

同時，僑外生們畢業後只能多留在臺灣一年，期滿後必須回國，在母國工作兩年後並取得相關工作證明文件，才可向當地的臺灣代表處辦理簽證，再向經濟部投審會申請工作簽證。

如無誤的話，這是一九九三年後才開始出現的情形。對於一九九三年之前的留臺工作方式，前文提到曾光華老師記得，那年代官方對允許外國人留在臺灣工作的法規相當模糊，許多人無法申請到工作簽證的情況下，只好以「跑單幫」的方式，簽證期滿前出境到香港，再重新入境臺灣。至於曾光華老師本身，則是大學畢業後到美國深造念研究所。

所謂「跑單幫」，是指一個人在甲乙兩地穿梭，將各自特有的商品帶到另一地販售以賺取價差。早年有的僑生為賺取生活費，會趁寒暑假，或因落地簽到期時，趁出境到香港的機會，將一些香港的商品帶到臺灣賣，以賺取生活費。

八〇年代成大畢業的徐先生，找到了一份在臺灣工廠的工作，由於雇主沒辦法幫他申請工作證，他只好每三個月出境到香港，而他當時沒相關門路，因此沒跑單幫，純粹在臺港兩地穿梭。

而像徐先生這樣固定一段時間出境到香港的僑生校友，抵港最重要的目的，就是向香港的臺灣經濟文化辦事處申請延長觀光簽證。由於往返次數太多，後來辦事處只給徐先生十四天有效期的簽證，以致他必須每兩週出境到香港。而當時香港政府還規定，旅客必須入境三天後，才能再次離境，所以徐先生必須在物價高昂的香港負擔好幾天的住宿成本，最終徐先生受不了如此折騰的生活，工作兩年後就決定返馬，數年後才因與臺灣女友結婚而再來臺。

事實上，像這樣跑單幫或多次出入境的情形，至少到二〇一四年，依然有大馬人這樣做。

二〇〇四年，陳水扁政府廢止必須畢業後返國兩年的管理辦法後，僑外生畢業後可直接申請工作簽證居留。然而，扁政府的新規定卻一定程度上更嚴格，官方要求雇主聘僱外國人的最低薪資為新臺幣四萬七千九百七十一元。這意味著，一個剛畢業的大馬人，若無法在臺灣找到底薪新臺幣四萬七千九百七十一元的工作的話，就只能含淚離開。除非是當醫師或工程師，否則對一般第一類組畢業的僑外生而言，根本難以留臺發展。所以許多人鋌而走險，以落地簽證的方式留在臺灣非法工作，以跑單幫的方式求生存。

我的母校是以傳播科系聞名的世新大學，許多廣電系畢業的同鄉學長姊，為了在臺灣追夢，而不斷地在技術性延畢，延畢年限用盡後再以跑單幫的方式在臺灣生存。他們也清楚知道，臺灣影視行業是無法給到大學新鮮人如此高的起薪。

我的大學學長阿輝，是自由接案的影視工作者，就算有工作室願意聘雇他，也無法提供如此高的起薪，只好不斷在臺港間穿梭。阿輝每當簽證快到期時，就出境到香港，下機後便直奔臺灣駐港辦事處申請簽證延長。起初辦事處批准阿輝的簽證延長九十天，後來降至六十天，最終辦事處以阿輝太頻繁出入境為由，就不讓他辦續簽了。

由於臺灣和大馬在民國一百年相互免簽了，可免簽入境臺灣三十天，阿輝只好每個月都到香港出入境一趟。直到數年前，阿輝成功在臺灣創業，開影像工作室，也獲得了永久居留權。

此外，那時期也不是每個想留下的人都會跑單幫，大家總會找到出路，其中一個非公開的祕密，就是有的臺灣公司肯做「假帳」。由於薪資門檻太高，許多小公司難以聘雇優秀的僑外生校友，有的學長姊會選擇跟公司「談判」，倘若資方真的求才若渴，也願意「幫忙」。所謂「假帳」，就是名目薪資會超過四萬七千九百七十一元，但實領可能只有三萬，那公司多付的勞健保費、扣稅之類的，就會由當事人再補回給公司。

無論是跑單幫，或做假帳，個人相信臺灣官方多多少少都知道，也意識到薪資門檻限制太高的問題，擔心鬆綁限制會招致國內輿論反彈，如批評「外國人搶本國人的飯碗」。幸運的是，馬政府第二任期內開始漸進式地鬆綁，如二〇一二年薪資門檻降低至三萬七千六百一十九元，儘管這薪資門檻對一類組畢業生來說還是偏高，但至少正往開放的道路上邁進。

最終在二〇一四年，馬政府刪除薪資門檻，推出施行至今的「評點配額制」，依照申請者的專業能力、語言能力、公司給予的薪資水平作評分，只要達到七十點便可申請到工作證。

不過，也並非毫無薪資門檻限制，例如聘雇薪資若為「每月平均新臺幣三萬一千五百二十元以上未達三萬五千元」可獲得十點，「每月平均新臺幣三萬五千元以上未達四萬元」可獲二十點，最高四十點是「每月平均新臺幣四萬七千九百七十一元以上」。

這限制可以理解，畢竟僑外生留臺生活的意願高，若資方抓住此心態來低薪聘雇，可能會造成外籍白領低薪化，以及排擠本勞的負面效應。值得注意的是，評點制只適用於從臺灣大專院校畢業的外國人，若是從他國大學畢業的話，如外派過來的外籍白領，還是得達到底薪四萬七千九百七十一元的門檻。

無論如何，評點制的出現，相比過去高薪資門檻的限制人性化多了，因此在評點制在二〇一四年推行後，成功留臺工作的大馬人越來越多，留臺大馬人的社群也比以往更活絡。

◆

馬來西亞是個移民社會，在各大城市、小鎮依舊能看到華人宗親會館，如廣東同鄉會、福州會館、福建會館等。那臺灣作為一個「海外大馬華人」重要的移民目的國，是否也有類似的組織呢？

畢竟大馬人來臺的歷史脈絡，主要還是先以學生身分居臺，畢業後才以工作、婚姻關係留下來，那大馬總會某種程度上也算是宗親組織了，尤其早年還有會所。

早在七〇年代末，大馬總會就在臺北市羅斯福路四段四十三巷十二之一號，租了一個老舊的日式房子當會所。一直到一九八八年底，搬到興隆路二段二二〇巷五十三弄十九號。據悉到了二〇〇〇年代就不再租會所了，至今亦然。

第一章提到，大馬總會在一九七三年成立，隔年因馬臺斷交而被迫由僑委會「輔導」至今。我在二〇一四年進入大馬總會當幹部時，當時的僑生處處長說了令我印象深刻的話，他說臺灣已有緬甸、泰國、寮國的華僑協會、校友會存在，但大馬始終都沒有類似的「僑團」，希望我以後能協助成立。當時我沒應允，也沒承諾什麼，心裡只覺得「僑委會也太誇張，就算我們要成立，也是要附屬於大馬駐臺代表處，而不是當僑委會的僑團」。

幸運的是，至今未出現自稱代表全體在臺大馬人，且附屬僑委會的「僑團」出現。當然，更重要的原因在於，也無有力人士在臺灣籌組非學生社團性質的「居臺大馬人」的社團法人組織。

而不以「代表」自居，但又幾乎凝聚全臺大馬人（含學生與社會人士）的非正式組織，則是臉書群組「Malaysians in Taiwan 馬來西亞人在臺灣」，簡稱「MIT」，創辦人就是來自馬六甲的 Isaac 楊冠義。

一九八九年出生的楊冠義是大我兩屆的學長，在評點配額制推出的二〇一四年，他是第一批透過這新制成功獲得工作居留證的大馬人，而且他還熱心地在個人部落格分享申請工作證的流程。當時我是大馬總會幹部，機緣巧合下閱讀了他那篇「攻略文」，加上當時同學會計畫到各大學辦如何透過評點配額制申請工作證的講座，就與他一拍即合地辦了許多場校園演講。

二〇一五年，楊冠義和一群留臺畢業的大馬、香港、澳門友人組織了「The Canaan Project 迦南計畫」的社群交流分享平臺，而MIT社團就是在這迦南計畫下成立的，同時還有另一社團「H&M」，意即「Hongkongese & Macanese in Taiwan」。「迦南」二字，顧名思義源自《聖經》，確實該計畫成員多來自教會，但協助楊冠義維護MIT日常營運的「班底」，並不一定是教友，主要還是一群熱心的大馬同鄉。

MIT社團營運至今已超過六年，已是全臺最大的大馬人網路社團，截止二〇二一年底已將近一萬九千人，這社團主要是供同鄉間分享留臺工作、證件申請、居留經驗、求職等資訊。後來隨著社團內有關販售自製大馬料理、大馬餐廳廣告的訊息量爆增，二〇一九年就新開了「M.I.T. Malaysian Food in Taiwan 馬來西亞美食在臺灣」的社團，人數也將近一萬兩千人。

未來MIT是否會發展成類似宗親會館的社團法人組織，或由其他大馬人推動，就拭目以待吧。至今之所以未有相關組織存在，依個人淺見，並不是大馬人不夠團結，而是也許臺灣的社會條件較適合我們融入。

回看華人下南洋的歷史，先輩們初到南洋各地時，因人生地不熟，而且不是當地主流族群，所以需要地緣性的宗親會館協助。對大馬華人而言，在「同文同種」的臺灣生活，就算沒有同鄉組織協助，也能活得下去，而且也能在各領域自我實現，至於虛擬的臉書、LINE等群組，扮演被動輔助的角色可能已足矣。

最後，關於在臺灣的大馬籍人數方面，根據臺灣教育部於二〇二〇年的官方統計，大專院校人數（含海青班）有一萬三千九百六十四人，屬高職的僑生技職專班有一百一十四人；至於在臺灣工作、婚姻依親的人數，目前只有二〇一九年的內政部統計，有九千八百六十七人。總人數至少二萬三千九百四十五人以上，加上尚未被統計在內的，至少有兩萬五千名大馬公民在臺灣。

此外，歷年來至少超過六百名大馬公民歸化中華民國，是統計上可能會被忽略的群體。根據內政部統計，一九九三年至二〇二〇年，成功歸化中華民國國籍的大馬人有五百九十二人，而且人數在二〇一七年起增加不少。箇中原因在於，官方在二〇一六年十二月修正「國籍法」後，外國高級專業人才可在免喪失原有國籍情形下申請歸化。

內政部統計顯示，二〇一五、二〇一六年取得歸化的大馬人分別有二十三人、三十四人，二〇一七年起都在四十人以上，最高峰是二〇一九年的六十九人。

本書多次提到，大馬實行單一國籍法，不允許國民擁有雙重國籍。不過，在居臺大馬人圈子中的非公開祕密是，部分成功歸化中華民國的人，依舊保有大馬國籍，或許大馬官方也是睜一隻眼，閉一隻眼。

對我而言，並不打算歸化中華民國，頂多是申請臺灣的永久居留權。對於其他人是否擁有雙重國籍，我也無權利對他人作道德批判，或苛責當事人是否愛國。無論如何，一個人若能夠在臺灣實現自我，不犯法添麻煩，就已算是對母國善盡好事了。

＊本章鳴謝羅志昌、馬貴才等留臺校友們，無私分享的生命故事與觀點。

---

❶ 沈長祿（一九八九年六月五日）。〈馬籍華僑亮刀劫財 司機乘客合力製伏〉，《聯合報》，十三版。

❷ 中央社（一九九〇年二月一日）。〈薪水護照被扣押 馬籍非法勞工在臺常遭欺壓!?馬國警方呼籲向我警察單位自首以取得臨時護照〉，《聯合報》，四版。

❸ 李淑慧（二〇〇四年十月十九日）。〈郭文德推升保險業形象〉，《經濟日報》，B4版。

❹ 李淑慧（二〇〇三年五月二十四日）。〈壽險教父行事低調〉，《經濟日報》，七版。

❺ 《Yes求職網》，二〇一四，〈【名人Talk】王品高端訓：去衝吧！不斷轉進，薪水自然來〉，https://www.yes123.com.tw/aboutwork_2020/article.asp?w_id=896，二〇二一年八月八日檢索。

❻ 《蘋果新聞網》，二〇一四，〈杏林春暖：穩定精神病友情緒 張明永 讓乩童入院收驚〉，https://tw.appledaily.com/headline/20140907/LSUPCFKYRMPT7I53TATMCWL7Z4/，二〇二一年十二月三十一日檢索。

❼《Heho健康》，二〇二〇，〈把病人當家人！顏宗海：當醫生不用太聰明，能夠耐心聆聽，就是好醫師〉，https://heho.com.tw/archives/86540，二〇二一年十二月三十一日檢索。

❽朱慶文（二〇〇〇年十月十六日）。〈涉案僑生好像孤兒 暫時被收容精神不佳 未見僑委會關切〉，《聯合報》，八版。

第八章 星馬餐廳在臺灣

以前在馬來西亞的時候，常聽到有句話叫「有海水的地方就有華人」，後來碩士班時期研究兩岸僑務政策，才知道還有句話「有海水的地方就有華人，有華人的地方就有中餐館」。此外，還有句意思相近的說法，如海外華人有「三把刀」，意指菜刀、剪刀、剃刀，分別代表華人移民到海外謀生的中餐、裁縫和理髮三個行業。

那麼，臺灣作為大馬華裔的重要移民國，自然也少不了大馬餐館，除了大馬華人的傳統料理，也少不了馬來與印度族群的料理，如椰漿飯、拉茶。而每一個在臺大馬餐廳的背後，都是一個移民故事。

過去我在《關鍵評論網》寫過數篇文章，探討星馬餐廳在臺灣的發展，不過隨著臺灣在二〇二一年中爆發COVID-19本土疫情，實施三級警戒，許多餐飲業者的生意大受影響，改變了大馬餐廳的版圖。接下來我除了梳理這些年大馬餐廳在臺灣的發展外，也會更新這些餐廳的近況。

同時，由於過去大馬、新加坡是一家，加上菜系相近，因此本章也會探討在臺的新加坡餐廳與大馬餐廳的競合關係。這裡要說聲抱歉的是，由於本人在臺灣的生活圈是以雙北為主，因此對臺北以外的星馬餐廳了解有限，若遺漏了一些值得一提的餐廳，請多見諒。

大稻埕的馬來亞餐廳與新加坡舞廳

臺灣中秋節給大馬華人的震撼教育，除了烤肉之外，大概就是月餅「長得不一樣」……

大馬華人所吃的月餅屬廣式，主要因為我們有許多廣東移民後裔，其中一家叫「錦綸泰」的廣式月餅，是家喻戶曉的品牌。第三章提到的馬華公會元老李孝式，就是這品牌的創辦人。一九〇〇年廣東出生的李孝式，曾是國民黨陸軍上校，廿四歲下南洋到馬來亞協助父親李季濂經營錫礦業，接著拓展匯兌的事業，創立「錦綸泰」商號，在一九七一年轉型為茶樓，才有「錦綸泰」這月餅品牌延續至今。

儘管生活在臺灣超過十年了，但我依然對臺式月餅興致缺缺，還是比較偏好廣式月餅，尤其沒有蛋黃，就單純的豆沙、蓮蓉月餅，當然大馬獨有的榴槤月餅也很棒。雖然臺灣也能找到廣式月餅，但對我而言，主觀上與大馬、香港的廣式月餅還是有差距，因此每年的中秋節，還是會請親友帶大馬的廣式月餅來臺。

一直到二〇二〇年，我無意中發現了大稻埕的「馬來亞餐廳」的名產居然是廣式月餅，才讓我進一步去探究這餐廳背後有什麼歷史？❶

◆

其實大學時期，在網路上搜尋臺北的星馬料理餐廳資訊時，就知道了馬來亞餐廳的存在，但仔細看各部落格對它的介紹，得知是粵菜餐廳，沒賣東南亞料理，加上價格偏高，就一直沒去光顧，也就忘了這餐廳存在。

直到後來數次騎機車經過長安西路，看到這外表古色古香的馬來亞餐廳，以及樓上是「新加坡舞廳」，就引起了我的興趣，究竟為何樓下是餐廳，樓上又是舞廳呢？由於網路上有關馬來亞餐廳、新加坡舞廳事蹟的文章並不多，因此花了一番功夫，才釐清了這兩個地方背後的故事，這一切要從來自於泉州出生的南洋華僑創辦人林玉質先生談起了。

根據馬來亞餐廳官網記載，該餐廳成立於一九五八年，是臺北第一間粵菜餐廳。根據各方文獻、舊新聞顯示，馬來亞餐廳確實是臺北頗負盛名的粵菜酒樓，是政商名流宴客之地，也見證了許多家庭的婚嫁喜宴，但官網對於創辦者為何人，並未著墨。

我在二〇二〇年八月底到馬來亞餐廳買月餅時，詢問了一位值班的女性職員是否認識創辦人。當時這位職員表示，由於餐廳經營權早已易手，因此她並不認識創辦人，但知道姓林，而且不久前才特地從新加坡撥打長途電話關心營運狀況，唯當時沒記錄林先生的聯繫方式。

經這位員工提醒創辦人姓林後，我最終查到了創辦人是林玉質，還有周來先生，他倆在六〇年代的國籍應是馬來西亞，至於林玉質先生最終是否已入籍新加坡，仍不得而知。可惜至截稿前，依然找不到他們。

幸運的是，我在網路上找到了《泉州人物庫》，這網站介紹林玉質一九二一年出生於福建省泉州市安溪赤嶺村，曾在家鄉當教師，接著在廈門經營鴻泰茶行，一九五〇年才下南洋到新加坡經商。

林玉質在新加坡的事業有成後，將資產轉移到馬來西亞，並在吉隆坡經營酒樓，以及在拿督周來旗下的周來建築有限公司出任公司董事總經理。據《泉州人物庫》介紹，當時周來建築有限公司解決了大馬的住屋荒，而成了商界聞人的林玉質，在一九七一年榮獲吉蘭丹州蘇丹頒賜的P-B動銜，隔年又獲吉州蘇丹封賜的拿督（D-J-M-K）榮銜。

林玉質的這移動軌跡與李孝式類似，但後者最終選擇從政，前者依然在商界發展，而且功成名就後還回饋鄉里。在一九五〇年代，林玉質與其他在南洋的老鄉共同捐資建造了安溪蘆汀大橋和蘆汀戲院，八〇年代募款捐贈興建赤嶺小學，接著九〇年代又募資捐贈藍溪中學興建初中（國中部）教學樓和高中教學樓，九〇年代末林玉質再捐資修建橋梁、醫院院舍和捐贈聯誼大廈等。

家庭方面，《泉州人物庫》記載林玉質有三個兒子，長子林昆明從英國大學建築系畢業後，曾任三家建築公司的董事長、一家實業公司的總經理；次子林仲明曾任美達橡膠公司總經理；三子林黎明英國倫敦大學土木工程系畢業，曾任香港源通集團董事長和香港安溪同鄉會會長。

◆

綜上所述，可見林玉質在大馬經商有成後，也熱衷於回饋家鄉安溪，至於他是否有在中國進行商業投資，目前未找到相關資訊，但對於臺灣的投資卻相當多元。

前文提到，林玉質在五〇年代回饋家鄉捐錢蓋橋和戲院後，一直到八〇年代才繼續回饋家鄉安溪，很可能是因為這時期中國發生文革，華僑、歸僑群體成了遭批鬥的對象。而在這時代背景下，林玉質於一九五八年在臺創立馬來亞餐廳後，六〇年代開始活躍於臺灣。《泉州人物庫》提到，林玉質在臺灣經營新加坡舞廳、馬來亞餐廳、新加坡保齡球館、富基纖維股份有限公司等，均自任董事長。值得注意的是，也許安溪同鄉的人脈網絡，可能是林玉質這外國華人成功在臺灣落地經商的助力，當時林玉質還延攬了臺北安溪同鄉會理事長林長青擔任餐廳和舞廳的總經理。

先說餐廳的歷史，之所以被命名為馬來亞餐廳，而非馬來西亞餐廳，乃因餐廳在一九五八年成立時，馬來西亞尚未成立，依然是版圖僅限於馬來半島馬來亞聯邦。

馬來亞餐廳原址是在西門町的西寧南路五洲大樓一樓，而新加坡舞廳（舊時稱「新嘉坡舞廳」）

在同棟六樓。馬來亞餐廳和新加坡舞廳是在一九六八年底遷至長安西路的現址，馬來亞餐廳除了以粵菜聞名外，其鐵盒裝的廣式月餅更是招牌產品。

當年林玉質為讓臺灣消費者吃到不輸香港廣式月餅的味道，而特地從香港聘請了糕餅師傅來臺製作月餅。《非凡新聞》曾報導，[2]馬來亞餐廳的金腿伍仁月餅也受到宋美齡、林青霞的喜愛，而被林玉質聘請來臺的香港師傅，是曾任香港文華酒店中式糕點主廚的李宗耀。

至於富基纖維股份有限公司和新加坡保齡球館，相關資訊並不多。根據臺灣公司網的記錄，富基纖維已停業，而前面提到的前臺北安溪同鄉會理事長林長青曾任監察人。至於新加坡保齡球館，嘉義朴子市曾有家同名的保齡球館，大約在一九九四年創立，二〇一〇年歇業了，創辦人是否為林玉質先生，目前無法求證。

◆

從過去媒體的報導，可以想像林玉質在臺灣政商人脈的經營能力相當了得。

一九六三年九月颱風葛樂禮侵臺，當時《聯合報》報導，周來與林玉質舉行義賣以響應救濟災民運動，將義賣當日的營業收入捐作救災之用；一九七五年四月五日，蔣介石去世，接著國民黨當局推動蓋中正紀念堂，同年九月林玉質向僑委會捐款新臺幣二十萬元，作為興建中正紀念堂及慰勞三軍將士之用；三年後美國與中華民國斷交，民間「自動發起」了「自強救國基金捐獻運動」，林玉質再次向僑委會捐獻新臺幣二十萬元。

雖然這些事蹟已被後人遺忘，但馬來亞餐廳還有個顯眼的痕跡能說明當時林玉質的政商關係，那就是餐廳的牌匾。儘管經歷歲月的洗禮，但仍可清楚地辨識出馬來亞餐廳的牌匾是由黃杰所題字。黃杰何人也？黃杰曾任前陸軍總司令、總統府參軍長、臺灣警備總司令，而這牌匾是在丙午年（一九六六）所立，當時黃杰已是臺灣省政府主席。

由此可見，在當時的時代背景下，對國民黨當局而言，民國時期出生於安溪的林玉質，可謂是愛國華僑。

二〇一九年，九十八歲的林玉質將經營權脫手予臺灣新上享餐飲團隊，當時他已回到新加坡安享晚年。

◆

在新加坡舞廳的經營方面，根據臺灣文史工作者陳煒智的研究，舞廳遷址後，不但增設了舞女宿舍，一樓也增設保齡球道，舞場大廳則設於二樓，重新開幕之初號稱有兩百多名伴舞小姐。《中時新聞網》曾報導，❸作為臺北市最大的舞廳，新加坡舞廳最輝煌時，旗下舞小姐超過六百名，每天上班的小姐至少四百人，三百坪的大舞池可讓三百人同時跳舞，鳳飛飛出道前也在此駐唱。

《ETtoday房產雲》在二〇二〇年報導，❸依照實價登錄揭露，馬來亞餐廳和新加坡舞廳的總坪數七百一十八坪，占地近四百坪，這筆土地在同年一月以總價新臺幣十一．五七九七億元轉售給「樺固實業股份有限公司」，而該公司是迪化街一家經營紡織、化妝品、五金及百貨批發的貿易商。報導指出，馬來亞餐廳的許姓負責人表示，由於新加坡舞廳的租約仍有效，因此近五年內應不會改建。

隨著時代的發展，不同世代娛樂消費習慣的改變，年輕人不再上門的影響下，新加坡舞廳一度在二〇一六年結束營業。如今新加坡舞廳仍在營業，而負責人是天道盟前盟主蔡萬來。至於另一家在濟南路二段十一號的華僑大舞廳，已在二〇二一年歇業，關於這舞廳的故事，仍無法找到相關資料，只知道它在八〇年代是紅極一時的舞廳。

馬來亞餐廳和新加坡舞廳，屹立在長安西路已超過半世紀，無論未來這兩個具有標誌性意義的場所是否還在，本人希望有朝一日它們會被列為古蹟吧，讓後人見到過去南洋華人與臺灣連結的存在。

臺北最早與最久的大馬餐廳

大稻埕的馬來亞餐廳，是在臺灣第一個名字上以馬來亞為名的中餐廳，儘管沒賣大馬料理，那麼真正意義上的大馬餐廳，又是哪一家呢？

我問了許多六〇至八〇年代早期在臺灣留學的學長姊，他們多沒印象有什麼大馬餐廳在臺灣。我想這背後的原因在於，由於大馬人始終沒有在臺灣形成大規模的移民潮，相比其他東南亞國家移民有的是透過婚姻仲介、逃避戰亂而來臺，多因留學而與臺灣人結婚的大馬人，人數上就顯得單薄，以至於大馬餐廳多年來在臺灣的存在感較低。

目前能找到「最早」的大馬餐廳，是九〇年代才出現，也許它們不一定是最早的，但還是值得書寫進來。以下觀察主要以臺北為主，視角難免受限，請讀者包涵。

目前臺灣，抑或在臺北現存最久的大馬餐廳是哪一家呢？在說答案前，先說開業最久的吧，答案就是曾在師大夜市開業多年的「正宗馬來西亞咖哩雞」。❺

記得二〇一〇年剛到臺灣時，臺北的馬來西亞餐廳並不多。初到臺北，必定先到熱鬧的師大夜市觀光，那就有機會遇見「正宗馬來西亞咖哩雞」，因為這家餐廳有非常醒目的招牌。後來，有留意到身邊朋友跟我一樣，在臺北所光顧的第一家大馬餐廳，就是「正宗馬來西亞咖哩雞」。

我最後一次去光顧，是在二〇二〇年十月，當時聽說餐廳將歇業了。老闆是一位臺灣阿姨，她說餐廳是從一九九一年開始營業，她先生是東馬沙巴人，已過世多年。由於她年紀也大，決定到美國與孩子住，所以才決定停業，如果之後不習慣美國生活的話，也許會再回來繼續開店。

也許這麼多年來，阿姨經營的不是店，而是與大馬的牽絆，她說許多大馬學生不捨得她把店收掉。一位老學長跟我提到，大概九〇年代至二〇一〇年之前，老闆娘是在師大宿舍後面的街上擺攤，後來就搬到了泰順街廿六巷五十三號二樓，如今外牆還能看到相關裝潢。一位九〇年代初在臺北求學的學長記得，在那大馬餐廳不多的年代，秋冬時，「正宗馬來西亞咖哩雞」可以說是他們為鄉愁取暖的地方。

關於「正宗馬來西亞咖哩雞」確切的開張年份，儘管阿姨稱大概是在一九九一年，但也有留臺的同鄉長輩依稀記得，他們似乎早在一九八九年就去光顧了。無論如何，可以確定至少在二〇二〇年十一月之前，「正宗馬來西亞咖哩雞」就是臺北現存最久的大馬餐廳，甚至可以說是全臺最久的。

那排在「正宗馬來西亞咖哩雞」之後，現存開業時間最久的大馬餐廳，就是位於捷運南京復興站附近的「妞呀小廚」了。

「妞呀小廚」創立於二〇〇〇年，它和許多在臺灣的大馬餐廳一樣，是由臺馬跨國婚姻夫妻共同經營的。「妞呀小廚」中的「妞呀」是源自於馬來語「Nyonya」，也就是常聽到的「娘惹」，而「峇峇娘惹」一詞的意思是指華人移民與土著通婚後而形成的族群。而「妞呀小廚」老闆Mimi是來自馬六甲，她家族就有「峇峇娘惹」血統。

雖然「妞呀小廚」開業以來都沒搬遷過，但因為店址不靠近大學，因此其知名度在臺北的大馬旅臺生圈子不算高，之所以能撐到現在，除價格不貴外，很大原因是臨近捷運南京復興站，這帶龐大的上班族群撐起了他們的生意。幸運的是，COVID-19疫情並沒有擊垮他們。

二〇〇一後曙光乍現的十年

根據個人這些年的「田野食查」，也許在「妞呀小廚」出現以前，除師大夜市的「正宗馬來西亞咖哩雞」外，整個臺北的大馬餐廳版圖是一片空白。

我來臺灣的時間點算幸運的，這十多年隨著社交媒體網站興起，臺灣開始流行書寫部落格，為讀者們留下了大馬餐廳的記錄，同時智慧型手機的出現讓更多人可用關鍵字，透過地圖按圖索驥，才讓更多大馬餐廳得以被發掘。

繼正宗馬來西亞咖哩雞、妞呀小廚後出現的，有二〇〇四年成立的「SAYANG沙洋馬來西亞精緻料理」和「私房麵」。「SAYANG沙洋馬來西亞精緻料理」店址在臺北車站附近的館前路，大約在二〇一〇年左右結束營運了，

至於「私房麵」，雖然外表看似臺灣餐廳，但菜單卻有賣海南雞飯、叻沙等料理的餐廳，「私房麵」位於政大商圈，據悉老闆早年曾移民馬來西亞。此外，另一家也在政大商圈的「呷麵騎士」，大約在二〇一一年開業至今，外表也看似臺灣餐廳，但菜單相當多元，有肉骨茶、東坡肉、獅子頭……因為來自大馬的老闆，曾在臺灣福華飯店當主廚。

接著是二〇〇六年在和平東路二段開業的「魚尾獅星馬料理」，同年開業的還有位於政大商圈的「波波恰恰」。前者最終在二〇一三年七月歇業了，現址就是「西藏廚房」，而後者曾在中國科技大學附近開分店，但目前只剩政大創始店還營業著，這家餐廳起初是由臺灣老闆和一位大馬人所創的。

接著是「小檳城」，也許因為大馬檳城有很多臺商的關係吧，也是熱門旅遊目的地，因此臺灣民眾對檳城二字相當熟悉，所以臺灣最多同名的大馬餐廳，就是「小檳城」，只是老闆不一定是檳城人。

二〇〇八年成立的「小檳城南洋茶餐廳」，也許就是第一個「小檳城」，這是由旅居臺灣多年的大馬藝人林美貞女士所創立的。幸運地，我曾在二〇二〇年一月有幸電話訪問了林美貞女士。林美貞大約在二〇〇五年左右，在臺北市市民大道、敦化一帶開了一家已忘了招牌名字的大馬餐廳，接著才與友人合夥開了小檳城南洋茶餐廳和長江白咖啡餐廳。

不過根據網路上的資訊，有關這兩家餐廳最早的部落格美食文章可追溯至二〇〇八年，而「最新」的文章則在二〇一一年。後來林美貞因生涯另有規畫，只參與這兩家餐廳的初期經營後就退出了。爾後小檳城共開了三家店，長江白咖啡則是四家，兩家餐廳的價位屬中高，曾在臺北車站美食廣場等黃金地段營業，不過大約在二〇一一年左右結束營業了。

至於其他的「小檳城」，還有約於二〇一五年在花蓮成立的「小檳城特色南洋麵食」、二〇一七年在新北市南勢角開業的「小檳城食堂」。其中小檳城食堂的老闆和我一樣是來自霹靂州，他多年前到澳洲打工度假認識了臺灣女友，所以才因婚姻關係移民來臺，由於他曾在家鄉跟親戚學做燒臘，才得以在臺灣創業。

最後，其他在二〇一一年左右結束營業的臺北市大馬餐廳，包括位於國父紀念館附近的蕉葉正宗馬來西亞料理、臺北醫學大學附近的「大紅花新馬小廚」等。新北市方面，有二〇〇七年在永和創立的「南洋嘛嘛檔」，據悉只營業了一年。

二〇一一年後潮起潮落的十年

民國一百年三月十八日，大馬成為第一百個給予臺灣免簽入境的國家，再加上亞洲航空、捷星航空等廉航興起的熱潮下，臺灣旅客更方便地進入大馬、新加坡等東南亞國家旅行，也得以讓星馬料理被臺灣看到。與此同時，大馬旅臺生人數從二〇一一年的八千二百三十五人，到二〇一四年攀升至一萬三千二百八十六人，這意味著臺灣的大馬餐廳潛在消費客群增加了。

回頭看那些在二〇一一年左右結束營業的大馬餐廳，假如他們多撐幾年的話，也許今日的星馬餐廳版圖會不一樣吧。

而接下來這一家，就是在二〇一一年開業，如今已跨越十年的「馬六甲馬來西亞風味館」（以下簡稱「馬六甲餐廳」)，創辦人就是上一章出現的群聯電子創辦人潘健成。

我曾在二〇一一年暑假在新竹的馬六甲餐廳創始店訪問潘健成先生，至今依然記得他當時相當自信地說，他不希望臺灣朋友吃辣時只想到泰國，吃海南雞飯、肉骨茶時只想到新加坡，為了推廣家鄉美食，以及讓來訪的海外客戶不是只能吃臺菜，就乾脆投資創辦了馬六甲餐廳，接著二〇一七年在臺北市開信義安和分店，但該店兩年後結束營運。

同樣在二〇一一年，還有一家與馬六甲餐廳一樣，走高價位路線的大馬餐廳在臺北東區成立，那就是「皇室娘惹」(Nyonya Imperial)。皇室娘惹是由大馬商人拿督葉紹全的易健集團引進的，當時在大馬有五家分店，臺北店是首家海外分店。馬來西亞商業及工業協會（臺灣）在同年成立時，就是在皇室娘惹舉行開幕典禮。可惜的是，皇室娘惹經營數年後就歇業了。

此外，同年成立的還有國父紀念館附近的「Pappamia帕帕咪婭馬來西亞白咖啡餐廳」和位於福隆的「南洋風味咖哩」。前者屬中等價位，但該店大約於二〇一四年結業了，而後者的創辦人是一名在臺灣成家立業多年的檳城人，該店位於福隆海灘附近，目前還營業著，從地理位置來看，可以說是臺灣最東邊的大馬餐廳了。

礙於資訊有限，二〇一三年似乎沒有大馬餐廳在雙北市開業，也有可能是曇花一現或我沒去過，但二〇一四年出現了兩家蠻有名的餐廳。那就是「馬來風光餐廳」和「池先生kopitiam」。

先說馬來風光餐廳，它位於捷運象山站附近，其特色在於相比其他大馬餐廳多是個人單點，它主要提供合菜式料理，也因此單價較高，但也是在臺大馬僑民多人聚餐時的好去處。有趣的是，老闆顏素冠是曾在大馬生活超過十年的臺灣人，她因為想念大馬美食而在返臺後創業。馬來風光餐廳與馬六甲餐廳一樣，都是重金聘請大馬師傅來臺掌廚的，可惜後來餐廳因都更的關係，在二〇一八年安然歇業了。

◆

臺灣作家王瑞閔曾在其著作《舌尖上的東協——東南亞美食與蔬果植物誌》提到，公館是聚集多國東南亞料理的美食街。不過書中提到的只是泰、緬、越、印尼等料理，少了星馬料理，而且多聚焦在汀州路上的公館商圈，我認為應把範圍擴大至廣義上的臺大商圈，即包括臺大學生所熟悉的辛亥路後門一一八巷美食街。

由於臺大商圈的輻射範圍還包括鄰近的臺科大、師大、國立臺北教育大學，甚至景美的世新大學，這幾所大學都有許多大馬旅臺生，穩定的大馬旅臺生消費群，讓臺大商圈成了大馬餐廳的一級戰場。截至二〇二一年十二月，臺大商圈有七家大馬餐廳。

首先，臺大商圈營業最久的大馬餐廳，就是二〇一一年在一一八巷開業的「憶馬當鮮」，老闆娘來自大馬。而鄰近一一八巷的「正香馬來西亞餐室」（原名「正香海南雞飯」），則是在二〇一五年秋季開業，老闆葉先生來自砂拉越，他曾是臺灣 W Hotel 燒臘副主廚，與憶馬當鮮一樣，都是因為馬臺婚姻而留下來創業。

至於可以說是臺北知名度最高的「池先生kopitiam」，其實在二〇一四年創業時，並非在臺大商圈開業，而是在創辦人池家瑋母校輔仁大學後面的輔大夜市。有關池家瑋的創業故事，已有許多媒體報導過，在此再次簡單介紹，池家瑋輔大畢業後曾當護理師一段日子，後來決定在輔大夜市租攤位賣大馬咖哩飯，同時開小貨車到雙北各處定點販售便當，直至生意量與知名度提升後，便決定於二〇一五年擴大事業版圖。❻

◆

上一章提到，臺灣政府在二〇一四年實施「評點配額制度」，此政策讓更多在臺外國留學生畢業後更容易留臺工作。這意味著，更多大馬旅臺生在脫離經濟能力有限的學生族，成為能經濟獨立的受薪階級後，消費力的提升，得以進一步刺激大馬餐廳在臺灣遍地開花。

而池先生在這大環境下，跟對了潮流，二〇一五年在一一八巷插旗開第一家店面（大安店），後來搬遷至旁邊的復興南路。同年，正香馬來西亞餐室開業，這意味著在憶馬當鮮、池先生、正香在臺大後門一帶三足鼎立。

二〇一七年，池家瑋在公館商圈開了分店，二〇二二年在士林區芝山展第三家門市。後來，池家瑋姊姊池雪麗也來臺，二〇二〇年推出主打沙嗲火鍋的新品牌「吧生仔碌碌」，店址就在池先生公館店對面。

接著在疫情下的二〇二一年十月，池雪麗在公館商圈開了專賣大馬食品與小吃的「OH! MY馬來西亞迷你市場」，也應該是全臺第一家大馬商店。（按：池先生三間店與「吧生仔碌碌＋迷你市場」為不同的事業個體，並非相互隸屬的分店。）

根據個人粗淺的「田野食查」，臺灣之所以有許多越南、印尼等東南亞餐廳能經營，是因為各縣市都有越南、印尼商店網絡作為支撐，省去了各餐廳進貨成本的困擾，而「OH! MY馬來西亞迷你市場」也扮演了這角色，有售賣各種大馬國產的醬料包、食材、飲料、冷凍榴槤，而且也有提供網購運送到各縣市的服務。

據我所知，由於「OH! MY馬來西亞迷你市場」也有代理進口大馬某些品牌的醬油，確實也有在臺的大馬餐廳跟他們進貨，如果未來這銷售體系更完整與規模化，也許會進一步刺激大馬人在臺灣創業開餐廳吧。

◆

大馬餐廳的創業者背景，還是以婚姻移民關係為主。其他在二〇一五年後成立，同時因馬臺婚姻關係而在雙北開店的，還有「星馬快餐」（在臺北東區和新莊有分店，曾在西門町展店）、中和區的「黃記海南雞」（二〇二〇年搬到高雄）、南勢角的「小檳城食堂」、新莊的「餓餓食堂」、汐止的「文昌記」與「老黃記」等……

另一家蠻有故事的餐廳，是高雄的「Sayang-Sayang東南亞創意料理」，也是因馬臺婚姻的關係而誕生的。Sayang-Sayang在馬來語就是疼愛的意思，餐廳創辦人吳佳真Wendy的母親趙苒芳是檳城華人，父親是臺南人。由於父親在Wendy不到一歲的時候過世，因此Wendy自小和母親相依為命。趙苒芳女士在吉打州開了「明真珠餐館」，而Wendy也在這裡幫忙，後來Wendy選擇來臺讀大學，畢業一段時間後，母女倆選擇落腳高雄，二〇一七年在這港都共同經營餐廳。

其他縣市方面，也是二〇一五年後開業的，臺中的有「老王去野餐」、「新馬小廚」，花蓮有「七飽飽馬來西亞料理」……接下來就不逐一列舉了，因為其他縣市也有不少我還未發掘到的餐廳，無法完全掌握是否還營業，畢竟其他縣市的消費人口規模、市場接受度未必比北部來得高，有一定的經營壓力，這幾年有見過不少中南部的大馬餐廳經營不到一兩年就歇業的。若遺漏了讀者關注的大馬餐廳，請多見諒。

◆

一般因婚姻開大馬餐廳的，多有生計考量，那除了婚姻關係而開餐廳，或投資餐廳的，就屬大馬藝人開店最受矚目了。除前文提到林美貞開過的長江白咖啡、小檳城南洋茶餐廳外，二〇一五年後也出現了兩家由大馬藝人創立的家鄉味餐廳。

首先是來自大馬砂拉越的藝人艾成，他於二〇一五年在西門町創立「艾叻沙」，主打其家鄉口味的砂拉越叻沙，在臺北市慶城街也有分店。不過受到疫情的影響，二〇二一年底結束收掉了西門町創始店，只剩下臺北慶城店與竹東的「艾記海南雞飯」。

另一位藝人，是大馬歌手車志立二〇一九年在臺北東區成立的「湖裡有魚」，主打魚頭米粉。後來據悉他退出經營，該店也在隔年底歇業了。

此外，臺北還有幾家特色鮮明的大馬餐廳，至今還在營業，如獲清真認證的「Malaysia Kitchen in Taiwan 大馬廚房」，走素食路線的「PO LAM Kopitiam 寶林咖啡館」、「謙益豐商行」、「南洋蔬食小棧」。

值得一提的是，大馬廚房不僅是全臺第一家獲臺灣「中國回教協會」清真認證的大馬餐廳，也是由馬來穆斯林開的餐廳，而創辦人就是艾帝寶（Adibah）。由於大馬旅臺生學生絕大多數是華裔，馬來裔是少數，而會留在臺灣開餐廳的馬來人，艾帝寶可說是第一位。

二〇一六年，艾帝寶到文化大學推廣部學中文，因為喜歡臺北宜居、治安良好的生活，再加上臺灣官方積極推行新南向政策，讓小時候跟祖母、母親學馬來料理的艾帝寶決定以創業的方式留在臺灣。

由於臺北的清真餐廳多是印尼、印度、巴基斯坦的穆斯林開的，因此中國回教協會也相當樂見多了馬來餐廳料理。而艾帝寶也確實找到了利基市場，除了同鄉會來光顧外，也有許多印尼顧客上門，也不時獲得穆斯林團體活動的清真外燴訂單。

艾帝寶先是二〇一八年在大安站附近創辦「Mooka」，後來因成本考量而在隔年關閉。接著艾帝寶決定將店面規模縮小，二〇二〇年在師大夜市商圈推出新品牌「Malaysia Kitchen in Taiwan 大馬廚房」，主打外送廚房，但由於內用空間太小，隔年艾帝寶決定再搬遷，如今落腳於捷運科技大樓站對面，由於鄰近辛亥路二一八巷，因此也算是在臺大商圈的邊緣吧。

◆

本章提到大馬餐廳主要是由大馬人所創立的，但其實近年也開始有臺灣資本的投入。

首先是臺灣的欣葉國際餐飲集團，欣葉在二〇一五年引進了大馬知名連鎖餐飲品牌「Papparich 金爸爸」。根據官網的介紹，如今金爸爸分別在臺北市和臺中市各有兩家分店，而在大馬本土已有超過一百家分店，在澳洲、汶萊、柬埔寨、新加坡、印尼、中國、美國、紐西蘭、斯里蘭卡和韓國也能見到Papparich的蹤影。

另一家被引入臺灣的大馬品牌，則是二〇〇六年在大馬成立的「板麵」連鎖店「面對面 Face to Face Noodle House」。板麵是一種大馬華人的傳統麵食，而來自臺灣的黃柏學因緣際會認識了「面對面」創辦人吳國強，因此在二〇一九年合夥將這品牌引入臺灣，也是「面對面」在海外的首家分店。

最後一家要介紹的重量級臺灣資本，就是聯發國際餐飲集團，該集團旗下就有臺灣手搖飲料品牌「歇腳亭 sharetea」，大馬餐廳則有「Mamak檔」星馬料理和「甘榜馳名海南雞飯」。其中「Mamak檔」星馬料理的主廚Anand是大馬的印度裔。

也許很多人已忘了，聯發國際餐飲集團董事長鄭凱隆曾在二〇一五年九月，斥資新臺幣三億元在新店安坑開了面積達四千坪的「九十九回天天夜市」。「九十九回天天夜市」主打南洋風，有許多販售東南亞料理的攤販入駐，但好景不常，這夜市在隔年六月就歇業了。不過聯發國際餐飲集團很快在二〇一六年初，在臺北東區推出新品牌「Mamak檔」星馬料理，同年底甘榜馳名海南雞飯在中山站附近開業。

至於其他臺灣人開的大馬餐廳，有二〇一八年創立的「瘦仔林叻沙」，以及在臺北有二家門市的「MB WHITE COFFEE」，後者大約在二〇一二年左右創立的，而且其天母店前身就是長江白咖啡的分店，兩者是否有承續關係，仍不得而知。

肉骨茶「江湖」

「九十九回天天夜市」歇業後，除了有「Mamak檔」星馬料理及「甘榜馳名海南雞飯」的誕生，也意外讓一家知名的肉骨茶餐廳在臺灣立足，那就是「萬得富爸爸肉骨茶王中王」（以下簡稱「萬得富肉骨茶」)。

萬得富肉骨茶老闆李志權來臺前，就已在吉隆坡經營肉骨茶餐廳多年，後來受邀到「九十九回天天夜市」開業。夜市結束營運後，起初李志權先回大馬，但隨著孩子娶了臺灣太太，因此再舉家來臺，二〇一六年七月在新北市板橋新埔開業至今。四年後，李志權女兒在桃園中壢開分店，就叫「富爸爸馬來西亞料理」。

◆

在臺灣的大馬人，每個人心中對不同的大馬餐廳都各有排名，而個人認為最好吃的肉骨茶餐廳就是萬得富肉骨茶，我想這點應該也蠻多旅臺大馬人是認同的。而且老闆李志權也和我一樣都是怡保人，只是他後來到吉隆坡生活。

不過，讓我到臺灣後，第一個印象最深刻且難以忘懷的肉骨茶餐廳，其實是在臺中的「新萬利肉骨茶」。新萬利肉骨茶本身在吉隆坡就是名店，是在二〇一一年到臺中展店，但在二〇一四年左右就停業了，而我有幸光顧過一次。

如今在臺中還有一家名分店，那就是來自怡保的「順利肉骨茶」。臺中的「順利肉骨茶」二〇一八年成立，但屬於授權製造專賣食品的工廠，主要提供肉骨茶料理包網購服務，而真正提供內用的餐廳，據悉會在二〇二二年於臺中創辦「安哥劉茶餐室」。

這裡要特別說明的是，大馬和新加坡的肉骨茶有很大的差別，如大馬的肉骨茶可分為福建派與廣東派，但兩者都是中藥為湯底，湯色較黝黑，屬「黑派」，而新加坡肉骨茶屬潮州派，以胡椒、蒜頭為湯底，因湯色較淺而屬「白派」。

根據個人粗淺的「田野食查」，若餐廳名字有「星馬」二字的話，那老闆應該不會是新加坡人，而是大馬人，因為他們相當清楚臺灣消費者對新加坡的品牌認知度較高，所以才會放「星馬」。所以會有個有趣的現象，臺灣的「星馬餐廳」若有賣肉骨茶的話，十之八九只有賣黑派的大馬肉骨茶。

不過，隨著近年臺灣餐飲集團引進新加坡當地的肉骨茶品牌，如松發、發起人、黃亞細，也許未來臺灣消費者能更分得清楚星馬肉骨茶的差異吧。

◆

其實，除了由大馬廚師烹煮肉骨茶外，也有不少臺灣的肉骨茶餐廳，是臺灣人向大馬師傅學藝後創業的，之所以有這個現象，也許是臺灣本身就有藥膳排骨湯等料理，因此對肉骨茶接受度較高吧，甚至某臺灣品牌也有推出肉骨茶泡麵多年，唯旅臺大馬人對這產品接受度不高。

首先是二〇一五年，發跡於高雄光華夜市的「拿督肉骨茶」，其創辦人是到肉骨茶發源地——西馬雪蘭莪州巴生（Klang）學藝的，返臺後在各縣市展店，但目前僅有臺北三重店營業。同樣是到巴生拜師的，有二〇二〇年在公館夜市開業的「臺灣ＫＫ肉骨茶」，不過隔年本土COVID-19疫情爆發後，已宣布暫停營業。同年底在臺北臨江夜市、師大夜市開業的「寶煲肉骨茶」，據悉臺灣老闆也是向大馬師傅學藝的。

此外，「池先生」創辦人池家瑋、「吧生仔碌碌」創辦人池雪麗的家鄉就在巴生，店內也有賣肉骨茶。

至於其他也是到大馬拜師學藝的臺灣人所開的大馬餐廳，本人所知的有二〇一八年在臺北開業的「大馬香咖哩煲」（已於二〇一九年停業），以及同年在高雄開業至今的「金鰲蝦麵店」。相信還有更多店家值得我去發掘。

◆

最後，在臺大馬餐廳的存在，除了滿足同鄉們的口腹之慾外，還是許多大馬旅臺生打工的地方，是他們重要的經濟來源。

二〇二一年五月臺灣爆發本土疫情後，有的大馬餐廳暫時關閉，或是縮短營業時間，都影響了大馬工讀生的收入。希望這些受影響大馬餐廳，能早日回到正軌。

另一方面，疫情也給臺灣的大馬餐飲界帶來一些改變，最明顯的，就是網購經濟的興起。例如，網路上有個「M.I.T. Malaysian Food in Taiwan 馬來西亞美食在臺灣」的臉書群組，有一萬多人。疫情爆發前，已有許多人在群組發文，販賣自家賣的大馬食品、醬料、糕點，而疫情爆發後，更多人投入網路販售，也算是在臺大馬餐廳的另一類型競爭同業。

其中一個最特別的例子，就是有人在群組賣燒包。燒包是大馬華人特有的點心，有點像是港點中的「叉燒酥」，而來自霹靂州金寶的徐宗清先生，就是透過網路販售自家製作的燒包，由於燒包的製作相當費功夫，徐先生製作的燒包也沒讓同鄉失望，因此相當受歡迎。

徐宗清先生是七〇年代就讀成大化工系的留臺生，畢業後留臺發展，娶了臺灣太太一度返馬生活，後來為了孩子的教育而回臺定居。徐先生因緣際會下，在臺北的一個香港燒臘餐廳工作，數年前香港師傅離開後便接下店鋪，但沒想到COVID-19疫情爆發，生意一落千丈，才黯然停業。最早徐先生在女兒的鼓勵下，才決定在網路販售他以前在大馬學習製作的燒包，沒想到會大受好評。

也許，未來會有更多大馬人在網路創業，儘管沒有資本開餐廳，也能在網路上販售家傳美食料理，讓更多人看到大馬美食。此外，過去許多住臺北以外的大馬人，難免會抱怨怎麼好吃的大馬餐廳都在臺北，網購也改變了各縣市大馬人與鄉愁的距離。

臺灣的新加坡餐廳

談了許多大馬餐廳，接下來談談跟大馬料理關係剪不斷、理還亂的新加坡餐廳吧。❼

根據個人的研究，確實新加坡餐廳在臺灣的發展比大馬餐廳還早，這背後的因素，終究還是與國家的品牌形象有關，對許多臺灣人而言，新加坡是東南亞最先進的國家，因此早年推廣新加坡菜還是比大馬菜容易。不過值得玩味的是，臺灣的第一家新加坡餐廳，卻是由大馬人經營的。

一九七三年十一月十七日，又是跟我同鄉、同高中的怡保人符氣克，在臺北開了一家賣新加坡海南雞飯的「瑞記餐廳」。沒錯，就是新加坡有名的瑞記，如今在臺北也有好幾家「瑞記海南雞飯」，但兩者並無關係，詳細原因後面再說。

符氣克是大馬文化人，當年臺北還沒有任何新馬料理餐廳，他和友人注意到有的臺灣藝人相當喜歡新加坡的海南雞飯、肉骨茶，因此決定在臺北開瑞記餐廳，這也是新加坡瑞記在海外的首家同名店。當年臺北瑞記就在中華路一段廿九之二號，位於西門町第一百貨附近，而一九六九年開業的第一百貨，也是臺北市第一家有電扶梯的場所。

瑞記餐廳除了賣海南雞飯和肉骨茶，也有推出咖哩雞、椰汁糕、摩摩喳喳及薏米水等料理。當年《經濟日報》報導，餐廳總經理林寶稱他們從新加坡聘請了五位手藝最佳的廚師來臺主持廚政，而所用的配料也是從新加坡空運來臺，以盡可能保持原味，讓未曾去過新加坡的臺灣消費者有機會品嚐。

然而好景不常，瑞記只營業了兩年多便收攤了，符氣克稱他們本是餐飲界的外行人，所以才做不下去。不過也有位新加坡廚師也因這份海外工作，而娶了臺灣太太，並在臺灣定居。那麼，二〇一七年開始在臺北展店的「瑞記海南雞飯」，是否跟這位留下來的新加坡廚師有關呢？其實一點關係都沒有，這一切得從瑞記與海南雞飯的起源談起了。

根據臺灣美食作家陳靜宜著作《啊，這味道：深入馬來西亞市井巷弄，嚐一口有情有味華人小吃》的介紹，海南雞飯的發明，其實是一位名叫王義元的海南人在一九三六年移居新加坡後，擺起攤子賣雞飯謀生而起的。儘管當時王義元的生意不錯，但最終的發展，卻是其夥計莫履瑞後來自立門戶開了「瑞記」，才更讓海南雞飯這庶民美食揚名四海，外界甚至誤把莫履瑞當成了王義元，誤認莫履瑞才是新加坡海南雞飯的開山鼻祖。

一九九七年，新加坡瑞記因故停業，但現今在新加坡還有「正瑞記」和「新瑞記」，前者乃莫履瑞的後人重新開張的，而後者則是前員工所創辦的，至於在臺灣有多家分店的瑞記，則和新加坡的任何一家「瑞記」沒有關聯。

臺灣的瑞記，是由曾幫多位歌手作曲的香港人劉穗京所創的，當初他在創業時，聽取了一位香港廚師友人的建議，不如就取名瑞記，「瑞」的粵語發音同劉穗京名字中的「穗」。劉穗京大約在二〇〇五年創業，他先是在中國的西安、廣州、重慶各大城市開瑞記分店，最終在二〇一七年進駐臺北，如今全臺有八家分店，而中國的分店早在進軍臺灣前結束營運了。

回到符氣克所引入的瑞記，他表示確實西門町瑞記餐廳並非新加坡瑞記的分店，也沒尋求新加坡瑞記的授權，但廚師們都曾在新加坡瑞記工作過，而新加坡瑞記也感謝他們把瑞記這品牌在臺灣發揚光大。

除了瑞記，其他在臺北的新加坡雞飯品牌餐廳也相當百花齊放，如在臺北市的「文慶雞」，是現存最久的新加坡海南雞飯餐廳，它是新加坡「文東記雞飯」二〇〇一年在臺灣開設的唯一分店；七年後，被引進臺灣的新加坡米其林一星餐廳——「了凡雞飯」，在全臺有八家分店；一九五九年在新加坡成立的「海記醬油雞」（HAIKEE），則於二〇一八年來臺展店，全臺有七家分店，應該是全臺最多店面的新加坡雞飯品牌。

◆

雖然沒認真統計，但個人的直覺上，全臺的新加坡餐廳（含各分店）應該是比大馬餐廳稍多的，這背後的因素，主要還是因為有臺灣資本引入，因此在臺的許多新加坡餐廳是高度集團化的，反觀在臺的大馬餐廳也許「品牌」量上比新加坡餐廳多，但資本與規模較小，無法連鎖化，僅靠各創辦人各憑本事在臺闖出一片天。

大約是從二〇一〇年開始，許多新加坡餐飲品牌大舉進軍臺灣，其中最具有代表性的，莫過於隸屬新加坡上市集團BreadTalk旗下的品牌：「Food Republic大食代美食廣場」。大食代在二〇一一年進入臺灣，除在臺北大直、板橋、臺中經營大食代美食廣場外，也帶來了新加坡知名連鎖餐廳品牌：「土司工坊（TOAST-BOX）」，目前全臺有三家店。

另一家性質與土司工坊相近的，是新加坡的「亞坤」，兩者屬中低價位，都是以快餐模式販售烤咖椰土司、生熟蛋等平民美食。亞坤是在二〇一四年進入臺灣，還一口氣開了四家店，但最終在二〇一八年收掉最後一家內湖分店後，便黯然退出臺灣市場了。

◆

如果說臺北市大安區擁有最多大馬餐廳，那相比信義區的密集度，可說是小巫見大巫了，信義區儼然是「小新加坡」。以下提到的新加坡餐飲品牌，都在信義區有分店。

首先，臺灣王品集團在二〇一五年引入了新加坡米其林一星中餐廳「蒲田（PUTIEN）」，也應該是第一家高檔價位的新加坡餐廳，目前全臺有五家分店。

前文提到近年臺灣出現不少大馬肉骨茶餐廳，而新加坡肉骨茶餐廳在臺灣的競爭也相當激烈，如「黃亞細肉骨茶」在二〇一七年進入臺灣，目前有兩家分店，「松發肉骨茶」、「發起人肉骨茶」都在二〇一九年插旗臺灣，分別有兩家、一家門市。

其中引進黃亞細肉骨茶的推手，是擔任臺灣和億生活股份有限公司董事的曾柏憲，他不僅在二〇一七年代理了米其林一星品牌香港「添好運」和新加坡「了凡雞飯」進入臺灣，同年還跟新加坡珍寶上市公司珍寶餐飲集團合作，成立和興餐飲股份有限公司，引入高檔價位的「珍寶海鮮餐廳（JUMBO Seafood）」和「黃亞細肉骨茶」進入臺灣市場。

二〇一九年，進入臺灣多年的大食代引進了創立於一九六九年的新加坡松發肉骨茶；無獨有偶，臺灣頂呱呱國際股份有限公司同年引入成立於一九七八年的新加坡發起人肉骨茶。

如前文所提的，隨著在臺灣出現越來越多新加坡本土肉骨茶品牌，或許可以讓臺灣消費者更能分辨出大馬黑派、新加坡白派肉骨茶的差異。

最後兩家要介紹的新加坡餐廳，除了都在信義區有門市，共同點是在臺灣新生茁壯的新加坡餐廳。

首先是二〇一六年在臺北東區開業的「小紅點新加坡廚房」，老闆是來自新加坡的韓栩光。相比在臺多數大馬餐廳老闆是馬臺婚姻而創業，星臺跨國婚姻而在臺開店的較少，韓栩光是其中一位，而且事業相當成功，如今「小紅點新加坡廚房」全臺有四家分店。

另一家是「Chope-Chope Eatery南洋餐酒館」，這餐廳是臺灣星野餐飲集團旗下「JL Studio」的子品牌。JL Studio二〇一六年底在臺中開業，是以現代新加坡料理結合法式烹飪法為主題的餐廳，是由新加坡籍主廚林恬耀（Jimmy Lin）掌舵，該餐廳曾榮獲臺中米其林二星餐廳、亞洲五十最佳餐廳（Asia's 50 Best Restaurant）等殊榮。四年後，JL Studio在臺北信義區成立子品牌「Chope-Chope Eatery南洋餐酒館」，一樣走Fine Dining路線。

臺灣的星馬餐廳未來

綜上所述，許多在臺灣的新加坡餐廳，多是原在新加坡就有的品牌，最終與臺灣資本的合作下被引進。相較於大馬，新加坡民間與官方更熱衷於追逐米其林評比，再加上官方的推動下，新加坡的小販文化在二〇二〇年被列入聯合國教科文組織的「非物質文化遺產」，更提高了新加坡美食在國際的能見度，反觀不輸新加坡的大馬美食，在這方面卻相形見絀。

原本臺灣社會對新加坡的認知度就較高，新加坡美食在國家與資本力量的推動下，進入臺灣市場的新加坡餐廳，更有底氣在臺灣走高檔路線。

在臺灣的大馬餐廳當中，也許除了馬六甲餐廳和金爸爸餐廳之外，多數是走平民價位路線，這背後的主因不外是創業者可能資本不雄厚（如夫妻倆共同經營的餐廳），或客群以學生族群為主，尤其得顧及大馬旅臺生的消費能力。那難道臺灣的大馬餐廳非得追求高度資本化、連鎖化嗎？對我而言，這沒有絕對答案，各有各的風景。

相比多開在商場、美食廣場的新加坡餐廳，那些開在巷弄、大學周邊的大馬餐廳，儘管都是小本經營，但每個移民至此的老闆們，背後都有屬於自己的故事，他們與旅居臺灣的大馬人的互動，提供大馬旅臺生打工的機會，多少讓餐廳更有人情味，這是高度資本化的新加坡餐廳無法給予的。

當然，要提升大馬料理在臺灣的能見度、知名度，也不能一味地販售鄉愁情懷，還是得消費升級。有時候我會聽到一些朋友抱怨，某大馬餐廳變貴了，某餐廳跟超商推出的聯名產品不正宗，但我認為這些改變都不是壞事，也許變貴是因為換了更好的地段或用更好的食材，這都能改變臺灣消費者對大馬料理的印象，而超商的聯名商品，本來就不是求正宗的，而是多求一個曝光管道，接觸更多潛在消費者。

我認為，即使是許多在臺灣的大馬人，對在臺灣大馬餐廳的想像與認知還停留在「價廉物美」的階段，抑或是價格不該與家鄉落差太大……但若要提升未來在臺大馬餐廳的競爭力，品牌升級勢在必行，屆時我們消費者只能自我「消費升級」了。

最好的結果是，臺灣不僅有平民價位的大馬餐廳，也能有更多高檔、精緻化路線的選項，能讓臺灣消費者知道，其實吃大馬料理也能很高級。

最後舉個例子，臺北的印尼餐廳老店「磐石坊」，入選二〇二一年的《臺北臺中米其林指南》必比登推介名單。臺灣也有許多平民價位的印尼餐廳，如今也有了獲認證高檔路線的印尼餐廳，期許有朝一日，在臺大馬餐廳也能創造出這般傳奇。

❶《關鍵評論網》，二〇二〇，〈南洋華僑往事：位於大稻埕的新加坡舞廳樓下，有家沒賣馬來菜的「馬來亞餐廳」〉，https://www.thenewslens.com/article/141256，二〇二一年十月三十日檢索。

❷《非凡新聞臺》，二〇一一，〈馬來亞餐廳月餅非凡報導〉，https://youtube.com/watch?v=JSDUcmyRt34，二〇二一年十二月三十一日檢索。

❸《中時新聞網》，二〇一六，〈來不及唱最後一夜 新加坡舞廳無預警停業〉，https://reurl.cc/5GomD6，二〇二一年十二月三十一日檢索。

❹《ETtoday房產雲》，二〇二〇，〈影／迪化街神祕布商出手，十一．五億買天龍國「名流必去」大舞廳〉，https://house.ettoday.net/news/1684628，二〇二一年十二月三十一日檢索。

❺《關鍵評論網》，二〇二〇，〈從一九九一到二〇一四，那些年臺北的馬來西亞餐廳潮起潮落的故事〉，https://www.thenewslens.com/article/146438，二〇二一年十月三十日檢索。

❻《關鍵評論網》，二〇二〇，〈二〇一五年，是馬來西亞餐廳開始在臺北興起的元年〉，https://www.thenewslens.com/article/146452，二〇二一年十月三十日檢索。

❼《關鍵評論網》，二〇二〇，〈星洲在臺灣：你知道第一家新加坡餐廳一九七三年開在臺北西門町嗎？〉，https://www.thenewslens.com/article/146457，二〇二一年十月三十日檢索。

第九章
泛文化

一九六四年六月二十日，一架編號B-908[2]的C-46運輸機從臺中起飛不久後墜毀，機上五十七人全部遇難，而其中一位罹難者，就是當時的馬來西亞影視大亨陸運濤。許多人認為，假如陸運濤沒死的話，也許其創辦的國際電影懋業有限公司（電懋）還能和邵氏電影爭天下，而整個華語電影產業也會更不一樣。

陸運濤一九一五年出生於馬來亞，父親是商業版圖遍布世界的馬來亞「錫礦大王」陸佑，香港就有一條紀念陸佑的「陸佑街」，而香港星光大道的第三十八星也就是陸運濤星，可見他對香港影視產業的影響力。

不僅如此，雖然陸運濤看起來是一介商人，但他本身也有一定的文學素養，其父親讓他自小接受西方教育，吉隆坡維多利亞學院畢業後，到瑞士基倫學院就讀，再到英國劍橋大學念文學，最終獲得歷史學碩士。❶

此外，陸運濤主持電懋期間，曾邀請作家張愛玲撰寫近十部劇本。筆者不禁想像，如果他還在世的話，是否會積極推動馬華文學發展，甚至大馬中文電影的發展呢？畢竟陸運濤家族的國泰機構五〇年代在馬來亞經營著六十間戲院。

可以這麼說，如果陸運濤沒罹難，以我們事後諸葛的視角來看，陸運濤也許會是華語文化圈裡，最有影響力的文化人。

◆

前幾章，介紹了在臺灣商界、醫界、餐飲界耕耘的馬來西亞人，如果陸運濤沒英年早逝，相信他至少也會在臺灣商界扮演要角。

雖然陸運濤在一九六四年後就消失在臺灣的舞臺了，但並不意味著大馬人從此就在臺灣的文化界絕跡，至今他們依然大放異彩。接下來這章，筆者想介紹在文學、藝術、影視娛樂等「泛文化界」發光發熱的大馬人們。

由於在「泛文化界」發展的大馬人眾多，本章在介紹他們事蹟的時候，篇幅上難免不夠深入，所提的人物也難免不周全，但我會竭盡所能將所知的人物寫進來，讓更多人知道，這些在臺灣「泛文化界」有一席之地的大馬人。同時為方便閱讀，以下所出現的人名，除非強調是臺灣人、香港人外，都是大馬華人。

有的「泛文化界」的大馬人，或許注定被臺灣社會銘記著，但也有的人如流星般，短暫地在臺灣的天空絢爛過。無論最終是否功成名就，因為臺灣這片土地有著自由的空氣，至少已讓許多有夢的人在這裡活出過精采。

「馬華文學」在臺灣

淡江大學中文系副教授楊宗翰曾言，其大馬友人開玩笑說「馬華文學在新馬，馬華文學研究在臺灣」，此番話確實點出了馬華文學在臺灣的現況，我認為還要多加一句「馬華作家在臺灣」。❷

大馬華人來臺留學近七十年，所誕生的馬華作家、詩人等文人們，如繁星般數不盡，也如繁星般璀璨，但也有的人或因某些際遇而不繼續在文壇浮沉，或已被遺忘。

筆者並非中文系出身，對馬華文學了解也有限，故只能在前人的基礎上，是以「通史」般的方式，簡述臺灣何以成了有文學夢的大馬華人們的逐夢之國。

我在導論中提到，大馬的有人出版社在二〇一四年出版了《我們留臺那些年》一本書。雖然是第一本由不同年代留學臺灣的大馬人所寫的個人記憶合集，但書中的三十九位作者，大概除了時任馬華公會副總會長周美芬外，都是留臺背景的「文壇中人」。

因此有關大馬留臺人如何在臺灣文壇闖出一片天的歷史，本文所引述的資料與觀點，主要來自《我們留臺那些年》一書，尤其是兩位已定居臺灣的馬華作家張錦忠老師與黃錦樹老師的序文，以及部分學術論文資料，以及本人粗淺的觀察。

馬華作家

一九八一年來臺就讀師大英語系的張錦忠，是留臺的馬華作家，目前他任職於國立中山大學外文系。根據張錦忠教授的觀點，馬華文學不一定是「在」大馬生產的華文文學，也可以是在臺灣、香港等境外地區生產的文學，而且「在臺馬華文學」不一定限於馬華作者本人也在臺，也可以是將作品在臺灣出版流通。例如，非留臺僑生背景的黎紫書（本名林寶玲），其多部作品就在臺灣出版。

不過，就客觀的歷史脈絡來看，由於七十年來眾多大馬華裔學生來臺求學，其中不少人就讀中文系，也嚮往臺灣的文壇，如同張錦忠所言，「在臺馬華文學」乃馬華留臺生在臺灣的文學表現，因此早在一九六〇年代初期，即第一代馬華學生留學臺灣的年代，「在臺馬華文學」已在臺灣萌芽，如黃懷雲、劉祺裕、張寒等馬華學生已積極參與臺灣文壇活動，在臺灣組織詩社、出版書籍，其中著名的詩社就是星座詩社，而社員中也有臺灣人。

一九六三年成立的「星座詩社」，是由當時就讀於各大學的東南亞和港澳僑生所組成的。星座詩社發行過《星座》詩刊（十三期）、「星座詩叢」、「星座譯叢」等出版品。星座詩社的大馬僑生成員包括王潤華、淡瑩、洪流文、林綠……等人。其中值得一提的是王潤華，他應該是臺灣最早翻譯諾貝爾文學獎得主卡繆《異鄉人》的譯者。

一九四一年出生於馬來亞的王潤華，一九六二年來臺就讀政大西語系。身為一名來自「僑居地」的異鄉人，無法回家過年的王潤華在假期時落寞地翻譯了《異鄉人》，一九六五年由巨人出版社發行，成為影響了一代臺灣人的翻譯文學作品。如今王潤華已入籍新加坡，他曾獲得各大文學獎項殊榮，包括中國時報散文推薦獎、新加坡國家文化獎、東協的亞細安文化獎，目前是馬來西亞南方大學學院副校長，也曾任元智大學人文社會學院院長兼中語系系主任。

◆

除了星座詩社，七〇年代成立的神州詩社，更是傳奇般的存在。神州詩社的創辦人是知名武俠小說家溫瑞安，本名溫涼玉，其知名小說包括《布衣神相》、《四大名捕》，曾被改編成電視、電影。

溫瑞安在高中時期已聞名於大馬文壇，一九六七年與高中友人李宗舜、周清嘯、廖雁平等創立「綠洲社」。一九七二年，溫瑞安與兄長溫任平創立「天狼星詩社」，當時該社在全馬有十個分社及一百三十四個正式社員，隔年溫瑞安選擇到「自由中國」，成為「回國」的僑生，就讀臺大中文系。

一九七四年底，溫瑞安與方娥真、李宗舜（筆名黃昏星）等大馬僑生創辦天狼星詩社臺灣分社，並出版《天狼星詩刊》，後來一些內部原因，兩年後溫瑞安與天狼星總社分裂，溫瑞安另起爐灶創立「神州詩社」（後改名為神州社）。

神州社成立後，曾出版由溫瑞安主編的《青年中國》雜誌，包括徐復觀、錢穆、朱炎、金耀基、楊國樞、韋政通等學者都曾獻稿，可見神州社當年的影響力。同時詩社以「幫派」的形式存在，社員們除了創作，還得習武，他們把租屋處譽為「試劍山莊」。

記得前促轉會主委、國立東華大學華文系教授楊翠告訴我，當年還是高中生的她，其實是神州社的粉絲，甚至曾夢想上大學後入社，但沒想到神州社在一九八〇年「出事」，被指控為匪宣傳。這事件衝擊了楊翠的三觀，當時她心想怎麼心向中華民國的神州社成員會是匪諜？

儘管當年溫瑞安、方娥真等大馬僑生並非中華民國國民，但確實他們的意識形態是認同中華民國為「正統中國」，甚至神州社的宗旨就是「為中國做一點事」。雖然神州社社員都是大馬僑生，但卻表現得比一般臺灣學生「更中國人」，他們的壯志豪情也令不少如楊翠這樣的文藝青年動容。

雖然有一年神州社在社遊時，受到蔣經國總統的「偶遇」而獲讚賞，而且神州社要為中華民族「做事」的意識形態也符合國民黨當局的主旋律，但最終還是出事了。一九八〇年九月廿六日，溫瑞安、方娥真、李宗舜被情治單位人員以「為匪宣傳」、「涉嫌叛亂」的罪名逮捕，不過李宗舜隔天就被釋放了。

叱吒臺灣文壇四年的神州社，全盛時期的全臺社員有兩、三百人，其中有不少臺灣人。溫瑞安和方娥真被扣押到景美看守所後，李宗舜奔走各方求援，並得到香港武俠小說大師金庸、臺灣的余光中、朱炎、張曉風等知名文人的聲援。最終溫方二人大約被關押了三或四個月，就被國民黨當局驅逐出境，而李宗舜、周清嘯、廖雁平等社員也先後返馬，神州社就此在八〇年代初瓦解。

至於誰是出賣溫瑞安、方娥真的「叛徒」，為何至今該案沒有公開的檔案，已成了臺灣文壇、大馬人留臺歷史的謎團。

◆

神州社在一九八〇年的終結，彷彿也是一個在臺馬華文學發展的分水嶺。

張錦忠指出，六〇年代投入臺灣文壇的大馬僑生，不乏視留臺之旅乃「回到中國文學的主流」，而此般「（文化）中國想像」也延續至七〇年代，神州社就是一例；張錦忠引述張貴興話稱，溫瑞安等人的神州社，就是一個對臺灣心存「不切實際幻想」的典型案例。

我在《血統的原罪》中也提到，大馬總會在一九七三年創會之初，是反對接受中華民國的忠誠召喚，而表達效忠大馬政府的立場，但無奈隨著一九七一年大馬政府投贊成票支持中華人民共和國入聯，中華民國退出聯合國，接著一九七四年馬中建交，而同年馬臺互撤領事館，大馬總會無奈被迫在僑委會底下「強制輔導」至今。反觀宗旨是「為中國做一點事」的神州社，卻被黨國瓦解，葬送了最後一個效忠中華民國的大馬僑生社團。

張錦忠提到，也因為中華民國退出聯合國，一九七九年美中建交的時代氛圍下，頓時成為「亞細亞孤兒」的臺灣，島內漸漸出現本土文化論述與政治運動，進而爆發相關文化論戰與政治事件，如「鄉土文學論戰」與「美麗島事件」。而在時代的巨輪下，大概除了神州社的大馬僑生外，參與臺灣文壇的大馬「文青」，內心多少受到衝擊，進而反思自身的身分屬性與文化認同。

不過張錦忠也指出，與溫瑞安同年代活躍於臺灣文壇的大馬文人，如一九六七年來臺的李永平、七〇年代抵臺的商晚筠和張貴興，儘管不是神州社成員，但也開始在臺灣各大文學獎嶄露頭角，讓臺灣人對大馬僑生的文學表現刮目相看。

根據張錦忠的分類，馬華作家欲在臺灣文壇被看見有三種模式，包括結社、自費出版，以及參加文學獎比賽。而參加文學獎比賽作為第三種模式，也是馬華作家至今被看見的主要模式。

臺灣文壇曾有「兩大報文學獎」，即《中國時報》與《聯合報》在七〇年代成立的文學獎項，分別是「時報文學獎」和「聯合文學獎」。這兩大獎項亟負盛譽，多年來也有不少大馬華人囊括獎項，對華語文學世界有一定影響力。

曾獲得「兩大報文學獎」（之一）的馬華作家，七〇年代有李永平、商晚筠和張貴興等人外，八〇年代有王潤華、潘雨桐，九〇年代還有黃錦樹、黎紫書、鍾怡雯、陳大為、林辛謙。進入廿一世紀後，有李天葆、龔萬輝、吳道順、賀淑芳、謝明成、方路（本名李成友）、許裕全、楊邦尼（本名楊德祥）、辛金順、曾翎龍、紀方肯、呂育陶……其中有的馬華作家在不同年代多次得獎。至於臺灣出版界的大獎「金鼎獎」，從一九七六年創立至今，也不乏馬華作家的身影，包括李永平、張貴興、黃錦樹、陳大為、鍾怡雯、馬尼尼為（本名林婉文）。

這裡再容許我個人介紹一位年輕馬華作家，本人的好友鄧觀傑，他曾獲印刻超新星文學獎、香港全球華文青年文學獎、大馬花蹤文學新秀獎等。我和鄧觀傑結緣於二〇〇九年參加中國國僑辦舉行的青島冬令營，最終我們都不約而同不到中國，而是到臺灣留學、實現自我。

縱覽馬華作家們在臺灣揚名立萬的發展歷程，張錦忠指出，七〇年代下半葉以後，旅臺大馬僑生不再出現如神州社般組織詩社的現象，而是以個人身分參加兩大報及其他文學獎，此（第三種）模式已取代了結社或自費出版，成為馬華作家在臺灣「取得進入文壇的通行證」的途徑。而且，與早期星座詩社、神州社時期追求「中華屬性」（即視來臺為回歸「中國文學」）的馬華作家相比，後來者多視臺灣文壇為在華文世界揚名立萬之地，更傾向於追求自我實現。（對我來說，就如同大馬中文電影人也希望能在金馬獎被看見一樣。）

最後，由於篇幅有限，請包涵無法在此逐一列出馬華作家在臺灣各大文學獎的獎項、作品名稱與年分。

不過，上述眾多在臺灣文壇大放異彩的馬華作家中，不能不提的是李永平。李永平一九四七年出生於英屬砂拉越古晉，十六歲那年，家鄉砂拉越與北邊的沙巴，與馬來半島、新加坡共組「馬來西亞」，二十歲來臺就讀臺大外文系，最終在臺灣解嚴那年入籍中華民國，人生短短四十年便經歷了三次的國籍身分轉變。為表揚李永平在文學上的成就，臺灣國藝會在二〇一六年將「國家文藝獎」頒給了李永平。二〇一七年十月七日，李永平病逝於淡水馬偕醫院，享壽七十一歲。

◆

除了上述三種模式之外，張錦忠、黃錦樹都提到在臺馬華文學還有第四種存在模式，而這第四種模式常被許多人忽略，但存在時間也斷斷續續。

本書中多次提到的「大馬青年社」，成立於一九八三年，是一群關心母國時政，以「學術報國」為宗旨的大馬旅臺生組織。而同時期還有個如同「大馬論壇」般存在的《大馬新聞雜誌》，是由政大新聞系的張永慶與臺大中文系的羅正文創辦的，也同樣是關心大馬時政的刊物。

張錦忠指出，大馬青年社出版的《大馬青年》雜誌，大馬總會會訊的文藝欄位，以及《大馬新聞雜誌》，扮演了推動大馬旅臺生投入文藝創作的推手角色。其中《大馬新聞雜誌》除了刊登投書、大馬時事新聞外，也出版詩刊，而大馬青年社則舉辦「大馬旅臺文學獎」，這獎項也是大馬旅臺文藝青年重要的文學活動場域，出現過的得獎者包括張貴興、黃錦樹、陳大為、鍾怡雯、廖宏強、歐陽林等重要馬華作家，同時這獎項也是受邀擔任評審的臺灣作家、學者接觸馬華文學的管道。

不過，隨著大馬青年社在一九九五年首次停辦，之後又數次復辦、停辦，旅臺文學獎也命途多舛。大馬青年社最後一次辦文學獎是在二〇一五年，同年大馬青年社宣布解散，儘管五年後又有新一批學弟妹有心復辦大馬青年社，但截至二〇二一年，仍無復辦文學獎。

此外，儘管大馬總會在二〇一六、二〇一七年辦了兩屆「馬來西亞旅臺藝術節」，其中也設有文學獎競賽，但曇花一現了兩年後也黯然結束。也許這就是學生團體的宿命，無法保證每年來臺的大馬學生都出現有志投入文壇的「文藝青年」，即使有，也不保證有機緣眾志成城地結社辦活動。

無論如何，大馬的花蹤文學獎，臺灣的兩大報文學獎或各大校園的文學獎，眾多文學獎等平臺還存在，即使沒了大馬旅臺文學獎，相信有潛力的馬華作家、詩人新秀還是有機會在臺灣被看見。

馬華出版人

馬華作家的作品得以能在臺灣被看見，除了各大文學獎是推手外，臺灣眾多出版社的慧眼賞識也是功不可沒，如出版本書的麥田，過去就出版了包括李永平、張貴興、張錦忠、黃錦樹、黎紫書等馬華作家的作品。

接下來，將介紹幾位臺灣出版界的大馬人，儘管他們不一定是作家，但也是華語出版界的重要推手。

首先是「早安財經」的創辦人沈雲驄。沈雲驄於一九八五年來臺就讀政大新聞系，畢業後曾擔任《新新聞》、《商業週刊》的記者。在媒體界打滾一段時間後，便轉換跑道至出版業，一開始加入城邦出版集團創立易博士出版社。沈雲驄在城邦時期，出版書本教臺灣讀者如何看財報、買股票，一個大馬人教臺灣人理財，也是蠻有趣的光景。

最終沈雲驄決定創業時，也離不開財經領域，他在二〇〇二年創立「早安財經」出版社。我對沈雲驄的認識，是源於「早安財經」在二〇一九年出版了講述大馬前首相納吉金融醜聞的《鯨吞億萬》（Billion Dollar Whale）中譯版，才注意到原來臺灣出版界還有這一位資深的大馬人。

第二位是九〇年代初來臺的黃暐勝，他就讀臺大歷史系時曾獲得臺大文學獎，畢業後曾在麥田：究竟出版社擔任編輯多年，二〇〇九年在臺灣成立出版社「所以文化事業有限公司」。近年黃暐勝已將事業重心轉往另一個公司，即二〇一〇年成立的「臺北八八八商務中心」，一些在臺灣創業的大馬人、外籍人士，也是向該公司尋求營業登記方面的協助。

接下來是胡金倫，他也是留臺生，但他先是就讀於馬來西亞理科大學，畢業後在《星洲日報》當記者兩年，一九九八年才赴臺就讀政大中文所。研究所畢業後，胡金倫進入了麥田出版，開啟了他在臺灣出版界的生涯。來臺二十多年的胡金倫，業界經歷包括麥田出版、聯經出版，如今是時報文化出版第一編輯部總編輯。

接著第四位出版人，是我工作時期認識的區肇威，他在臺灣行走江湖的綽號是「查理」。查理的特別之處在於，他所專注的路線是相對小眾的軍事題材，由他擔任主編的燎原出版，是一個以軍事戰史、國防事務與地緣政治為主軸的出版社。創立於二〇一九年的燎原出版，是讀書共和國出版集團旗下的出版社。

二〇〇二年從世新大學畢業後，查理先是回大馬《東方日報》工作五年，再返臺讀碩士，二〇一六年進入八旗文化當編輯。畢業於淡江大學戰略所的查理也是研究中共軍事發展的專家，在臺灣同時兼任馬來亞大學中國研究所附屬研究員。

第五位出版人，就是活躍於星馬與臺灣文壇的林韋地。林韋地的留臺經歷較特別，他父母都是醫師，為工作而移居臺北，因此他是就讀臺北市吳興國小，國小畢業後才返回家鄉檳城，目前林韋地是駐新加坡樟宜機場的醫師。

由於熱愛文學，林韋地除了出版過小說、散文集外，也擔任大馬出版社大將文化董事，二〇一四年與友人合力接手新加坡作家英培安創辦的「草根書店」，避免新加坡的中文書店消亡。

二〇一六年，林韋地透過大馬「三三出版」推出文學雜誌《季風帶》，雖然推出十二期後便因成本因素停刊，但林韋地在隔年與國小的臺灣同學陳官廷成立季風帶文化，試圖在臺灣推動東南亞華文出版物的能見度，除了自家出版的書籍外，也引入星馬的華文書籍到臺灣。二〇一八年，首家季風帶書店在臺北六張犁安居街開幕，隔年搬遷至大稻埕的青鳥居所。二〇二一年一月，季風帶第二家書店在吉隆坡開幕。可以說，林韋地是少數書店與出版業版圖橫跨星馬臺的文化人。

除了文化人、醫師的身分外，林韋地還有時事評論人的身分，他常對臺灣、大馬政治針砭時弊。由於林韋地對前首相馬哈迪持強烈批判立場，因此在大馬會有一票在野黨的支持者不喜歡他，而儘管他對作為「自由中國」的臺灣有認同感，立場上也支持蔡英文，但因曾大力在臺灣媒體上建議民進黨政府應採取封城措施圍堵疫情，也讓部分綠營人士與支持者不滿。

某種程度上，林韋地面對「裡外不是人」的窘境，也是旅臺大馬人的縮影吧，如家鄉父老會認為你被臺獨洗腦，臺灣人可能會質疑你若不愛臺就是親中。不過林韋地的歷程也反映了另一種面向，自小在多元環境、跨域流動中成長的大馬華人，是能有文化資本牽繫大馬與臺灣的文化連結。

馬華教育工作者

馬華作家多年來除了在臺灣的文學獎項嶄露頭角外，其實還有一批文學領域的馬華學者在臺灣校園教書，他們除了會發掘馬華作家新秀外，也培育臺灣的中文系、外文系學生。

除了前文張錦忠任職於中山大學外文系外，還有李永平（生前曾任職於東吳、東華、中山等學府）、李有成（中央研究院歐美研究所專業研究員及中山大學教授）、黃錦樹（暨南大學中文系教授）、林建國（交大外文系副教授）、陳大為（國立臺北大學中文系主任）、鍾怡雯（元智大學中文系主任）、賀淑芳（北藝大文學跨域創作研究所助理教授）、韓學宏（長庚大學通識教育中心副教授）。而本書的書系主編高嘉謙老師，則是臺大中文系副教授。

此外，也有馬華作家在高中教書，如張貴興曾在臺北成淵高中教英文，而梁金群則是在臺中私立宜寧高中教國文。

我相信還有更多大馬人在臺灣的文學教學領域奉獻，而文學科系以外的大馬籍教師、學者，更是族繁不及備載，如已退休的賴瑞和曾任臺灣清大歷史研究所教授兼所長，還有北藝大藝術跨域研究所系主任孫松榮教授、暨南大學東南亞學系主任林開忠、文藻外語大學東南亞學系特聘教授何啟良、淡江大學全球政治經濟學系全英語學士班助理教授梁家恩、師大東亞所助理教授莊仁傑，還有第七章提到的中正大學行銷所專任教授曾光華，還有一位不能不提的，就是參與創辦東海大學的吳德耀。儘管一九一五年海南文昌出生的吳德耀未入籍馬來西亞，但他自幼在檳城長大，畢業於鍾靈中學，最終是在美國哈佛大學獲得政治學博士學位。四〇年代受馬來亞政府邀請考察華僑教育，並發表了《芳吳報告書》；一九五六年至一九七一年擔任東海大學第二任校長，七〇年代起在任教，最終於一九九四年過世。可以說，吳德耀是臺灣大專院校中第一位有馬來亞背景的校長、教育家。

這裡我無法逐一列出臺灣一百多所學校中的大馬學者，無論如何，大馬華人除了在臺灣文化界、商界各領域追求自我實現外，也別忘了還有許多大馬華人在校園裡甘為孺子牛，為臺灣十年樹木，百年樹人。

馬華劇場人

如果電影人、商人、攝影師只是個障眼法，陸運濤其實是冷戰時代某個勢力的探員／代表？在區秀詒的想像裡，也許陸運濤和一九六七年在馬來半島高原森林裡神祕失蹤的富商吉姆．湯森（Jim Thompson），還有昭和初期活躍於馬來半島的少年俠盜谷豐一樣，都是祕密情報員。

二〇一六年，區秀詒展開〈克里斯計畫〉兩部曲中的創作，她在作品中告訴觀眾，也許陸運濤在這場一九六四年的神祕空難後還活著，也許換了一個名字、樣態，在不同的任務中，與三年後在金馬倫消聲匿跡的吉姆．湯森交換著摩斯密碼。

如同區秀詒接受《非池中》專訪所說的：「構成他們傳奇故事的這些東西，直到今天都仍纏繞著我們的生活，小至個人習慣，大至國與國之間的邊界關係。」❸

臺灣文壇除了有眾多馬華作家外，劇場界也有一群不容忽視的馬華劇場人，而目前在臺北藝術大學任教的區秀詒就是其中一位。

一九七八年出生的區秀詒，畢業於中國文化大學戲劇系、舊金山藝術學院電影研究所，是大馬知名的藝術工作者，其作品曾在臺灣、中日韓等多國美術館與電影節發表，劇場表演方面，有二〇一八年與柳春春劇社在臺合作發表的《南洋情報交換所》。

關於在臺的馬華劇場人與馬華作家的連結，不能不提的就是二〇一五年在臺北展演的「馬華文學劇場首部曲《要說的都在這裡》」計畫。當年這個劇場計畫以馬華文學作為命題，選擇了馬華詩人木焱與小說家黎紫書的作品，讓一馬一臺兩組創作者各自詮釋成劇場展演。當時區秀詒與黃思農（臺）改編黎紫書的《山瘟》，另一組人，則是蔡晴丞（臺）與高俊耀（馬），分別改編木焱的詩作《*Goodnight, Taipei*》和《我是一件活著的作品》。

「馬華文學劇場首部曲《要說的都在這裡》」的發起團體，正是「窮劇場」，而窮劇場的創辦人就是高俊耀。後來高俊耀和區秀詒再展開子計畫《複眼・城像：就讓它像一支歌》。

高俊耀是臺灣劇場界知名的大馬人，他於大馬藝術學院戲劇系畢業後，二〇〇四年再赴臺就讀中國文化大學藝術研究所。而「馬華文學劇場首部曲《要說的都在這裡》」，算是在臺馬華劇場人與馬華作家產生連結的首個創舉，高俊耀告訴我，接下來還會有相關創作。

當然，在臺的馬華劇場人的創作，並非每部創作都要與原鄉產生連結，或非得叩問自身的國族認同與困境。在臺的馬華劇場人涉獵的領域眾多，有的人專注於鼓藝，也有的人投入兒童劇場、肢體表演。

根據目前能找到的公開資訊，臺灣劇場界的大馬人不勝枚舉，包括有「優人神鼓」的黃誌群、「窮劇場」的高俊耀、「莫比斯圓環創作公社」的梁菲倚、「禾作社劇團」的創辦人黃志勇、「動見體」的導演符宏征（同時在文化大學與臺大的戲劇系任教）、燈光設計及劇場技術工作者黃祖延、兒童劇場導演林耀華、「身聲劇場」團長吳忠良（歿）、成員張偉來與劉佩芬、阮劇團的駐團導演莊雄偉……等。此外，還有一位擅長寫劇場評論的謝鎮逸，是臺灣文藝界有一定知名度的年輕評論人，涉略領域包括表演藝術、視覺藝術、電影。

其中值得一提的是黃誌群，他和優人神鼓創辦人劉若瑀就是藝文圈知名的夫妻檔。優人神鼓的前身是「優劇團」，是臺灣有名的鼓擊表演藝術團體，由臺灣劇場工作者劉若瑀於一九八八年所創。一九六五年出生的黃誌群，也是來自我的家鄉怡保，他自小學習擊鼓與武術，十七歲來臺就讀國立臺灣體育學院，畢業後加入臺北民族舞團及雲門舞集。一九九五年，黃誌群受邀加入「優人神鼓」，成為劇團的擊鼓指導，並與劉若瑀共同研創優人神鼓表演訓練體系，奠定了優人神鼓以擊鼓與武術的表演形式。二〇一四年，優人神鼓獲得第一屆總統創新獎。

每當提起出生於東馬古晉的蔡明亮，許多人聯想到的是國際知名導演，但其實蔡明亮也是劇作家。一九七七年，蔡明亮來臺就讀師大語文中心，隔年考進中國文化大學戲劇系，而臺灣知名電影人王小棣是蔡明亮的老師，因此他的電影之路還是從劇場開始的。近年蔡明亮的劇場作品有《只有你》、《玄奘》。

如果大家注意到的話，許多大馬劇場人都是從文化大學戲劇系畢業，包括蔡明亮、高俊耀、區秀詒、黃志勇、黃祖延等系友，當然還有部分大馬劇場人是就讀臺藝大、北藝大的。

對於為何有許多大馬華人來臺就讀戲劇系或從事劇場工作，高俊耀稱這一切都和大馬的「中文戲劇之母」孫春美有關。孫春美於一九八八年來臺就讀文化大學戲劇系，畢業返馬時，剛好大馬藝術學院成立戲劇系，孫春美機緣巧合下就成了這新生科系的講師，並引進了臺灣的小劇場創作概念。

一九九八年，大馬華人社會多年募款後成立的民辦學院「新紀元學院」開辦，七年後成立戲劇與影像系，二〇一七年該校獲大馬教育部升格為「大學學院」。由於新紀元學院創立後，積極開拓海外合作關係，因此諸如中文系、媒體研究系、戲劇與影像系，和臺灣的世新大學、元智大學、文化大學等校簽署了「2+2雙聯學制」的合作，即學士學位前兩年在新紀元學院就讀，最後兩年赴臺就讀。除了新紀元，還有韓江傳媒大學學院、南方大學學院、韓新學院等華社辦的學府，都和臺灣、中國的高校都有雙聯學制合作。

由於孫春美曾任新紀元學院戲劇與影像系主任，以及大馬藝術學院戲劇系講師，影響了這兩校的學生赴臺就讀戲劇系，尤其新紀元學院和文化大學戲劇系有雙聯學制的合作。

乘著光影旅行

陸運濤也是知名的鳥類攝影家，生前留下了許多鳥類攝影作品，為鳥類研究留下了重要學術資產。除了在商界擁有各種頭銜外，陸運濤生前還是英國皇家攝影學會會員、美國攝影學會會員、新加坡攝影學會會長。

俗話說「攝影窮三代」，早年的攝影器材不若今日般輕便與價格平民化，要不是陸運濤有雄厚的家底，才有辦法帶著大量攝影器材，進入喀什米爾、喜馬拉雅、紐幾內亞、馬來亞的高山峻嶺與原始森林中拍攝鳥類。不過也無法否認的是，陸運濤留下的鳥類攝影作品，對鳥類生態研究有重要貢獻，如他所著的《鳥的夥伴》，就是南洋鳥類生態學的專書。

如果陸運濤沒罹難，他肯定會在臺灣待更久的時間，也許會走進臺灣的百岳與森林，為臺灣鳥類攝影留下珍貴的記錄吧。

雖然陸運濤無緣參與臺灣攝影界，但，來自大馬的攝影師並沒有缺席。

◆

第七章介紹了一位大馬攝影師，他是一九七八年就讀政大新聞系的胡福財。胡福財曾任《時報周刊》攝影總編、《中國時報》文化新聞中心攝影召集人、《樺舍文化》攝影總監、《時報周刊》攝影主編，曾在臺灣舉辦攝影個展與推出攝影集《痴人列傳》，如今已返馬退休。

胡福財曾被媒體譽為「攝影詩人」，而另一位擅長作詩、寫書法的攝影師，就是黃華安。

黃華安號六龍先生，來臺超過四十年，畢業於成大中文系、佛光大學藝術學研究所。黃華安曾任《中華日報》記者、《壹週刊》攝影記者，至今仍活躍於臺灣攝影與文化界，如擔任中華道與藝學會理事、中華民國書法教育學會副祕書長、臺灣攝影家交流協會顧問及理論部主任、中華藝術攝影家高級會士……

創作資歷豐富的黃華安，曾於佛光山美術館、國父紀念館、中山堂等藝文場所辦個展，近年他受矚目的策展，就是於二〇一七年底在中山堂舉辦的「民國大家的身影」特展，該展主要回顧十一位民國大家，包含胡適、錢穆、林語堂、傅斯年、蘇雪林、董作賓、莊嚴、張大千、溥心畬、于右任、朱玖瑩等民國大師。

第三位攝影師是仝會華，但他不是留臺生。熱愛攝影的仝會華，在大馬完成高中後赴日本留學，後來因緣際會在九〇年代末到臺灣。當時全會華有感於臺灣沒有一個提供攝影家發表作品的空間，因此於一九九九年成立臺灣國際視覺藝術中心（TIVAC）。TIVAC也是個攝影藝廊，曾展出過郎靜山、邵逸農等攝影大師的作品。

除此之外，為推動臺灣攝影文化，全會華策畫「TIVAC攝影獎」，以及自二〇一四年開始舉行臺北藝術攝影博覽會（只舉行了五屆）。

無論是新聞攝影、藝術攝影，還是拍商品與婚禮的商業攝影，在臺灣發展的大馬攝影師族繁不及備載，最後一位介紹的攝影師是我的老友張國耀。

我從高中時期開始接觸攝影，本來的夢想是當攝影師，民國九十九年帶著此夢想到臺灣，沒想到人生軌跡還是往文字工作者的方向靠攏了。不過也因對攝影師這身分有憧憬，來臺後也關注這裡的攝影圈，而當時正逢社群媒體平臺興起，才曉得原來臺灣有位厲害的同鄉攝影師，那就是拍了《百歲》的張國耀。

張國耀民國九十六年就讀輔大應用美術系，來臺後才開始接觸攝影，其名作《百歲》，是以中華民國建國一百年為靈感，在臺灣拍攝了一百位以上的百歲耆老。這系列優秀的人像攝影，除了為張國耀贏得許多獎項，也打開了他的國際知名度，如《百歲》系列就獲得《國家地理》雜誌的專題報導。

我是在全會華舉辦的臺北藝術攝影博覽會活動上認識張國耀的，他的成就受到國際肯定。張國耀的攝影作品橫跨新聞攝影、商業攝影和藝術創作，他是香港《端傳媒》的特約攝影、臺灣金馬獎的官方攝影師；也多次在臺灣新聞攝影大賽、新光三越國際攝影大賽獲獎。

影像給人的感動是超越文字與聲音的，來臺不到十五年，張國耀已在臺灣以外的天空打開了知名度，屢屢獲得國際攝影大賽的獎項，如拍攝臺北萬華青山王祭的《青山宮》系列作品，就榮獲二〇二一年美國IPA國際攝影大賽的年度事件攝影師獎；張國耀也曾獲法國PX3、美國IPA、ND AWARDS……等至少十個以上的國際級攝影賽獎項，攝影作品曾在臺灣、美國、中國、大馬、日本等多國展出，其中《百歲》、《菜市仔》、《人非人》等攝影作品獲日本清里攝影美術館永久典藏。

不敢說張國耀是攝影界的「蔡明亮」，不過至少是在臺灣重要的國際級攝影師。雖然我自己已無法成為優秀的攝影師，但能認識張國耀算是與有榮焉。

---

❶《中時新聞網》，二〇二二，〈影響國片的兩位文學少爺——李祖永和陸運濤〉，https://reurl.cc/AKg5Wj，二〇二二年十月十日檢索。

❷佛光大學，二〇〇四〈馬華文學在臺灣（二〇〇〇～二〇〇四）〉，http://www.fgu.edu.tw/~wclrc/drafts/Taiwan/yang-z/yang-z-13.htm，二〇二二年十月一日檢索。

❸《非池中》，二〇二〇，〈【第十八屆臺新藝術獎．藝術家訪談篇】STILL ALIVE—區秀詒個展〉，https://artemperor.tw/focus/3270，二〇二二年一月九日檢索。

第十章 「星光」部隊

陸運濤家族的國泰機構在星馬兩地經營多家電影院，隨著一九五五年香港永華電影製片廠有限公司不堪虧損，身為債主的國泰機構便接收永華的製片廠。翌年，陸運濤將香港的國際電影發行公司改組為電影懋業有限公司（電懋），成為能與邵氏競爭得不分軒輊的電影公司。

電懋成立後，除吸納了張愛玲、秦羽、張徹、王天林、易文等年輕創作人員，又成立演員訓練班培育新人，如尤敏、雷震、葛蘭、林翠等。隨著二戰後「國語」電影的市場從東南亞轉向臺灣，陸運濤也支持離開邵氏的李翰祥在臺灣發展電影事業，後者在臺灣成立了國聯電影，而「國」、「聯」是分別取自國泰公司，以及國泰公司在臺灣的發行商聯邦公司。

然而，隨著一九六四年陸運濤在臺灣參加亞洲影展，從臺中搭飛機往臺北的途中遇空難逝世，他曾打算在臺灣蓋影城的計畫就成了泡影，一個重要的大馬影視大亨，就此錯過了臺灣電影發展的浪潮。

陸運濤妹夫朱國良接手電懋後也無法力挽狂瀾，難再力拚邵氏的電懋從此日落西山。許多人認為，陸運濤的離世，改寫了香港與臺灣的電影史，而我認為，也改變了星馬華語電影的發展進程。若陸運濤能領導電懋更長的時間，那來自星馬的影視產業工作者，也許會在華語影視圈握有更多影響力，或話語權吧。

張四妹

如果陸運濤還能多活三十年，也許李翰祥的國聯電影，會有興趣將大馬「穿山甲人」張四妹的故事拍成電影？

第八章提到，在柏楊的報導下，更多臺灣人認識了來自大馬的女士張四妹。由於張四妹的故事相當戲劇性，包括傳聞她出生前，因為父母殺死了一隻穿山甲，才會招致她天生患有罕見疾病，成長的過程中飽受歧視。而張四妹的故事，就吸引了臺灣影視公司的目光。

一九八三年三月，傳出臺灣壽星電影公司宣布開拍取材自張四妹故事的「穿山甲人」傳記電影，由於電影公司未徵詢張四妹本人的授權同意，因此在馬臺兩地引起爭議，如馬來西亞旅臺同學會（簡稱「大馬總會」）在《中國時報》投書批評電影公司作法不當，而柏楊也指片商不應將張四妹的故事變為聳動題材處理，即使要拍成電影，也應從同情與關懷的角度出發，並將電影票房利潤捐助給張四妹才對。

為捍衛名譽，張四妹尋求叔公張秀管先生、大馬河婆同鄉會與大馬總會的協助。根據大馬總會會訊記載，壽星電影公司導演林兵執導的《穿山甲人》已在同年六月殺青，也許受到臺灣與大馬兩地的輿論壓力影響，便把片名改成《鱗魚人的心聲》。

當時壽星電影也先讓大馬總會看了毛片，但由於片中有誇大不實的情節，如出現張四妹被豪賭的二哥賣到馬戲團表演，因此大馬總會強烈要求必須重拍，以免給張四妹一家人帶來不必要的傷害。為避免該片有機會上映，大馬總會致函給行政院新聞局與僑委會陳情，而新聞局也下令片商須獲得張四妹本人的同意書後，才核發準演證。

同年九月，導演林兵親自到大馬拜訪張四妹。最終壽星電影公司在合約上同意，不符事實的部分會重拍、影片剪輯完成後得由大馬總會與張四妹本人看過，且得在張四妹認為不傷害她形象的條件下才能公開放映。

《穿山甲人》這部電影至今始終未有公開放映的計畫，若該片有重拍完成與上映的話，也許就是臺灣第一部以大馬人為主角的電影吧。無論如何，張四妹的事情，除展現了大馬人社群守望相助的精神，也反映了臺灣社會長期以來對東南亞歧視心態與獵奇的想像吧。

有時候，大馬華人既希望臺灣人關注我們的故事，但又怕這種關注是出自於誤解與歧視。既然既期待又怕受傷害，那就由我們自己在臺灣拍屬於大馬華人的故事吧。

大馬演員與電視劇

臺灣作為引領華語流行文化潮流的國家，吸引了眾多大馬華人前仆後繼地來臺灣尋找舞臺。從當導演的蔡明亮，當演員的李銘順、李銘忠兩兄弟，到歌手梁靜茹、光良、品冠、戴佩妮……他們作為已在臺成名的先例，無形中已在許多年輕大馬華人心中埋下種子，盼望有一天來臺追夢。

尤其對廿一世紀前五十年出生的大馬華人來說，來自香港、臺灣的影視作品，是成長中汲取世界觀、價值觀的養分。至於〇〇後，由於陪伴他們成長的多是中國的電視劇、綜藝節目（還有韓國），確實近年也有不少〇〇後的大馬華人選擇到中國留學，未來他們會對華語流行文化、影視產業帶來什麼影響，還有待關注。

來自香港、臺灣的電視劇和電影，就是一種文化軟實力，而深受這軟實力影響的大馬華人，自然會對港臺有深厚的情感。

許多懷有電視電影夢的大馬華人，就會選擇到臺灣就讀大眾傳播、電視電影或戲劇表演方面的科系，傳統上會進入的大學和臺灣學生差不多，如政大、臺藝大、北藝大、世新、輔大、文大、銘傳、義守⋯等公私立大學。而且，加上影視行業自身也有學長姊學弟妹相互提攜的文化，因此在這行業的大馬華人彼此間也會相互合作（或競爭），儼然有「大馬幫」的存在。

至於被譽為「東方好萊塢」的香港，則因學費不便宜，所以還是來臺者居多。不過，若論到港臺當演員的大馬華裔人數的話，會到香港的還是比較多，畢竟香港影視作品年產量較臺灣多，同時還有機會進軍「內地」市場；不過，若論當歌手的話，還是來臺灣的較多，但隨著近年華語娛樂圈的歌唱、選秀中心都已在中國，大馬華人到中國參賽確實已是趨勢。

回到影視產業方面，由於近年開始有越來越多東南亞電影在臺灣嶄露頭角，如來自新加坡的陳哲藝，緬甸的趙德胤與李永超，而大馬人就更多了，稍後再介紹。這現象已讓大眾意識到，臺灣影視圈也有許多「外籍兵團」。

無論是在臺灣當演員、導演，還是幕後的編劇、攝影師或燈光，臺灣影視產業的大馬人相當多，也無法逐一介紹他們的成就，因此接下來本文多探討近年大馬影視作品與工作者在臺灣的發展現況。此外，由於華語影視圈的獎項眾多，而篇幅有限，故本文主要介紹大馬華人們在臺灣金馬獎、金鐘獎、金曲獎等「三金」的成就。

◆

在談大螢幕前，先談小螢幕吧。

在廿一世紀的第一個十年，是臺灣偶像劇的黃金年代，其中最具代表性的就是《流星花園》，影響所及包括東南亞的華人社會，甚至非華裔族群，有點類似近年東南亞各國人民不分族群，都在追韓星般。

大馬華裔人口有七百多萬，儘管市場相比新加坡、香港都不算太小，但終究在華語娛樂圈中仍屬於「邊陲」的位置，因此在那偶像劇興盛的年代，大馬本土華語偶像劇，就得向臺灣取經了。

王禮霖是大馬華語娛樂圈的重要推手，他除了是摩爾娛樂有限公司創辦人外，也曾任大馬AIM中文音樂頒獎典禮主席、大馬國際電影節策展人，近年來則積極到臺灣尋找機會，參與金馬創投，尋求資金投資大馬華語電影，同時也促進馬臺兩地的影視產業合作。

時間回到二〇〇八年，當時王禮霖仍以培養歌手為導向，後來意識到不如自己拍偶像劇，讓自家歌手有曝光的機會。最終王禮霖找到了資金，出品了首部馬臺合拍的偶像劇——《逆風十八》。當時劇組成員中，除了王禮霖、李治成和張煒珍，以及男主角是他旗下藝人陳澤耀都是大馬人外，其他團隊成員都是臺灣人，如導演于中中，女主角鐘欣怡。

有了製作偶像劇的經驗，王禮霖製作第二部電視劇是純「大馬製造」的《高校鐵金剛》，而第三部電視劇則又是馬臺聯合製作、于中中執導的《我和我的兄弟·恩》，該片也有陳澤耀、林健輝等大馬藝人演出。此外，二〇一〇年，還有一部由大馬影視集團龍頭Astro與臺灣中視合製的偶像劇《女王不下班》。

《我和我的兄弟·恩》在二〇一一年播出，此後鮮有馬臺合製的偶像劇出現，也許和彼時臺灣偶像劇正沒落的大環境有關。儘管如此，礙於大馬華語電視劇資源不足，還得面對韓劇、中劇、港劇與臺劇的激烈夾殺，還是會有大馬華裔演員赴海外發展。

誰是最早來臺發展的大馬演員，儘管不可考，但第八章已介紹過的林美貞，可說是蠻早期到臺發展蠻久，至今還活躍於演藝圈的大馬演員。林美貞是一九九一年「馬來西亞華裔小姐」的選美冠軍，數年後來臺發展，出演過多部電視劇與電影。

而目前在臺灣的新生代大馬演員，則是劉倩妏，她十六歲在大馬出道，二〇一六年開始來灣發展，至今已出演過多部臺灣與大馬的電視劇與電影。相比在臺的大馬藝人多是歌手身分，劉倩妏是少數專注於演員身分的在臺大馬藝人。

至於目前成就最高的，當屬李銘順。李銘順在二〇一四年憑電視劇《親愛的，我愛上別人了》榮獲戲劇節目男主角獎，成為首位奪下金鐘獎的大馬藝人，七年後又憑職人電視劇《做工的人》奪下金鐘獎「迷你劇集／電視電影男主角獎」。而李銘順的弟弟李銘忠，近年也在臺灣演出多部影視作品，他們兄弟倆都先是在大馬與新加坡的影視圈成名後，才將重心轉到臺灣。

這些年在臺灣電視劇活躍過的大馬演員不勝枚舉，除了上述幾位外，還有張棟樑、光良、謝佳見、艾成……導演方面，一九八五年出生的柯汶利，畢業於世新大學和北藝大電影所，他在二〇一四年憑短片《自由人》獲得金鐘獎「迷你劇集／電視電影導演獎」，不過近年發展重心已在中國，執導過《誤殺》和《唐人街探案》兩部中國電影。

◆

最後要介紹的這位，則是一直與臺灣流行音樂與影視產業的變遷賽跑的楊志光。楊志光來自森美蘭州芙蓉市，他父親在市中心開了家茶餐室，從小他家就被五家電影院包圍著，母親常帶他到電影院「看戲」，不過母親總是在舒服的冷氣電影院內睡著，而楊志光卻在各類電影的薰陶下成為文藝少年。

一九八八年，楊志光在友人的邀請下，一起來臺灣念高中，結果他以芙蓉中華中學的成績被師大附中錄取，而他友人則去了遠在板橋的華僑中學。楊志光是進入師大附中讀高二，最終考上人人稱羨的臺大機械系，但他的志趣始終在廣電類，而臺大卻沒相關科系。為不辜負家人的期待，楊志光趕緊修完機械系的學分，利用更多時間去旁聽心理系、農推系和商學院的課。楊志光臺大畢業後，豐富的背景讓他成功進入奧美廣告公司工作。

二〇一〇年，楊志光因緣際會進入HTC任北亞資深行銷總監，五年後到KKBOX集團的KKTV任內容暨商務長，正式切入影視產業。在參與創辦KKTV後，楊志光監製了網路劇《紅色氣球》、《第一次》、《美男魚澡堂》，獲得第廿二屆亞洲電視大獎最佳網路節目／劇集劇本獎提名。

二〇一九年十月，在KKBOX集團、臺灣文策院、日本朝日放送集團共同投資下，楊志光成立ＩＰ開發公司「七十六號原子股份有限公司」，將臺灣本土故事ＩＰ發行到臺灣與國際的發行平臺，如推出了《76号恐怖書店》、《違反校規的跳投》、《追兇500天》等網路劇集作品。

雖然楊志光個人的事業發展上，和大馬已無太多交集，但掌握多語、成長背景多元的楊志光，市場目光始終不限制在臺灣市場，近年他也積極將臺灣ＩＰ輸出到亞洲市場，或建立連結，如「七十六號原子」在二〇二一年與新加坡的新傳媒共同主辦首屆「Rising Stories亞洲說」劇本徵集，以及成立子公司「Studio886」，與各電視臺合作，協助臺劇翻譯英文、印尼文、越南文等字幕，「出海」到東南亞市場。

楊志光接受臺大機械系電子報專訪❶時說到：「我是和家鄉無緣的人。」在臺灣「長大」三十多年的時光，已超過他在家鄉成長的時間，至今楊志光依舊對臺灣與大馬都有股淡淡的無歸屬感。而這種異鄉人的無歸屬感，也讓楊志光相信一個人的孤獨感很重要，因為那是迫使自身別無選擇不斷向前的驅動力。

大馬電影人

「好像只有臺灣才會發生這個事情，一個馬來西亞的華僑跟金馬獎吵架，然後又拿到它的獎。」在二〇一三年第五十屆金馬獎中以《郊遊》一片榮獲最佳導演獎項的大馬蔡明亮在發表得獎感言時這麼說。

某種程度上，蔡明亮的這番話也反映了臺灣與「外來者們」的關係吧，這種包容的關係不是建立在「政治正確」層面的多元包容，而是遊戲規則的平等、公平，讓許多在自己國家面對族群政策、政治權益不平等的大馬華人，即使再怎麼覺得懷才不遇，在臺灣總有一天會有出頭天的機會，並享有「被承認」的榮耀。

臺灣除了金馬獎，還有其他重要的電影獎或影展獎項，如臺灣金穗獎、臺北電影節、臺灣國際紀錄片影展等，其中也有過不少大馬電影人入圍得獎，但為使內容更聚焦，本文將聚焦於金馬獎。

◆

提到臺灣知名的大馬導演，我想大馬人第一時間會想到蔡明亮吧，儘管許多人未必看過蔡明亮的電影，或對他鏡頭緩慢的藝術電影「敬而遠之」。至於臺灣人，也許未必會想到蔡明亮是大馬人，因為他的電影主題多與臺灣有關，除二〇〇六年出品的《黑眼圈》外，其電影基本上已被視為臺灣的國片，已是臺灣電影在國際上被看見的象徵。

至今，蔡明亮合計在十三屆的金馬獎中獲提名，並榮獲四個獎項。如果筆者查證無誤的話，蔡明亮應該是首位獲得金馬獎殊榮的大馬人。一九九四年，蔡明亮以《愛情萬歲》獲得最佳導演獎與最佳劇情片獎，時隔近十九年，才以《郊遊》一片榮獲金馬最佳導演獎。二〇一六年，蔡明亮以

《你的臉》在第五十六屆金馬獎奪下最佳紀錄片獎。

◆

接下來是何蔚庭導演，與蔡明亮一樣，其作品和大馬並無太多交集。一九七一年出生的何蔚庭來自柔佛州麻坡，他高中畢業後到美國學電影，畢業後在紐約、新加坡工作，二〇〇一年才移居臺灣，至今拍了多部廣告、紀錄片和電影，其作品在金馬影展、坎城影展等各大國際影展得獎。

二〇一〇年，金馬獎首次設「最佳新導演獎」，而何蔚庭憑首部長片《臺北星期天》，成為該獎的首位得主。

至今何蔚庭仍活躍於臺灣電影圈，二〇一七年，他憑劇情長片《幸福城市》獲得第五十五屆金馬獎的四項提名；二〇二一年，再以《青春弒戀》獲得第五十八屆金馬獎的兩項提名。

◆

另一位活躍於臺灣與香港的電影人，是來自我家鄉怡保的田開良。

田開良是專業電影編劇，其作品《父子》曾入圍第四十三屆金馬獎最佳原著劇本、第廿六屆香港電影金像獎最佳編劇等。近年田開良在臺灣發展，除擔任各電影獎項的評審外，也在臺藝大與世新大學教授編劇課程。

與一般大馬留臺生不同的是，一九六八年出生的田開良是出社會多年後才來臺讀電影，他在怡保培南獨中畢業後，到新加坡的話劇團工作與學習，一九九五年才進入一家大馬的影視公司學編劇，六年後才赴臺就讀臺藝大電影系，自此與臺灣結緣。

後來田開良與香港導演譚家明完成《父子》的劇本，譚家明擔任導演，田開良擔任副導演，該片的主要場景就在怡保。二〇〇六年，儘管《父子》沒有拿下金馬最佳原著劇本獎，但總共獲得八項金馬獎提名，並奪得最佳劇情片、最佳男主角與最佳男配角獎。

有趣的是，另外入圍過金馬獎的大馬導演廖克發與梁秀紅，與田開良一樣，都是在各自人生階段較晚的時間才來臺就讀臺藝大。身為廖克發與梁秀紅的學長的田開良，也是廖克發的長片《菠蘿蜜》的編劇，而梁秀紅來臺前，就因編劇工作而與田開良認識了。

◆

一九八四年出生的梁秀紅，畢業於臺藝大廣電系，是一名導演與編劇，作品包括短片《前世情人的情人》與《盲口》。擔任過編劇的電影包括《嗨！神獸》、《樂園》，而且這兩部電影都曾獲金馬獎的獎項提名。

在吉隆坡郊區的沙登新村長大的梁秀紅，自小深受香港流行文化的影響，對臺灣的認識則是看瓊瑤的小說和電視劇，才萌生了拍片的夢想。礙於大馬的種族政策，梁秀紅國立中學畢業後無緣到國立大學就讀，她進入私立大學修讀大眾傳播系學位學程，畢業後曾從事凌晨剪報、外匯投資直銷、雜誌編輯、廣告文案企劃、影視公司的工作。

為精進劇本寫作能力，梁秀紅曾來臺報讀華視、臺灣影藝學院開辦的短期編劇課程。在邁入三十而立的前一年，梁秀紅放下有穩定薪水的工作，不顧家人反對下到臺藝大「重新開始」。最終梁秀紅也讓家人看見她的努力，其畢業製作《盲口》入圍了第五十四屆金馬獎最佳劇情短片，而該片的主旨是反思大馬的族群關係、言論自由。

值得關注的是，近年在臺灣嶄露頭角的大馬電影人，他們在臺灣發表的作品開始呈現自身的「馬來西亞意識」。由於大馬的言論自由仍受官方箝制，那有創作自由空間的臺灣，就成了新一代大馬旅臺導演的舞臺。

◆

與梁秀紅入圍同一屆金馬獎的，還有她臺藝大的同學陳勝吉。

一九八六年出生的陳勝吉，二〇一七年憑執導的《分貝人生》獲得金馬獎最佳新導演、最佳攝影獎兩項提名，儘管沒能得獎，但同年也以《風和日麗》獲金馬創投會議的「百萬首獎」，至今在籌拍中。

《分貝人生》中的「分貝」二字就是「貧」，是講述大馬華人社會底層故事的社會寫實電影，主演除女主角張艾嘉外，都是大馬演員，而該片也是少數成功在大馬上映的旅臺大馬導演所拍的金馬獲獎電影。

值得一提的是，《分貝人生》就是王禮霖的摩爾娛樂所出品的，早在二〇一四年便協助陳勝吉的《分貝人生》獲得金馬創投會議的「百萬首獎」。

◆

接下來也是臺藝大畢業的廖克發導演。一九七九年出生的廖克發，和梁秀紅、田開良一樣比較晚才來臺求學。廖克發從新加坡國立大學企管系畢業後，當了四年的新加坡小學老師，廿七歲才赴臺就讀臺藝大電影研究所。

二〇一九年，廖克發以兩部作品入圍第五十六屆金馬獎，包括《還有一些樹》入圍最佳紀錄片，與陳雪甄合導的首部劇情長片《菠蘿蜜》入圍最佳新導演。

《菠蘿蜜》講述大馬僑生一凡與來自菲律賓的移工萊拉，兩人在臺灣邂逅的故事，其中馬國僑生男主角在片中的父親是馬共的後代，劇中也出現當年馬共與官方抗爭的畫面。包括《菠蘿蜜》在內，廖克發還有兩部作品題材都涉及馬共與族群衝突的議題，即紀錄片《不即不離》、《還有一些樹》。由於題材敏感，至今廖克發的三部作品在大馬是遭官方禁映的。

此外，由於廖克發相當關注族群關係、轉型正義的議題，其最新紀錄片作品《野番茄》，是受高雄市電影館邀請拍攝的高雄二二八事件紀錄片。

◆

而最新一位在金馬獎獲獎的，就是張吉安。二〇二〇年，張吉安以劇情長片《南巫》獲得第五十七屆金馬獎最佳新導演獎、國際影評人費比西獎、奈派克獎和亞洲電影觀察團推薦獎，也獲得金馬獎最佳原著劇本獎的提名。

一九七八年出生的張吉安，畢業於大馬拉曼大學大眾傳播系、澳洲科廷大學電影系（Curtin University），他深受已故的大馬知名導演雅絲敏的啟發，一直想拍出屬於他故鄉，也屬於馬來西亞故事的電影。張吉安畢業後當過電影剪接師、劇場演員、紀錄片導演、記者、國營廣播電臺主持人、社區藝術工作者。而張吉安最令大馬華人熟悉的身分，是在電臺開「鄉音考古」節目，到全馬各地採集逐漸凋零的華人方言。

十年磨一劍。二〇一七年，張吉安以「五一三事件」為背景的短片《義山》，入圍了第二十二屆釜山國際電影節「Wide Angle」競賽單元。隔年，以電影企劃案《南巫》獲得金馬創投「內容物數位獎」，兩年後就在臺灣奪下金馬最佳新導演獎。

《南巫》是一部張吉安以家鄉吉打州為背景，以當地的民俗傳說、神靈為元素，進而探討大馬族群關係的電影。自小愛看電影的張吉安，也深受臺灣導演侯孝賢的影響，許多人評論《南巫》就是他的「同年往事」，片中出現乩童、降頭的情節，也是他小時候所見的日常。由於《南巫》出現的巫術、泛靈信仰挑戰了大馬官方的伊斯蘭論述，因此大馬電檢局提出多個刪減畫面的要求，再加上疫情的影響下，至今《南巫》未能在大馬公映。

此外，張吉安在二〇二〇年也以《五月雪》獲得金馬創投會議的「法國電影文化局CNC現金獎」，意味著他新片《五月雪》將會是馬臺法三國合製，由於該片內容也是以敏感的族群衝突事件「五一三事件」為背景，預料該片未來也會引起官方的關注。

◆

二〇一九年與二〇二〇年，可說是星馬電影在金馬獎最熱鬧的兩年。由於中共的抵制，金馬獎在中國影人缺席的影響下，讓更多優秀的東南亞電影被看見了。除了前述幾位導演、編劇的金馬獎成就外，還有一些大馬電影人在五十六、五十七屆金馬獎被看見。

演員方面，首先是李心潔，她在第五十六屆金馬獎，憑臺灣導演林書宇執導的《夕霧花園》獲得最佳女主角提名，而《夕霧花園》更是她闊別影壇四年的復出之作。

《夕霧花園》改編自旅居英國的馬華作家陳團英的英文小說《*The Garden of Evening Mists*》，該片獲得九項金馬獎提名，包括最佳劇情長片、最佳導演、最佳女主角、最佳改編劇本、最佳攝影、最佳剪輯、最佳原創電影音樂、最佳美術設計，以及獲獎的最佳造型設計。值得一提的是，參與演出的張艾嘉，就是當年把李心潔帶到臺灣發展的貴人。

和張吉安是吉打州同鄉的李心潔，起初在臺灣是以歌手身分出道，後來逐漸往演員的身分發展。二〇〇二年，李心潔憑成名作《見鬼》奪得金馬獎最佳女主角，是第一個獲得此殊榮的大馬女演員。在電影事業相當成功的李心潔，至今共被提名過三次金馬獎最佳女演員、一次最佳女配角。

至於在五十六屆金馬獎擠下李心潔，奪得最佳女主角獎的，也是出生於大馬的楊雁雁。楊雁雁憑新加坡導演陳哲藝執導的《熱帶雨》，榮獲最佳女主角，而早在二〇一三年，楊雁雁也以陳哲藝的《爸媽不在家》，獲得首座金馬獎最佳女配角獎。

還有一位曾入圍金馬獎的大馬女演員，她就是獲得第廿七屆金馬獎提名最佳女主角的楊紫瓊，當年她出演的電影是李安執導的《臥虎藏龍》。

儘管表面上看起來，大馬女演員在金馬獎的曝光度較高，但近年也開始有男演員嶄露頭角。同樣是在五十六屆金馬獎，馬臺合製的臺灣電影《樂園》的男主角是大馬演員翁原騰，他被提名最佳新演員，而他當時也是摩爾娛樂旗下的藝人。同樣是摩爾娛樂旗下藝人的陳澤耀，除參與《樂園》的演出外，也是《分貝人生》的男主角。

其他入圍第五十六屆金馬獎的大馬電影人，還有黃志聰執導的《隱匿的方寸空間》獲提名最佳動畫短片，以及林峻賢導演的《蒼天少年藍》獲提名最佳劇情短片。至於第五十七屆金馬獎，除了張吉安獲得最佳新導演獎外，還有兩個來自大馬的遺珠，那就是池家慶執導的《嗨！神獸》獲提名最佳視覺效果，以及歌手黃明志執導的《你是豬》獲提名最佳原創電影歌曲。

值得一提的是，池家慶的弟弟就是臺灣的大馬餐廳「池先生koptiam」老闆池家瑋，不過池家慶並不是留臺生，而是在大馬的影視圈當了導演多年後，才受邀拍《嗨！神獸》這部真人奇幻動畫電影。

至於早已紅遍亞洲的黃明志，就不做太多介紹了，不過他執導的《你是豬》在金馬獎外有許多爭議，由於該片赤裸裸地以大馬校園霸凌與種族歧視現象為題材，引起大馬的保守派人士不滿，而黃明志也未打算將這高度敏感的電影在大馬上映，因此臺灣就成了全球唯一公開在院線放映過的國家，某種程度也反映了臺灣的海納百川。

大馬電影推手

在投資、發行方面，除前面介紹過的楊志光外（主要投資影集），其實也有好幾位大馬人的身影，本章多次提到的王禮霖就是其中之一，而他與臺灣的結緣，早在二〇〇八年拍《逆風十八》前就開始了。

第七章提到，八〇年代末到九〇年代中，曾有許多大馬人來臺灣「跳飛機」當非法移工，而王禮霖本身，則是透過合法仲介安排來臺工作的移工，而那位仲介就是他姊姊 Ivy。

一九九九年，王禮霖才學院畢業沒幾年，曾短暫從事裝置設計和廣告排版工作，儘管很嚮往娛樂圈，但為了五斗米，在姊姊的建議下來臺打工。當年王禮霖的姊姊在臺灣的仲介公司上班，因此給王禮霖安排了兩年的合約，在桃園的一間鐵廠打工。

當時除了王禮霖一位「馬勞」之外，其他移工都來自菲律賓，大家日復一日地磨鐵，而他每天早上都啃同一款麵包，因此當王禮霖後來協助陳勝吉推《分貝人生》時，也能切身體會底層人物的心境。

當年的大馬才剛經歷亞洲金融風暴，經濟狀況也不好，王禮霖本以為臺幣相當好賺，但理想往往與夢想有段距離。最終王禮霖實在受不了這日復一日，又存不了錢的「生存」，只當了半年的「馬勞」便向鐵廠老闆提出辭呈，而姊姊 Ivy 數年後也返馬了，因為在仲介公司上班相當累。

Ivy 也是留臺生，她一九九七年開始在桃園的仲介公司當翻譯員。Ivy 稱在她入行的前幾年，公司依然有聘雇大馬人來臺當「馬勞」，臺灣老闆也相當喜歡語言相通的大馬勞工。也許後來臺幣已不再吃香，除了王禮霖一位外，在 Ivy 工作的三年內都沒引入大馬勞工，也未聽聞其他同業有引入合法或非法的「馬勞」。

也許可以這麼說，王禮霖算是「末代馬勞」吧。如今的王禮霖，不僅成功踏入娛樂圈，也準備實踐電影夢了，而當年讓他來當移工的臺灣，就是其中的助力。

王禮霖返馬後，曾到網路媒體、索尼音樂中文部、大馬中文廣播電臺九八八的節目部、海螺音樂藝人經紀部工作，而他在海螺音樂第一個負責的大馬藝人就是林宇中。由於觀察到音樂產業逐漸萎縮，因此王禮霖期待讓所帶的藝人全方位發展，包括跨足拍片，因此才誕生二〇〇八年的馬臺合製偶像劇《逆風十八》。

二〇一四年，王禮霖成功協助陳勝吉的《分貝人生》電影企劃在金馬創投會議獲得百萬首獎。隔年，在娛樂圈打滾多年的王禮霖成立摩爾娛樂，同年還邀請了金馬執委會執行長聞天祥到大馬舉辦分享臺灣電影創投經驗。隨著相關新聞在大馬的大量曝光，也開始刺激了大馬影視製作公司前仆後繼參與金馬創投。

為更深入開拓臺灣市場，摩爾娛樂在二〇一八年入股臺灣的新世紀南向開發有限公司（以下簡稱「新世紀南向」），而這家公司的創辦人也是來自大馬的張煒珍。張煒珍曾是王禮霖在電臺工作時的下屬，她嫁來臺灣以前，曾在大馬從事過記者、編劇、電臺DJ的工作，後來到政大廣電所進修。之後正逢新南向政策熱潮興起，張煒珍在二〇一六年成立了新世紀南向，除為臺灣企業做商業媒合，也帶團回大馬作商業考察。

由於張煒珍和王禮霖都是《逆風十八》的幕後團隊成員，因此當王禮霖計畫更深入開拓臺灣市場時，張煒珍和王禮霖兩人就再度攜手合作了。摩爾娛樂入股新世紀南向後，他們的首部作品《樂園》就獲得金馬獎最佳新演員的提名，而接下來第二部作品是已殺青的《衝吧！周大隆》。

至今，摩爾娛樂入選過金馬創投的企劃作品有《分貝人生》、《麻瘋》、《迷失安狄》、《富都青年》，其中獲「FPP前瞻視野獎」、「鏡文學潛力故事獎」青睞的《富都青年》，就是由擔任製片多年的王禮霖擔綱執導，並由李心潔擔任監製。王禮霖在臺灣的旅程，將從曾是過著「分貝人生」的移工，邁入被臺灣金馬看見的新導演。

◆

另一位與臺灣有關係的大馬電影人，就是大馬Jazzy Group of Companies執行長吳佩玲，她也是大馬國際電影節（MIFFest）、金環獎創辦人。

二〇一五年，吳佩玲認識了到大馬分享臺灣創投經驗的聞天祥，當時聞天祥建議大馬也該有自己的國際電影節。最終在二〇一七年，吳佩玲公司原主要業務是經營國際歌手來馬宣傳、辦演唱會，這年正式跨足電影市場，成立爵士電影製作（Jazzy Picture），並在同年首度舉辦大馬國際電影節，而王禮霖也曾任策展人。值得一提的是，臺灣駐馬代表處在第一至第三屆的大馬國際電影節中，也舉辦了「臺灣電影之夜」。

數年前我訪問吳佩玲時，她告訴我臺灣電影與大馬的關係不是只有電影節的連結而已，因為臺灣在產業技術上較先進，因此大馬的電影團隊會到臺灣取景、進行電影後製，諸如《一路有你》、《輝煌年代》等大馬熱賣的華語電影，就是由臺灣音效大師杜篤之操刀的。另一方面，在臺灣學電影的大馬人，回流母國後也提升了大馬的影視產業水平，臺灣可謂幫大馬培養了許多影視產業人才。

◆

在臺灣，除了有大專院校培養了大馬的影視產業人才外，還有金馬電影學院、臺北電影學院，也不限制國籍，讓有才華的大馬電影人，經一番遴選後，得以有機會與臺灣資深、大師級的業界人士學習。

如二〇〇九年成立的「金馬電影學院」，曾是學員的大馬人包括LohMing Kwang、沈紹麒、練健輝、陳衍盛、廖克發、陳勝吉、梁卉彬、曾健華、陳鈺瑩、顏佑龍、梁秀紅、程添健、劉國瑞、歐詩偉。

至於臺北市電影委員會在二〇一四年成立的「臺北電影學院」，由於官網無列出歷屆學員及國籍名單，故無法逐一列出曾是學員的大馬人，但還是有位朋友值得介紹，那就是我大學學長郭斯恆。

來自麻坡的郭斯恆，二〇二一年獲選「臺北電影學院」的學員新銳製片，獲得了二〇二二年到「鹿特丹影展製片人才培育工作坊」接受國際培訓的機會。郭斯恆世新大學廣電系畢業後成立「日映影像」，在臺發行了多部作者風格獨特且強烈的電影，包括《川流之島》、《蚵豐村》、《阿尼》、《你的電影我的生活》、《*Dossier of the Dossier*》等電影。其中《阿尼》入圍二〇一六坎城影展國際影評人週、提名金馬獎最佳劇情短片，而《川流之島》也在金鐘獎與金馬獎得到多項提名、獲獎。

臺灣的影視產業裡，無論是幕前的演員，或是幕後的導演、編劇，乃至發行端的製片，都有大馬人的存在，無論是只為餬口生存，或是築夢，臺灣都給了大馬人發揮的舞臺。而創作自由的不設限，也讓臺灣成了大馬華語電影「禁片」最後的迦南地。

從歌手到網紅

談完了臺灣影視產業中的大馬人後，接下來就是臺灣音樂圈中的大馬人了，而這也是讓筆者感到非常有壓力的部分，因為來臺追逐歌手夢的大馬人比來圓導演夢、演員夢的更多，而且還有不少填詞人、作曲人等幕後工作者在其中。

關於大馬與臺灣華語音樂的淵源史，若要完整細究下去，恐怕能書寫出的份量已超過這本書能負擔的範疇，因此筆者還是以概略的方式敘述。

早在二十世紀初，尚未獨立的馬來亞與新加坡也有自己的華語流行音樂歌手，如不少臺灣歌手都翻唱過的四〇年代名曲《午夜香吻》，其實是由來自馬來亞雪蘭莪的上官流雲創作的，他曾是在星馬紅極一時的歌手。

隨著二戰後香港、臺灣的復甦，流行文化輸出到南洋，如港臺的資本電影公司、唱片公司開拓星馬市場，不僅讓港臺的歌手有機會到南洋巡演，也讓星馬的歌手得以有機會被看見，並到港臺發展。

星馬作為「大中華市場」的邊陲，必然受到位處「中央」的香港與臺灣在文化上的方方面面影響，如黃明志在二〇一八年推出的歌曲〈唱廣東歌〉，更道盡了香港流行文化對好幾代大馬華人的影響。由於篇幅有限，因此接下來還是會著重在臺灣的部分。

◆

在這裡，先介紹一位經歷過臺灣音樂產業興衰的大馬人，那就是本章出場過的「七十六號原子」創辦人楊志光。

表面上來看，楊志光應與影視產業的關係更深，實際上他是個音樂愛好者，其臺北住家內的一大面牆都塞滿了多年來收集的西洋音樂專輯。楊志光就讀臺大機械系時期，課餘時間除了看電影外，也收聽電臺音樂緊跟潮流。楊志光甚至到各大學的舞會當ＤＪ，即使在奧美工作時期，也利用週末時間到夜店當兼職DJ。

熱愛音樂的楊志光，在奧美工作兩年多後，終於如願以償跨入音樂產業，毛遂自薦下進入如日中天的滾石唱片工作。相比李宗盛發掘了大馬歌手來臺發展，他是反過來協助臺灣藝人到東南亞宣傳，楊志光記得他曾帶唱過〈飄洋過海來看你〉的「娃娃」金智娟，還有趙傳、徐雯倩、張洪量到星馬與印尼宣傳。「當時滾石很紅，幾乎每個月都有人要去馬來西亞表演……有時我會順便回家，有時忙得無法回……」楊志光回憶道。

此外，李宗盛的表演團隊班底也多是大馬人，這是因為早年楊志光常跟李宗盛去東南亞尋找好的樂手有關，他們去過雅加達、馬尼拉，卻發現菲律賓好的樂手都去了香港。楊志光表示，李宗盛的音樂比較接近Fusion Jazz，臺灣樂手在這方面較不擅長，而最終李宗盛在大馬遇到了Mac Chew（周國儀）與Jenny Chin（陳愛珍）兩位大馬資深音樂人。

根據《臺灣東協造音行動》報導，[2]雖然Mac和Jenny是華人，但不諳中文的他們對華語音樂認知不多，起初對李宗盛的合作邀約也興趣缺缺。最終李宗盛為表示誠意，答應他們不必將事業重心移向臺灣，此後李宗盛就常往返臺北與吉隆坡，大馬儼然成了李宗盛第二個家。由Mac和Jenny操刀編曲的李宗盛作品相當多，如膾炙人口的〈領悟〉、一九九五年的作品集《不捨》。

談回楊志光，從此他的職涯經歷橫跨唱片業、線上音樂、廣播電臺、影音串流平臺（OTT）與影視製作。楊志光在音樂產業的時光，經歷了實體唱片的黃金年代，也見證了音樂產業在數位化轉型的道路上一去不復返。在滾石工作五年後，楊志光待過「臺北之音」、MTV音樂電視臺、雅虎奇摩、華納音樂……簡而言之，楊志光近三十年的業界經驗，多與數位內容及版權營運有關。

◆

還有一位與臺灣音樂產業有關的重要大馬人，那就是八〇年代在臺北成立的「交叉線唱片」，主要業務是引進西洋音樂、黑膠唱片及早年少見的混音器。在地下舞廳興盛的八〇年代，各家舞廳所使用的舞曲黑膠唱片，主要由交叉線唱片和飛訊唱片所引入的，而交叉線創辦人就是由兩位潘姓大馬僑生所成立的。一九八五年成立的交叉線唱片，後來擴大規模後為如今的「映像唱片」。

儘管筆者透過音樂界的朋友嘗試約訪，但只想低調的潘老闆表示不便受訪，因此只能從音樂愛好者的記憶，來側面描寫「交叉線唱片」了，幸運的是。楊志光跟潘老闆也有段淵源。由於早年臺灣人出入境管制較嚴格，能方便出入的各國僑生，就成了各方尋求跑單幫買洋貨的對象，而想著賺點旅費到香港找同學玩的楊志光就是其中一人。

楊志光說，他念大學時期，為了聽好的黑膠唱片，在友人的介紹下，到位於林森北路、欣欣百貨附近的交叉線唱片尋寶，沒想到與潘老闆一聊之下，才驚訝原來都是同鄉。暑假時期，楊志光就幫潘老闆在香港跑單幫，每次返臺時，行李箱都塞滿了黑膠唱片，豐厚的報酬也補足了他在香港的旅費。

此外，楊志光到各大學舞會當ＤＪ的兼職外快，也是潘老闆介紹給他的。他倆初識時，潘老闆建議楊志光不如也學習如何「接歌」，楊志光自學成功後，便獲潘老闆的引薦。楊志光還分享說，其實他大學時期只有腳踏車，想像一下，一個帶上一堆黑膠唱片騎腳踏車的ＤＪ，讓人看了覺得很遜，所以他每次去舞會前一定跟朋友借機車。

金曲獎

這些年來臺灣發展的大馬歌手多如天上繁星，若論元老級的人物，巫啓賢應算是第一批登臺者。

來自霹靂州的巫啟賢，先是八〇年代在新加坡的「新謠」（新加坡華語民謠）運動時走紅，一九八八年進入臺灣市場，一九九四年翻唱大馬歌手柯以敏作曲的〈太傻〉而爆紅。

一九九七年，這一年的金曲獎不僅合併了金鼎獎的唱片獎項，更首度取消國籍限制，在「最佳國語男演唱人獎」之外另設了「世界華人作品獎」下的「最佳男／女演唱人獎」。不過，這獎項也就維持了一屆，第九屆開始取消大陸地區、世界華人的區域與身分限制，「全球華人歌手」共同角逐個人獎項，這舉措也奠定了金曲獎在華語流行音樂的殿堂級地位。

至於那只頒發了一屆的「世界華人作品獎」，大馬歌手柯以敏入圍了女演唱人獎，男演唱人獎的得主就是巫啟賢！當時入圍此獎項的還有王力宏、杜德偉、香港樂隊「CD VOICE」的譚日康與陳智榮，以及同樣來自大馬的男子組合「無印良品」，即光良與品冠。也就是說，巫啟賢是首位在金曲獎獲獎的大馬人。

根據官方的歷屆得獎記錄，曾獲得最佳國語男／女歌手獎的大馬人只有三位，即巫啟賢、戴佩妮（第廿五屆），以及曹格（第十九屆），而獲得最佳新人獎的只有林宇中（第十七屆）。

值得一提的是戴佩妮，她是得過最多金曲獎項的大馬歌手，包括最佳國語女歌手獎，最佳作曲人獎（第十七屆、第廿六屆）、最佳樂團獎（第廿六屆），其中第廿六屆獲獎時，戴佩妮是以樂團「佛跳牆」的名義參選的，這是她在二〇一〇和友人組成的樂團。

金曲獎還有兩位遺珠，那就是黃明志與梁靜茹。黃明志已三度被提名最佳國語男歌手、三度被提名最佳音樂錄影帶獎，以及二〇二〇年與臺灣歌手大支合唱的〈鬼島〉入圍年度歌曲獎，表現可謂亮眼。不過，最大的遺珠還是出道二十多年，給了一代人「勇氣」的梁靜茹，六度被提名最佳國語女歌手獎，希望她有朝一日能實至名歸。

星光之路

如果說大馬〇〇後華人的成長記憶就是看中國的《我是歌手》、《創造一〇一》等選秀節目長大，那對許多八〇與九〇後來說，《超級星光大道》、《超級偶像》就是我們的集體記憶。

對許多大馬華人歌手來說，臺灣是一個很重要的地方，有著「出口轉內銷」的作用，能在臺灣紅回大馬的話就是加分。有的歌手即使是在大馬出道，但還是希望能到臺灣「過水」(泡洋水的意思)，一方面讓家鄉的受眾意識到自身已在臺灣獲得肯定，另一方面臺灣是比大馬更大、更發達的市場，在此闖出名堂以檢視自身的實力。

當然，也有另一因素是臺灣公司來馬發掘新人，帶到臺灣出道，如李宗盛發掘了梁靜茹，張艾嘉發掘了李心潔……而選秀比賽的誕生，也讓有志者不必久候伯樂，自己來參賽就可以了。《超級星光大道》、《超級偶像》都是在二〇〇七年誕生，而大馬電視媒體巨擘寰宇集團Astro早在一九九七年，就有了自己的華語歌唱比賽，那就是誕生了張棟樑、陳勢安、陳威全等大馬歌手的《Astro新秀大賽》。

有趣的是，聽張棟樑的歌長大的我，到了臺灣才知道原來他是我大學學長。張棟樑十八歲來臺就讀僑大，接著考上世新大學口傳系，卻因家境問題而休學回國，返馬後卻因參加《Astro新秀大賽》奪冠一炮而紅，才有契機再到臺灣發展演藝事業。

此外，獲得第二屆《超級偶像》亞軍的符瓊音，以及《超級星光大道》首位大馬冠軍的李佳薇(第七屆)，都有兩個共同點，第一曾是《Astro新秀大賽》的參賽者，第二都是來臺求學的學生。當時符瓊音是逢甲大學中文系的學生，而李佳薇則是臺大生命科學系的交換生。而另一位在《超級偶像》成名的大馬歌手，就是第八章已介紹過的「艾叻沙」創辦人艾成，他是第二屆冠軍。

臺灣的選秀節目除《超級星光大道》、《超級偶像》外，二〇一八年開播的《聲林之王》也有開放海外選手參賽，甚至到大馬進行海選，而第二季的冠軍也是來自大馬的歌手李艾薇。

◆

無論是早年的民謠，還是後來的流行音樂，聽臺灣音樂長大的大馬人，如果會來臺灣求學的話，就算自己沒有歌手夢，身邊多多少少會有在追夢或追星的同鄉友人吧……

那以「僑生」來說，也許最早在臺灣參賽，並在成名後持續浸淫音樂界的，就屬政大新聞系畢業的彭學斌吧。彭學斌大四時和陳綺貞搭檔，參加臺灣最重要的校園歌唱比賽「金旋獎」，當時他被擔任評審的製作人李安修老師注意，並引薦彭學斌畢業後進入唱片公司擔任製作助理。

雖然彭學斌在臺灣只待了八年，一九九八年就返馬，但至今已製作一百張以上的唱片，發表了三百多首詞曲作品，如〈我也很想他〉、〈伯樂〉、〈崇拜〉、〈天后〉，合作過的藝人包括光良、林宥嘉、孫燕姿、陳綺貞、梁靜茹……等橫跨新馬臺的歌手。

此外，彭學斌返馬後，除了開音樂製作公司當老闆，也發掘有潛力的新人。一九九六年，在大馬舉行的「海螺新韻獎」歌唱比賽中，參賽者就有張智成、阿牛、戴佩妮、梁靜茹等一票後來到臺灣發展的歌手，其中張智成數年後被擔任歌唱評審的彭學斌發掘，彭學斌也成了張智成的經紀人。

進入廿一世紀後，隨著臺灣電視臺的歌唱選秀節目興起，也有了艾成、符瓊音、李佳薇等前人在臺灣成功出道的先例，某種程度上也激勵了大馬的莘莘學子懷抱歌手夢來臺。

我遇到許多臺灣人對大馬留學生的印象，就是「很會唱歌」，無論是各大學內的校園歌唱比賽，或是辦給境外生的歌唱比賽，都不難發現大馬參賽者的蹤影。

大馬影評人、時事評論人郭朝河也是政大新聞系畢業，他也是二〇〇〇年後到臺灣留學。郭朝河記得，一些懷有歌手夢的大馬留學生，也會報名參加正興起的選秀節目，但往往在初選時就被刷下來了，能成名的還是鳳毛麟角。

隨著現今中國選秀節目興起，我也注意到一些到中國留學的大馬人也會參賽，此番盛況如同當年也有許多外籍華人在臺灣選秀節目中出現。

儘管臺灣流行音樂的盛世已成往事，但還有許多懷有音樂夢的大馬人在臺灣努力著，其中一位請容許我私心介紹一下，她就是和我同年同月同日同班機來臺求學的怡保同鄉盧苑儀，她二〇一〇年就讀僑大，隔年考上臺南藝術大學。

這些年，筆者也見到盧苑儀持續在音樂的道路上努力著，從幕後到幕前，近年也順利在臺出道當歌手，甚至為《狼殿下》、《一吻定情》、《小時代》、《寒單》、《范保德》、《一吻定情》等華語電影與電視劇演唱配樂。

還有一位是大我十歲的同高中學長李迪權。李迪權畢業於師大美術系及北藝大造形研究所版畫組，曾是知名獨立樂團「那我懂你意思了」的貝斯手，這樂團活躍於二〇一一年至二〇一六年。雖然樂團已解散了，而李迪權也不再活躍於音樂圈，但他在藝術創作上仍有一定成就，是在臺灣有名的版畫家，其作品曾入選臺灣、泰國、日本的版畫年展。

在此祝福所有在臺灣樂壇努力著的大馬人，出頭天終會到來。

網紅現象

還有一位大學時期，在臺灣音樂界、影視界努力過，並希望有朝一日成名的大馬人是不能不提的，那就是黃明志。

有時臺灣朋友會問我，怎麼評價黃明志？對臺灣人來說，黃明志是一個敢說敢言的歌手，不僅對抗大馬政府，也懟中共和小粉紅，還讚揚臺灣的自由民主。確實也有的臺灣人並不曉得，其實在大馬華人社會內，不喜歡黃明志者大有人在，他們認為黃明志只是擅長炒作話題、歌曲粗俗、言論政治不正確等……

黃明志確實是一個極具爭議性的人物，難以三言兩語去評論他的為人、對社會的影響。無論如何，黃明志作為一名留臺畢業的大馬人，又是近年紅遍「華人世界」的歌手，他的存在賦予了大馬人留臺史、臺灣流行音樂史更多符號意義。

首先，黃明志可以說是活躍於臺灣樂壇的大馬歌手中，最富「大馬風」的歌手。記得從前許多臺灣人並不清楚，原來戴佩妮、曹格、方炯鑌等眾歌手是大馬人，黃明志走紅後，有的人一知道我來自大馬，就會說很喜歡黃明志的〈飆高音〉、〈泰國情哥〉、〈漂向北方〉。二〇二一年十月，黃明志和「祖籍」大馬的澳洲籍歌手陳芳語合唱的〈玻璃心〉橫空出世後，更讓黃明志成了當今華語歌壇中無人不曉的存在。

相比許多來臺發展的新馬歌手多是清一色唱市場接受度高的情歌，題材多元的黃明志是獨特的存在。據悉有的新馬藝人來臺發展時，會被要求上正音班，減少大馬口音以融入大中華市場，反觀「馬來西亞人意識」強烈的黃明志，始終擁抱自己的口音，用自己的特色征服東南亞與港臺市場，如同他在出道作〈麻坡的華語〉所寫的「語言沒有標準性，只有地方性」。

也因為黃明志有鮮明的個人特色，因此許多臺灣民眾非常確定黃明志來自大馬，而非問到梁靜茹、光良、品冠來自哪裡時，可能還會遲疑一下。如果問中國人，也許還會驚訝原來梁靜茹不是寧夏人。

而另一個重要的符號意義，就是黃明志乃網紅界的「先行者」。

筆者在前文提到，大馬歌手在臺成名有兩種重要的路徑，即由唱片公司帶來臺灣發展，或是參加臺灣的歌唱選秀節目。如今還有第三種大家都已不陌生的路徑，那就是透過YouTube、

Instagram、臉書、抖音等社交媒體平臺，其中YouTube是許多網紅流量變現的重要平臺。

黃明志曾在臺灣網紅界盛事第三屆「走鐘獎」典禮上說：「我在二〇〇六年創立（YouTube頻道），比蔡阿嘎早一年，所以我才是臺灣傳說中的骨灰級YouTuber。」黃明志是在臺讀大學時註冊YouTube頻道，過去臺灣網紅蔡阿嘎被網友封為網紅界的鼻祖，但以註冊地來說的話，黃明志確實是先行者。

時間回到二〇〇二年，黃明志麻坡中化中學畢業後，以外籍生身分來臺就讀銘傳大學國際學院傳播學程。相比其他有歌手夢的大馬旅臺生，當年黃明志單純地只想把創作的歌曲賣出去，但都乏人問津。

為了留臺發展，黃明志技術性延畢兩年，因為當時還有僑外生畢業後留臺工作得底薪四萬七千九百七十一元的限制，這兩年黃明志打了幾十份的工作，如雞排店打工、外送員……其中不能不提的，就是在他「大六」那年成為《超級星光大道》的幕後工作人員，協助拍攝VCR。儘管節目組曾建議黃明志不如參賽「踢館」，但他只想在幕後學習。

二〇〇七年，黃明志因改編大馬國歌，歌詞中批評大馬警方與政府的貪腐文化，以及種族主義現象，而遭到警方調查，從此黃明志這名字成了全馬人民家喻戶曉的名字。雖然黃明志是於二〇〇七年在網路上「出道」的，但值得注意的一點是，儘管黃明志是從臺灣紅回大馬，然而當年社交平臺未興起，網媒也不興盛，臺灣對黃明志的認識還是有限。

二〇〇八年七月，倦鳥知還的黃明志選擇回流母國，這段時間多是在大馬創作，也拍了幾部電影和紀錄片。黃明志將目光重新投射回臺灣、香港等「亞洲」市場，大約從二〇一三年開始的，一直到二〇二〇年的七年間，共推出了七張「亞洲」系列的專輯，如《亞洲通車》中與王力宏合唱的〈漂向北方〉，更讓黃明志打響了在大中華市場的名聲，這首點閱率破億的歌更成為二〇一七年YouTube熱門影片（臺灣）第一名。

相比其他大馬歌手成名後已將事業重心放在臺灣或中國，至少在外人的角度看來，黃明志依然是馬臺雙棲，其創作中依然有許多大馬有關的內容，不會只專注海外市場。

黃明志的成功讓人看到了第三種路徑，即網路平臺有機會讓向來處於邊陲位置的大馬網紅，抑或稱「內容創作者」，相比過往需要唱片公司、經紀人帶往臺灣發展，能以更低成本在網路世界被臺灣、香港，甚至中國看見。

根據筆者近年的粗略觀察，亟需流量的各家臺灣媒體，也不時會報導或引用大馬網紅的創作內容畫面，或大馬中文媒體的新聞，讓臺灣閱聽眾接觸到大馬的網紅，如以大馬網民為目標群眾的網紅團體「低清DISSY」。另一最經典的例子，就是本非藝人的林明禎，因甜美的外表而於二〇一四年在臺灣的網路平臺上竄紅，隔年成為大馬創作歌手宇珩公司旗下的藝人，展開在臺港新馬市場的演藝生涯。

除了在大馬境內的網紅有可能透過網路「紅到」海外市場外，也有一批在臺灣發展的大馬網紅，他們來臺路徑依然是留學的管道。其中較知名的「Soya手癢計畫」，頻道主是來自沙巴的女生Soya，其YouTube頻道訂閱者已超過三十四萬人，應是目前在臺的大馬網紅中最多訂閱數的。

Soya的創作內容，多是談馬臺在中文用詞上的差異，或大馬人在臺灣的生活等，因個人風格獨特，吸引了不少對異國文化碰撞有興趣的觀眾。其他同樣是以外國人在臺灣生活、文化差異為主題的大馬「內容創作者」，還有西西歪、FiFi菲歐娜。

這裡還有一位值得介紹的內容創作者是李霖松，他曾在廣播公司從事文案工作多年，並三度入圍廣播金鐘獎，最終在二〇一八年以「好物市集——我的百變馬麻篇」獲得第五十三屆商業類廣告金鐘獎。如今李霖松已轉型當YouTuber，其頻道與粉專名為「微醺北藍」。

其他類型的在臺大馬內容創作者，還有開箱題材路線的「艾爾文的生活記錄」、發掘在地美食的「我是馬鈴薯小姐雁靈」、當直播主與歌手的李藹蔚……不勝枚舉。

總的來說，網路的便利性讓大家展現才華的門檻降低了，創作的題材也更多元，至於能否在臺灣成為名副其實的網紅，就各憑本事了，至少臺灣還是個有創作自由的國家。

❶《臺大機械系電子報》，二〇二二，〈楊志光總經理 玩的認真 將興趣翻轉為專業〉，https://reurl.cc/X4e17e，二〇二二年一月九日檢索。

❷《臺灣東協造音行動》，二〇二二，〈大馬音樂在臺灣樂壇激起的漣漪——從MAC CHEW與JENNY CHIN說起〉，https://reurl.cc/jkqN31，二〇二二年一月九日檢索。

第十一章
白色恐怖

最後一章的主題之所以是白色恐怖，是希望讀者們了解，儘管大馬華人來臺的七十年歷史中，有許多功成名就的大馬人，但別也忘了還有一群大馬人，只因政治立場不同，或無辜被牽連，就陷入冤獄失去青春年華，甚至疑似失去了生命。

由於我在二〇二〇年出版了《血統的原罪：被遺忘的白色恐怖東南亞受難者》，書中已鉅細靡遺地介紹了戒嚴時期遭到政治迫害的大馬人的事蹟，因此本章除再次簡略地介紹外，也會介紹後來接觸到的未被發掘之案例，例如俞自鋒案。

既然本書的第一章就以疑似白色恐怖事件的俞自鋒案作為開端，那就有始有終，就接續以俞自鋒案作收尾吧。

陳團保的「赤子之心」

以法律身分上來看的話，陳團保應該就是第一位臺灣戒嚴時期的馬來西亞政治犯。一九三九年，陳團保出生於馬來半島北部的吉蘭丹州，之後舉家搬到西海岸的芙蓉市。在陳團保成長的年代，馬來亞、新加坡華人社會深受中國的左傾思潮影響，而新馬當局也大力打壓左翼運動。

不過，陳團保並非思想左傾的少年，他相當反感左派學生常發起罷課、搞學潮，讓他無法好好學習，因此他短暫就讀芙蓉中華中學（國中部）後，便在一九五三年赴新加坡就讀中正中學。不過，當時新加坡的左派勢力依然常在搞罷課、罷工，無法接受這種不穩定生活的陳團保，最終還是在一九五六選擇「回國」升學。

由於當時馬來亞、新加坡都還沒脫離英國的殖民獨立，因此華人的身分歸屬上，確實仍是「中國」的海外僑民，而反共的陳團保，自然選擇奔向在臺灣的「自由中國」。陳團保就讀板橋的華僑高中師範科三年後，因師範科規定升讀大學前必須擔任兩年的教職工作，但華僑返「僑居地」服務只需一年，因此陳團保選擇一畢業就到與新加坡僅一橋之隔的馬來亞柔佛州振林山明德小學教書。

陳團保跟我分享當初「回國」（中華民國）時是如何自我介紹的：「**我的名陳團保，我很愛國，『陳我赤子之心』，我還寫下來，『團結海內外華僑，保衛中華民國！』**」

從陳團保的「表態」，可見當時陳團保的華僑認同是非常高的，而且是心向中華民國的華僑。

一九六〇年，彼時的陳團保，在身分上已經是馬來亞公民了，他完成在大馬的小學教師服務後，便再次到臺灣，並就讀臺北市的省立中興大學法商學院（國立臺北大學前身）的工商管理學系。沒想到大約是大二的時候，調查局人員忽然進入校園，在教室外要求他馬上出來，接著他就被押上吉普車離開校園，被扣留在新店的安坑招待所。

調查局指控陳團保是參與「劉自然事件」的「暴徒」嫌疑人，以及在新加坡參與「匪幫外圍組織」，又在金門砲戰期間說了對政府不利的話，因此被檢舉為匪諜。所謂「匪幫外圍組織」，是指控陳團保在新加坡念國中時參加了「朱毛匪幫」在海外之學運外圍組織「中學聯」。

雖然國民黨中央黨部第三組也有為陳團保說話，稱陳團保不是中學聯的左派學生，甚至曾與左派學生發生衝突而被記過，以及說明陳團保加入了立場反共的馬華公會，但都無濟於事。最終法庭以考量陳團保「參加」中學聯時只有十四歲，「**係識淺寡慮之兒童，誤受匪誘惑，衡情可憫**」，以及指控陳團保參加「匪新民主主義青年團」屬誤會，因此減刑為有期徒刑五年。至於涉入劉自然案暴動的指控，則因罪證不足而不起訴。

原本陳團保的刑期期滿日是一九六六年一月十日，但在馬華公會國會議員曾崇文的介入下，就獲得提早釋放了。陳團保回國當教師期間，成為了馬華公會的黨員，並在曾崇文的辦公室工作，所以陳團保出事後，家人便尋求曾崇文的協助。

陳團保之所以在一九六四年被釋放，可能與同年的十一月，國民黨當局成功在吉隆坡設立中華民國領事館有關。因為在五年後，蔣介石為成功讓中華民國駐吉隆坡領事館升格為「總領事館」，而讓五名疑似在臺組讀書會的大馬僑生遣送回馬，以避免不必要的外交風波。可見國民黨當局的外交考量，是決定是否遣返大馬僑生的重要因素。

陳團保來臺就讀華僑高中時，身分上確實依然是中華民國的僑民，當他陷入白色恐怖冤獄時，已是馬來亞公民。一九六五年八月七日，短短加入馬來西亞兩年的新加坡獨立為主權國家，後來陳團保也選擇入籍新加坡，如今在新加坡安享晚年。

被遺忘的遭遣返者

在整個臺灣戒嚴時期裡，因政治迫害而遭判刑坐牢的大馬公民共有四位，即陳團保，以及蔡勝添、陳水祥和陳欽生等三位，而他們三人的案子有相互糾結的關係。在介紹他們三位之前，先談談人數更多的遭遣返者。

如果大家還記得的話，陳欽生前輩於一九七一年三月被捕時，是成大化工系的學生，而更早的一九六六年，成大化工系二年級的大馬僑生顏章琳也出事了，只是最終下場較陳欽生幸運，有被遣返回國。

根據警總的記錄，來自吉隆坡的顏章琳是在一九六六年十一月十五日到案，理由是「書寫荒謬函件，思想傾匪，收聽匪播」，因此有「危害國家重嫌」。對於這事件，當時僑委會稱「我政府寬大為懷從寬處理，並由本會補助旅費乘二月三日國泰班機返回僑居地，請將情形轉告其家長以後請勿再準該生簽證來臺」。

事發後，顏章琳父親顏陽騰寫信給僑委會求情，信中提到兒子純粹血氣方剛，不了解「自由中國」國情，也提到馬來西亞是東南亞中首屈一指的反共國家，但政府並沒有禁止人民聽中共廣播，報章也照登中央社、新華社的文章。對於這些說法，國民黨當局始終不領情。

後來顏章琳改名甘蒼林，還成了大馬著名的登山家、植物學家。可惜的是，顏章琳於二〇一六年一月在金馬倫高原登山時失蹤了，至今渺無音訊。根據甘蒼林的學生朱海波先生所撰寫的傳記《群山逐夢人：甘蒼林》，就提到當年甘蒼林被遣返的事情。甘蒼林遭遣返半年後，便前往紐西蘭的奧克蘭大學（The University of Auckland）主修植物系。儘管甘蒼林最終因故沒完成學業，後來歸國仍孜孜不倦於熱帶雨林的研究，成立了「熱帶雨林山岳學院」，成了許多登山愛好者的導師。

◆

在顏章琳被遣返兩年後，一九六九年一月，國民黨當局扣押了五名來自大馬芙蓉市的學生，當局指控他們在臺組左派讀書會，最終他們在當年四月就被遣返了。對於這案件，當局取名為「鎮海專案」。

前文提到，這五位學生得以被遣返，是因為當時中華民國駐吉隆坡領事館獲大馬政府允准升格為「總領事館」。當時情治與外交單位在爭論該對這五位學生「就地正法」，還是交給大馬政府處理，最終蔣介石唯恐「中馬關係」倒退，而示意從寬處理。最終在四月廿五日，五名學生在警總的安排下遣返回馬。事後，大馬政府對國民黨當局提供的反共情報表示謝意。雖然我曾聯繫上其中兩人，唯他們不願再多談。

據悉涉入「鎮海專案」的五位學生，當年確實思想上較左傾，他們在家鄉的芙蓉中華中學時，因為組織華文學會，讀過巴金、魯迅等中國作家的書，也接觸到一些「進步思想」，因此被國民黨當局認為「思想傾匪」。由於五人來臺後，各奔東西到不一樣的大學，為了交換所閱讀的左翼書籍的讀書心得，他們透過相互寄信的方式傳遞。相信這些信件因為被攔截審查了，才導致他們的「落網」。

值得注意的是，鎮海專案及顏章琳遣返案都有個共同點，情治單位均不強調他們的「中國人」身分。如顏章琳案中，寫下警總報告的是後來成為國防部長的陳大慶，他提到已入籍大馬的顏章琳已不算是中國人；而鎮海專案方面，國民黨中央黨部第六組的代表陳綏民則主張，既然大馬政府已認定這些學生是國民，那基於維護邦交關係，就以「外籍留學生」身分作處理，可避免馬方誤會中華民國政府因為視大馬學生為「僑民」而扣留。

諷刺的是，隔年蔡勝添、陳水祥、陳欽生接連被捕後，國民黨當局又主張他們「都是中國人」。對黨國而言，「祖國」認定民族身分正確與否，最終還是得服膺於政治需求，「華僑乃革命之母」只是一種道貌岸然的說詞。

中興大學

在筆者的研究當中，中興大學可說是大馬僑生白色恐怖案的「重災區」，這一切都與當時該校「積極」的教官有關。

就讀中興大學農藝系的曉嵐（化名），是鎮海專案中遭遣返的五名學生之一，在她被迫離開臺灣的一年後，就讀中興大學昆蟲系的蔡勝添在一九七〇年七月廿四日被捕，再五個月後的十二月廿四日，就讀中興大學植物病理系的陳水祥也被帶走。蔡勝添與陳水祥同一年抵臺，兩人曾是蘆洲僑大先修班同學。

由於蔡勝添和陳水祥被逮捕的緣由，都與中興大學負責管理僑生輔導的教官檢查信件有關，因此不排除有一種可能性，即鎮海專案的五位學生在互相寄送「讀書心得」的過程中，也許寄到中興大學的曉嵐手中時，被該校教官審查了信件，最終五人才被「一網打盡」。

來自大馬柔佛州士乃的蔡勝添，是因和家鄉友人陳傳興的通信被監控而被捕，箇中緣由相信與陳傳興在信中提到加入勞工黨有關。雖然屬左派的勞工黨是大馬的合法政黨，但國民黨當局依然視之為中共的外圍組織，再加上陳傳興在信中表示當上了支部主席，儘管蔡勝添受審時多番解釋，但始終不被法官採納。

至於相隔數月後被捕的陳水祥，罪名是受馬共黨員梁漢珊指派來臺「意圖以非法之方法顛覆政府而著手實行」。梁漢珊是何人？其實梁漢珊根本不是馬共成員，而是陳水祥的小學副校長，那為何已是大學生的陳水祥還和小學時期的師長聯繫呢？

陳水祥的成長過程較複雜，他一九四七年出生於檳城州的大山腳，但在他年幼的時候，全家已搬遷至馬泰邊境的小鎮勿洞。當時殖民馬來半島的英國還和馬共有戰爭，最終馬共撤退後的根據地，就是在勿洞的山區。

不過陳水祥稱他家人和馬共無關。在馬來亞獨立的一九五七年，也正好是泰國實行排華政策的一年，為了讓陳水祥接受更好的華文教育，陳水祥父親陳理昌安排他到怡保投靠叔叔陳一謀；

由於陳一謀是獅尾新村崇德華文小學的教師，陳水祥便入住其教職員宿舍，而另一位同住人，就是小學副校長梁漢珊，他們才培養出亦師亦友的關係。

陳水祥來臺後仍與梁漢珊保持通信，其信中不乏對國民黨當局的批評，如提到臺灣農民生活困苦、官員貪污、選舉亂象等，也批評蔣家與孔家。當我在二〇一九年在曼谷訪問陳水祥時才曉得，原來當年有好幾封梁漢珊的回信，陳水祥都沒收到，相信已被教官上繳調查局。半個世紀後，我才在新莊的國家檔案管理局，看到蔡勝添、陳水祥與陳傳興、梁漢珊的通信。

◆

另一名受波及的中興大學大馬僑生，就是曉嵐的同系同學蔡美覽，他也是陳水祥的高中同學、前大學宿舍室友。

蔡美覽記得，當曉嵐、蔡勝添、陳水祥接連被帶走後，中興大學的大馬僑生圈子瀰漫恐慌的情緒，而他也很快被調查局帶走了。當時調查局威脅蔡美覽，若不指控陳水祥就是馬共成員，就把他槍斃！

儘管蔡美覽飽受死亡恐嚇，當最終還是沒陷害朋友，但他從此心生陰影。蔡美覽回到校園後，身邊同學都不敢接近他，唯恐遭到對付，而蔡美覽的精神也受創，常半夜驚醒、懷疑有人跟蹤。當大學最後一學期一結束時，蔡美覽便趕緊離臺，至今依然害怕入境臺灣。

我是在二〇一九年八月到柔佛州古來拜訪蔡美覽，當時蔡美覽剛從古來寬柔中學退休。蔡老師也是因為我的聯繫，才曉得原來陳水祥還活著，多年來他以為陳水祥已被槍斃了。我在蔡老師家中撥了通國際電話給在曼谷的陳水祥，陳水祥在電話中告訴蔡美覽，他一定會到古來找他……《血統的原罪》出版後，蔡老師教過的學生告訴我，看了我的書才恍然大悟，健步如飛的蔡老師在學校時，常會回頭一兩秒，原來是還在擔心有人跟蹤他。蔡老師的太太也說，多年來蔡老師還是會做惡夢……希望總有一天，蔡老師能走出心裡陰影，也許可以和陳水祥約好，一起回臺灣走走，一起到母校中興大學看看。

中國人的血

另一位政治受難者，就是人稱「生哥」的陳欽生前輩。關於生哥的故事，除了他的回憶錄《謊言世界 我的真相》外，網路上已有許多媒體的報導，這裡簡單說明就好。

一九七一年三月三日，也就是陳水祥被帶走兩個半月後，他的遠房親戚陳欽生也被捕了。陳水祥和陳欽生的祖父是兄弟，早年從「中華民國廣東省梅縣」下南洋，陳水祥父親那一脈去了泰國，而陳欽生父親這一脈到了馬來半島的霹靂州，也就是我家鄉怡保市。至今仍無法考證陳水祥案多大程度牽連了生哥，至今他倆也不清楚真相為何，只能說有些關聯性。

起初生哥被指控是臺南美國新聞處爆炸案的主謀，儘管後來的李敖、謝聰敏「認罪」（他們並不是犯人，是為避免國民黨當局大逮捕行動亂抓人而頂罪），但調查局又再給陳欽生扣上是馬共成員的罪名，並揑造了陳欽生與陳水祥是接受梁漢珊命令，來臺顛覆中華民國政府的「劇情」，因為陳欽生與陳水祥都就讀同一所小學。

最終蔡勝添、陳水祥與陳欽生的判決書都寫著：「有期徒刑十二年，褫奪公權五年，全部財產除酌留其家屬必須生活費外，沒收。」雖然他們曾嘗試主張自身並非中華民國國民，要求遣送出境，但法官仍以中華民國《國籍法》乃屬人主義的立場駁斥，認定他們祖先既然來自中國，理所當然是「中國人」。

陳欽生清楚記得，當年他無論是在調查、審判的場合，都一再強調他擁有大馬國籍，沒有中華民國國籍，只是留學的僑生，但調查局的人回應他「你們身上流的是中國人的血，所以你們是中國人」。

除大馬，當年也有來自菲律賓、泰國、莫里西斯的外籍華人遭國民黨政治迫害，他們的判決書可明顯見到開頭的「被告」簡介上，與一般的中華民國公民一樣，僅記錄「祖籍／籍貫」，真正的「國籍」卻多只以「出生於」、「僑居在」等字眼出現在判決書的主文內。

◆

蔡勝添出獄後，很快在一年內得到中華民國身分證，在臺灣娶妻生子，雖然多年來都有回老家探親，但都沒去聯繫陳傳興，以免給對方造成心理負擔。而最終聯繫上我的陳傳興，也表示尊重蔡勝添的選擇，只希望他平安快樂地生活下去。

出獄後身無分文的陳水祥，不僅大馬的護照、身分證已被情治單位「弄丟」，也不被允許出境。無奈之下，陳水祥在泰國的家人為他弄了一本泰籍護照，由他弟弟帶來臺灣，最終陳水祥用這本泰國護照成功逃離「自由中國」，直至扁政府發放政治受難者補償金時才再來臺。

生哥就沒那麼幸運了，國民黨當局以他「知道的太多」為由，擔心讓他離境會造成國際醜聞，因此禁止他離開，也不給他中華民國身分證。因為沒身分證就無法工作，被迫成為無家者的生哥，流浪了三年，最終跟警總以死相逼下，才獲得身分證，生活才開始回到正軌。

至於當年被情治單位指控是馬共地下黨員的梁漢珊，根據生哥的回憶，大馬政治部因國民黨當局的指控而調查梁漢珊多年，導致他多年無法升等，最終政治部查明他身家清白後便成功升任校長了，也意味政治部認可了陳欽生和陳水祥乃無罪之身。

他們三人的案件與鎮海專案僅相差一年多，下場落差如此之大，較合理的解釋是當時馬臺關係正惡化。

一九七〇年九月十六日，警總召集各涉外單位討論如何處理「蔡勝添案」，當時警總副處長張耀華說：「在我們政策上，是要號召僑生回國升學，而匪方則利用此種機會派遣匪諜滲透來臺為匪活動，縱被我政府發覺，只有予以驅逐出境，毫無顧忌為維護我國家法律尊嚴，應將蔡嫌依法審理，雖然馬來西亞可能提出異議，我們為防範影響外交關係期間，在技術上可加以研究。」與會的外交部代表俞中原還說：「馬來西亞是一個新興不久之國家，難免有自卑感或遭受他國輕視。」此話出自於外交人員之口，顯見馬臺關係惡化之程度。不過是在前一年，中華民國駐吉隆坡領事館才成功升格為「總領事館」，為何國民黨當局會如此恩將仇報呢？

原來當時國民黨當局根據情報已得知，未來大馬政府可能投票支持中共政府進入聯合國，為此感到不滿，而被捕的蔡勝添等三人不幸成了當局的外交棋子。就在一九七一年的聯合國「第二七五八號決議案」召開前夕，陳欽生與陳水祥在十月十五日被送上軍事法庭，但法庭不允許他倆同時出庭「對質」。儘管陳水祥和陳欽生多番強調，他們的自白書是在調查局脅迫下寫的，但法官不採信。

一九七一年十月廿五日，大馬在聯合國大會投票支持中華人民共和國入聯；十一天後，警總發出判決書，陳欽生、陳水祥被判十二年有期徒刑。三年後的五月三十一日，大馬正式與中華人民共和國建交，並與中華民國結束領事關係，雙方撤出在吉隆坡和臺北的領事館，意味著在時勢使然下，大馬駐臺北領事館也被迫放棄了對蔡勝添、陳水祥、陳欽生三人的救援行動。

「馬匪建交」後，中華民國外交部發出的聲明中，其中一段稱：「中華民國是一向尊重自由民主的國家，對在我國居留的馬來西亞的僑民，仍將依照國際慣例給予公平的待遇與保障。同時，我們也要求馬來西亞政府今後對繼續居留馬來西亞的中華民國僑民，也給充分保障及公平待遇，並防止毛共企圖採取任何迫害華僑的措施。」諷刺的是，不給予公平待遇與保障的，正是以「自由中國」自居的中華民國。

消失的檔案

陳團保可能因中華民國要在大馬設領事館而提早獲釋，鎮海專案的五名學生因中華民國駐吉隆坡而遭遣返，蔡勝添、陳水祥與陳欽生三人因馬臺斷交而無法被遣返……那是否意味著，自陳欽生案之後被捕的大馬僑生，都會因國民黨當局對大馬的怨懟而不被遣返呢？其實也不全然，只是仍有許多待解的謎團。

除了前幾章提過的一九八〇年的神州詩社案的溫瑞安、方娥真，因港臺的文人相救而最終被遣返外，其實在馬臺交惡的一九七三年，還有一位大馬僑生成功被遣返。

當時就讀臺北工專的關亞風（化名），因被查獲與香港筆友的通信中，提到自身在中學時期參加左翼的砂朥越民族解放同盟、砂朥越先進青年會等組織，而遭到逮捕。雖然我在二〇一九年成功電話聯繫了關亞風，但他表示不便受訪，僅僅透露自己被扣押了三個月左右，便遭遣返回家鄉美里市，至於為何會被遣返，他也不曉得國民黨當局有何考量。

關於關亞風的檔案，我只找到當年他和香港筆友的信件和偵訊筆錄，至於情治單位與涉外單位對關亞風案的決策記錄檔案，彷彿已消失在歷史中。只能期盼總有一天關亞風，還有當年五位被遣返的芙蓉學生，都能開口說出他們的故事。

◆

其實保守估計的話，依序包括顏章琳案、鎮海專案、神州詩社案、關亞風案的九名學生在內，戒嚴時期遭遣返的大馬人，至少有十五人以上。關於其他遭遣返者的背景，儘管我握有他們的名字，但因為檔案稀少，為避免給他們造成困擾，就暫不寫進來。

還有的遭遣返的人，是我「聽說」而來的，有的是我朋友的親戚，儘管我請友人詢問是否方便受訪，但對方都婉拒了；也有的是一些老一輩的大馬留臺學長姊「聽說」的，近年我也有訪問一些早年留學臺灣的學長姊，有的人提到大學時期據聞有人被帶走，接著就被驅逐出境了，當年因為擔心會被波及，就沒進一步追究相關訊息。

我有問這些學長姊，會不會是陳團保、陳欽生他們，有的人說不清楚，也有的人的留學年代和上述案件對不上，故有可能是未被發掘到的疑似個案，就如讓我後知後覺的顏章琳案一樣。

除了大馬留臺校友塵封已久的記憶外，還有的臺灣政治受難者也見證了被遺忘的個案，如來自臺中的政治受難者黃朝洲前輩。

根據黃朝洲前輩的記憶，他於一九七七年從軍中被帶往警總拘禁的時期，遇到同囚於地下室的一名大馬僑生，但只有一面之緣。黃朝洲在臉書寫道：「我被直接帶入地下室，搜身，交出金錢、皮帶、手錶和皮鞋。身邊站了一位年輕人，臉色十分蒼白，只顧拖著乾淨得不得了的地板。後來得知，他是馬來西亞僑生，已經在不見天日的地下囚房關了整整一年，隔天是他的釋放日。我開始擔憂何時才能走出那扇鐵柵欄……」

黃朝洲前輩告訴我，他記得當時應該是十二月，和這位僑生有小聊一下，但可惜未互詢姓名，對方也未提及自身的案情。相信眼尖的讀者們也注意到，在前述分享過的各案件中，未有符合一九七七年被拘留在警總的大馬僑生，如果當時這位大馬僑生年紀廿三歲左右的話，也許現在還未滿七十歲，希望能在有生之年找到他……

此外，還有一位值得一提的受難者前輩，他就是已高齡八十二歲的鄔來。鄔來和前幾位受難者不一樣的是，他不是來臺求學的僑生，而是曾回中國的歸僑。鄔來在一九三六年出生於英屬馬來亞，二戰結束七年後，選擇回祖輩的家鄉中國廣東臺山市，便留在當地發展，也娶妻生子了。

一九六二年，鄔來收到二哥的來信，希望他回馬來亞探望病入膏肓的母親，卻不幸在澳門準備到香港申請簽證回馬來亞時，被國民黨特務誘騙上船，被逮到了臺灣。被迫留在臺灣的鄔來，雖然獲國民黨當局安排在臺北市政府工作，但最終還是被扣上匪諜的罪名，被判刑十四年，出獄後才有機會回大馬探親，以及蔣經國開放大陸探親後，才有機會回大陸探望前妻與孩子。鄔來出獄後已再娶，如今在臺灣含飴弄孫地安享晚年。

死亡報告

在感情關係中，其中一方刻意施加的冷漠，被稱為「冷暴力」。至今我無法肯定俞自鋒的遭遇必定是白色恐怖案，但國立政治大學，還有僑委會，多年來不歸還俞自鋒的遺物、死亡報告及不告知埋葬地點，就是給俞自鋒家屬的「冷暴力」。

俞自鋒父母含淚離世，留下的兄弟姊妹多年來得承受失去手足之痛地活著。

◆

二〇二一年冬至的這一天，俞自海先生在大馬發行量最大的華文報《星洲日報》刊登了四分之一版的廣告，除了告訴世人俞自鋒不是自殺的事實外，也呼籲政大和僑委會應公開道歉。

俞自海在廣告中分享道，冬至在海南人的習俗中是「小清明」，祖籍海南的華人也會掃墓祭祖……因為身體狀況與疫情的關係，俞先生已好幾年沒來臺為二哥上香掃墓，而我在二〇二一年四月的清明節，則帶著敬意到六張犁給俞自鋒學長上香致意。

接觸到俞自鋒案，是在我寫完《血統的原罪》後的事情，我是在二〇一九年底認識俞自海先生，其中的緣由是一位教育部的官員告訴我，有位來自檳城的老先生在尋找他二哥死亡的真相，也許和白色恐怖有關，請我不妨了解一下，從此我和俞先生結下不解之緣。

二〇二〇年，我在《關鍵評論網》發表了有關〈【獨家】不被送達的死亡報告：用了五十年才從馬來西亞來臺找到二哥的墓，但政大始終沒給他真相〉的報導，這篇報導引起了許多政大學生的關注，可惜的是，政大校方始終未對俞自鋒案有公開的表態與道歉。

後來，我除了建議俞自海先生寫信給監察院，也協助他與長年關注轉型正義的林昶佐立委牽線，而林昶佐也曾在立法院議會上，當面要求僑委會委員長童振源應向家屬公開道歉；二〇二二年二月廿六日，我和俞自海先生在檳城召開記者會，再次要求政大與僑委會道歉，但遺憾與不意外的是，向來作風保守、與時代格格不入的僑委會依舊裝睡，而將在同年換校長的政大校方，也一樣在裝睡。家屬並非要求政大校長和僑委會委員長去六張犁為俞自鋒上香跪拜，一句道歉卻難如登天。

有關轉型正義的名言中，有這麼一句話是「沒有真相就沒有和解」。其實家屬也清楚俞自鋒身亡的真相已難以水落石出，如今只希望當年明顯失責的政大與僑委會，能為俞自鋒的死與身後事的處理失責道歉，先有公開的道歉，才能實現進一步的和解。

◆

在本書第一章裡，俞自鋒的故事只說了一半，接著第三章提到俞自鋒被埋在六張犁公墓，那究竟俞自鋒弟弟俞自海，最終是如何排除萬難找到二哥的墓呢？

俞自海的父親和母親分別在一九八一年、一九九五年過世，俞自海和幾個兄弟姊妹在父母生前從不多談二哥的事，不過俞自海在他有經濟能力後，還是在一九七九年瞞著父母來臺尋找二哥的安葬處。

當時的臺灣還沒解嚴，不難想像尋找真相會困難重重。對當時的俞自海而言，即使找不到二哥死亡的真相，至少也該讓他在墓前上香，聊以思念。其實俞自海也曾想來臺求學，也曾把這想法告訴姊姊，但被姊姊斥責，父母不會想看到多一個孩子在臺身亡。

獨自到臺北的俞自海，除了到僑委會辦公室、政大校園，也跟二哥的新聞系同學見面，但他們都表示不清楚俞自鋒的埋葬地點。政大校方的理由是，因為校園曾經歷水災，一九六三年的檔案已損毀了。不過，政大校方給了俞自海一張印有「政治大學」四字的便箋，建議到僑委會尋求一位曾姓官員的協助，然而這位僑委會的曾先生卻告訴俞自海，僑委會只是個負責分發僑生到各大學就學的行政單位，並稱自己不了解十六年前如何處理俞自鋒後事。俞自海失望地離開臺灣。如果政大、僑委會有放在心上的話，不是該想盡辦法找當年的負責人，甚至協助聯繫臺北市殯葬處嗎？

俞自海本以為自己不會再去探究二哥死亡的真相，但沒想到接近二哥逝世四十九年祭日的時候，在二〇一二年五月的一個晚上，俞自鋒卻出現在姊姊俞金梅的夢裡，身著白長衣與藍長褲的二哥說他還在臺灣，她還記得俞自鋒說「儂想回去檳城走一趟……」

覺得事情不對勁的俞自海和家人討論之後，決定再次來臺，希望來得及在二哥過世五十年祭日前找到埋葬之處。和上次來臺一樣，儘管臺灣已經歷兩次政黨輪替，但政大與僑委會的官方說法依然與此前無異，俞自海再次黯然離開臺灣。不過俞自海回到檳城後無意間想到，當年的新聞報導寫到「死者的遺體已由其就讀學校移往極樂殯儀館」。因此俞自海嘗試聯繫臺北市殯葬處。

雖然最終還是錯過了俞自鋒離世五十年的日子，但皇天不負有心人，臺北市殯葬處於二〇一三年九月告知已尋獲俞自鋒墓。一個月後，俞自海和姊姊來臺為俞自鋒上香，事隔半世紀，俞自海家人終於找到墓地，不過他們未有把墓遷回檳城的打算。或許，就不如讓俞自鋒墓一直在這吧，見證真相水落石出的一天，抑或是政大與僑委會公開道歉到來的那一天。

◆

俞自海之所以堅持二哥並非自殺，除了沒有直接證據證明是自殺外，主要的論據有兩點，一是當年找到墓碑時，碑文的顏色是尚未褪色的朱紅色，二是最終找到的《埋火葬許可原簿》寫道，俞自鋒的死因是「胸腔內出血休克致死」，因此不排除是遭毆打致死。

關於第一點，俞自海詢問專家後認定，應是有人在立碑後還前來維護，因此碑文還能保持一定的鮮豔度，不過極樂殯儀館也不清楚是何人。俞自海相信，也許對方會有二哥死亡真相的線索，所以他特意在二哥的墳旁再立了個墓碑，墓碑上除了有俞自鋒生前的個人照片，還刻上了「壯志未酬」四字，以此感嘆二哥未能在臺灣完成學業。特別的是，俞自海還在此墓碑印上了「QR CODE」，掃描後可進入他的部落格，他希望那位也許存在過的掌握真相的人士能進一步與他聯繫。

二〇二一年八月，第三至第五章出現過的潘永強學長聯繫我，稱一位檳城鍾靈中學（俞自鋒與俞自海母校）畢業的留臺人找到一本專刊，這由鍾靈旅臺校友會於一九八五出版的刊物寫道：

清明掃墓

「獻上濁酒三杯，為你哀悼追思」。

遠在廿二年前的七月廿六日，俞自鋒學長不幸逝世於臺北，安葬於六張犁示範公墓。每一年，校友會都派人前往掃墓，一方面盡身為學弟的責任，一方面對早年旅臺的鬥士致敬。沒有他們就不會有今天的我們。

不清楚文中所謂的「鬥士」，是一種想像，抑或是對俞自鋒另有所指，無論如何，至少俞自鋒離世後的二十多年間，都有母校學弟妹去掃墓，只是他們都不曉得原來家屬未被官方告知墓地在哪。

當年俞自鋒家人僅接獲來自政大和僑委會的兩封電報，告知已身亡的俞自鋒已被安葬，除了無告知埋葬地點，也沒透露死因。至於「為情自殺」的說法，也是數月後俞自鋒的同鄉劉姓友人從臺北來信告知媒體所寫的，而且政大與僑委會同樣拒絕向他透露埋葬地點。

至今，我未能從國史館、檔案管理局、國民黨黨史館找到有關俞自鋒身亡的檔案，也就是說，所謂為情自殺的說法，從頭到尾只有《聯合報》的報導而已。對於報導中提到的暗戀女同學的情節，我聯繫上與俞自鋒同屆新聞系的大馬同學王次華先生。

王次華還提到，其實在俞自鋒離世的前一天，他正好在道南橋巧遇俞自鋒。當時俞自鋒得知了大家的期末考試成績，並對向來國文科考不好的王次華說：「你有六十八分！恭喜！」對著成績有點訝異的王次華回應俞自鋒說，如果他真及格的話，就請俞自鋒吃西瓜，沒想到那西瓜就這樣欠著多年了……

關於對俞自鋒的印象，王次華記得俞自鋒總是獨來獨往，和班上的人沒什麼交集，和他也不是住同一棟宿舍的。至於所謂感情問題，王次華依稀記得是得知俞自鋒身亡後才聽說「為情自殺」的，此前沒聽說俞自鋒的感情問題。

俞自鋒那年暑假出事時，王次華也是準備大一升大二，我問他接下來的三年都不清楚俞自鋒被埋在六張犁嗎？王次華表示不清楚，也坦言：「確實我們當時不會做人，沒有去問，（僑委會、校方）也沒告訴我們埋在哪裡……」

不過王次華相信，儘管班上有國民黨員，但他肯定俞自鋒不會是因為政治問題而「被自殺」的，畢竟那年代要來臺灣念書，必須先由馬來西亞各地的國民黨員先審查背景，如果在臺灣有搞政治，他們也多少會有聽說，但俞自鋒完全沒有……當年保送俞自鋒來臺求學的，就是二〇一四年過世的檳城閱書報社（如今的孫中山紀念館）前社長葉國楨。

俞自海首次來臺時，他二哥的兩位政大臺灣同學均稱，俞自鋒因得不到女同學的愛而自尋短見。俞自海表示，他可以理解戒嚴年代而必須隱瞞真相，加上政大是黨校，二哥的同學必然不敢探究真相。俞自海認為，至今沒能找到那位女同學，官方也沒留下任何他二哥與「她」的任何書信，因此沒有任何直接證據可證明俞自鋒為情自殺。加上還有殯葬處找到的《埋火葬許可原簿》記錄俞自鋒死因是「胸腔內出血休克致死」，更添增非自殺的可能性。

關於《埋火葬許可原簿》的發現，是俞自海在二〇一三年九月接到殯葬管理處通知尋獲墓地的數月後，僑委會才把《埋火葬許可原簿》交給俞自海。數年後俞自海才發現，《埋火葬許可原簿》中為俞自鋒安排下葬的申請人名字，就是那位一九七九年所見過的僑委會曾姓官員，這意味著，當年僑委會刻意隱瞞俞自鋒埋葬處。

上述發現更讓俞自海相信，僑委會與政大在隱瞞真相，掩蓋俞自鋒非自殺的事實。俞自海提到，早年華人社會認為自殺不是一件好事，對自殺者多持負面觀感，為了平反二哥名譽，他希望臺灣官方能承認俞自鋒案不是自殺，至於是意外身亡，或是遭謀殺，就由臺灣官方來舉證了。

◆

我想，無論是臺灣或大馬，要證明一個人死亡，都需要開立死亡證明書吧。在我的建議下，俞自海先生曾向臺灣駐馬代表處、僑委會等官方單位，要求提供死亡證明書，而官方確實也有聯繫派出所、地檢署等單位，但均告知俞自海先生，因為俞自鋒案年代久遠，已無法提供相關證明書……

這讓人不禁思考，沒有死亡證明書的俞自鋒，法律上是否還算是活著的失蹤人口呢？無論如何，種種荒謬都說明了，在俞自鋒案裡，政大與僑委會的公開道歉是責無旁貸的。一方面是道義問題，另一方面是，政大與僑委會都曾在「俞自鋒們」身上得利，沒有「俞自鋒們」，就沒有政大與僑委會的存在。

如同在第一章說明過的，臺灣在冷戰的年代站在美國的反共前線，國民黨敗退來臺後，美國為避免更多東南亞華人赴中國留學，最終赤化東南亞，給予了臺灣大量的美援招攬僑生「回國升學」。而民國五十一年「回國」升學的俞自鋒，就是拿美援的僑生。

在美援被投入僑教的一九五四至一九六四年。政大等大學靠著「俞自鋒們」（僑生）帶來的補助，才有資金發展體育館、禮堂等硬體設備，可以說僑委會和政大都從「俞自鋒們」身上得到了收益，是不可分割的利益共同體。簡單來說，俞自鋒莫名身亡後，政大與僑委會不告知家屬埋葬地點、歸還遺物等各種啟人疑竇的處理方式，是非常不負責任的，早該為這些過失致歉，而非等到多年後家屬含淚提出要求，甚至得破費登廣告控訴臺灣。

壯志未酬

接觸俞自鋒案後，我不免想到來臺前的自己，我在本書中已多次提到，政大新聞系曾是我心中的第一志願，可惜始終無緣……俞自鋒學長的遭遇總讓我想到，究竟當年他是懷抱著什麼理想與抱負讀政大新聞系的呢？真的是「為情自殺」嗎？如同家屬為他立的另一墓碑寫著「壯志未酬」，希望我還在臺灣的一天，有朝一日，能實現成功促使政大與僑委會為俞自鋒案正式公開道歉的「壯志」。

根據俞自海和家人的回憶，俞自鋒當年是成績優異的學生，未聞他涉入任何政治運動。記得俞自海先生難過的跟我說，他們寧願當年臺灣政府指控俞自鋒是政治犯而被槍斃，也不願沒得到任何官方的回應。俞自海認為，當年無論是臺灣還是大馬都在反共，人民都知道共產主義是危險的東西，如果國民黨是因為認定二哥是馬共黨員而槍決，那家人也只能認了……

◆

《血統的原罪》出版後，在一些講座上最常被問到的問題是：「既然臺灣戒嚴很危險了，為何還是這麼多大馬僑生來臺灣呢？」

事實上，早年資訊不流通，許多人搞不清楚臺灣的情況，也不清楚什麼是戒嚴。由於早年大馬政府反共，即使一九七四年與中國建交了，也遲至九〇年代才開放國人赴中留學，如果硬要闖關去中國，就無法再回到大馬。在大環境的限制下，無論是左派、右派或對政治不了解的大馬華人，因國內族群政治導致的教育不平等，為尋求升學出路，價廉物美，又有「僑教」政策支援的臺灣，就是最好的選擇了。

也因此，早年即使立場左派的學生，如蔡勝添自稱高中時思想左傾，在有限的選擇下，就只能來臺求學。還有鎮海專案中的五位學長姊，我相信他們來臺的考量也是這樣的。

也有人質疑，那當年就是反共的年代，他們被捕、被遣返，就是活該得承受這代價。我想這代價就算是放在這「較進步」的時代，也是不合理的……根據國民黨與僑委會的論述，是為了避免東南亞與華僑被赤化，所以才發展僑教讓僑生「回國」升學，進而使他們成為反共的一員。

說直白些，僑教本該是「反共」大旗下的「洗腦教育」工程，若發現了思想左傾的僑生，難道不是該「導正」成反共者嗎？明顯的現實是，國民黨當局的作法，只是簡單地把左傾學生驅逐出境或關起來，這只是實踐了反共，沒有教育，也傷害了一個年輕人的受教權。

在今天已實現言論自由的臺灣，有的境外學生意識形態是偏自由民主的，也有的追從共產主義，甚至在民主的臺灣崇拜著中共，無論立場為何，還可以在臺灣參加集會遊行，不會有被驅逐出境的事件。享受著自由空氣的我們，也該同理當年因思想罪而失去人權、受教權的僑生政治受難者們……

最後，希望更多人記得，在談轉型正義的時候，不應把轉型正義局限在臺灣人自己的事情，也有外國人遭到政治迫害。對獨裁政權而言，人權的迫害是不分本省人或外省人的，也不分外國人或本國人，即使自稱「中國人」、「僑胞」，對於獨裁政體，都不過是可碾壓的螻蟻。

後記

二〇二二年一月，在寫這段〈後記〉時，我即將從臺灣出發回馬來西亞，而這一去就是三個月，這應該是繼我大四第一學期到上海當交換生半年後，離開臺灣最久的一次。不知怎麼的，知道即將離開臺灣九十天，忽然對臺灣有種不捨的感覺。也許這就是在COVID-19疫情時代下，給我們這代異鄉人在異鄉無法再移動，而產生的時間感、空間感吧。

如果不是COVID-19疫情的爆發，也許我不會有這機緣寫這本書吧。如同我在序文中提到的，原本計畫二〇二〇年出版《血統的原罪》後，就徹底離開臺灣，衣錦還鄉回馬來西亞，但沒想到母國的政變、首波疫情大規模爆發，就發生在我新書發表的二二八前後，命運又讓我繼續留在這裡。

疫情打斷了原本習以為常的時間感、空間感，無法如過往般可至少每年回國一次。但是，若將時空倒退四十到七十年前的話，無法每年回家才是那時期在臺灣的馬來西亞人的「正常」。

瘟疫之下的寫作，更讓我體會到早年來臺灣的馬來西亞遊子，異鄉人身上的孤寂之重，反而更是我們在這裡努力前進的動力。無論最終是要衣錦還鄉，或留在這裡自我實現，還是得經歷過一番孤獨後帶來的勇氣，才能讓我們繼續走下去，而有的人成功，也有的人被遺忘了。

八年前有了《我們留臺那些年》，相隔四年又有了《我們返馬這些年》，再四年後就有了我這本《北漂臺灣》，本書與前兩本最大差別在於，他們是集眾人的個人記憶合寫成一本書，而我是憑一己之力，透過梳理官方與民間出版的文獻，以及訪問了不同年代留學的學長姊的故事，將這近七十年的歷史彙整成書的。

對於已被我寫進去的學長姊、相關人士，我想說的話，早已在各章說了，他們都是值得尊敬的人，無論過去在臺灣發展的成敗、名譽為何，至少都曾在這土地上努力追夢過，不枉過去在臺灣揮灑的血淚。至於更多沒被我寫進去的個人，或群體，我相信他們所留下的足跡，一定早已刻在一些人的心底。

當然，這本書不一定能全面地闡述馬來西亞人在臺灣的歷史，總有面向未被顧及到，例如在臺灣的馬來西亞「新住民二代」，簡稱「新二代」。蔡英文政府執政後，因推行「新南向政策」，新二代這名詞開始流行起來，但大家所關注的新二代，多是越南、印尼、泰國的新二代，也許當中許多人有因成功階級流動，而有感人的故事受矚目，但很多人也忘了，其實在臺灣也有許多馬來西亞新二代，其中有名的是曾獲得金馬獎最佳紀錄片獎的傅榆、電視新聞主播岑永康。未來有機會的話，也許我會進行更多有關馬來西亞「新二代」的報導。

寫這本書不意味我有意代表在臺灣的馬來西亞人發聲，只是作為一個新聞業出身的人，總有衝動記錄過去，並留給未來的人追憶。三十年後，不一定會由我來寫馬來西亞人來臺的「百年史」，也許又是一個三十歲的青年來寫，我能貢獻的，是至少先寫出了這本書，成為後來者的墊腳石。

最後，至於我下一步的計畫，則是會進行馬來西亞僑生白色恐怖歷史的紀錄片拍攝，希望能在文字之外，以影像記錄這段也屬於我們馬來西亞人不能被遺忘的歷史。之所以先在這裡透露我的拍片決定，也是為了督促自己，有很多人在看著我實現，當然也有可能有人或某組織不希望我兌現，那我得更努力了。

謝詞

當然我是有自我懷疑過，我何德何能去寫這龐大的歷史？但又退一步想，若等我活到一定歲數再動筆的話，那很多人就無法再採訪，也許很多史料也可能找不到了。

無論如何，還是非常感謝臺大中文系的高嘉謙老師，臨門一腳地推了我一把，讓我自由發揮地寫下了這本書，讓我在客觀的事實基礎上，主觀地寫下了近七十年來馬來西亞人在臺灣的故事。

能寫出這本書，是由許多機緣巧合組成的，接下來要感謝許多人。

感謝父親當年選擇了來臺求學，也不反對我來這國度，才讓我與這土地結緣。

還有感謝這本書的各受訪者們，包括羅志昌、張濟作、黃書琪、潘永強、陳志金、黃軒、方俊能、楊志光、周美芬等留臺學長姊們的無私分享自身的故事。

最後要感謝的兩位重要「老朋友」，就是陳欽生與俞自海前輩。因為認識了生哥，才讓我有機緣與動機更進一步去追究白色恐怖歷史，進而去梳理了整個大馬華人來臺留學的歷史，而與俞自海先生的結緣，更讓我意識到，《血統的原罪》的出版只是個開始，還有更多被淹沒在歷史迷霧中的真相與事蹟，值得我去記錄，以讓後世記住。

參考書目

一、專書著作

王賡武，《中國與海外華人》。新北：臺灣商務印書館，一九九四年。

杜晉軒，《血統的原罪：被遺忘的白色恐怖東南亞受難者》。新北：臺灣商務印書館，二〇二〇年。

吳錦勳，《臺灣，請聽我說：壓抑的、裂變的、再生的六十年》。臺北：天下文化，二〇〇九年。

吳安琪，《筆路藍縷：留臺人口述歷史回憶錄（一九五〇-一九八五）》。八打靈再也：馬來西亞留臺校友會聯合總會，二〇二〇年。

陳欽生、曹欽榮，《謊言世界 我的真相》。臺北：前衛，二〇一七年。

陳靜宜，《啊，這味道：深入馬來西亞市井巷弄，嚐一口有情有味華人小吃》。臺北：聯經出版，二〇一八年。

賈福康，《臺灣回教史》。新北：伊斯蘭文化服務社，二〇〇五年。

黃庭康，〈反思臺灣威權時期僑生政策的形成：以五〇年代為例〉，《族群、民族與現代國家：經驗與理論的反思》。臺北：中央研究院社會學研究所，二〇一六年，頁八三－一一六。

黃錦樹、張錦忠、李宗舜，《我們留臺那些年》。吉隆坡：有人出版社，二〇一四年。

廖宏強、張永慶、陳亞才，《我們返馬這些年》。居鑾：大河出版社，二〇一八年。

二、學位論文

吳欣怡，〈同胞與外人之間：馬來西亞「僑生」的身分與認同〉，國立臺灣大學人類學系碩士學位論文，二〇一〇年。

黃辰濤，〈爭取海外力量：中華民國外交、僑務、黨務在新馬的運作（一九四五－一九五七）〉，國立暨南國際大學歷史研究所碩士學位論文，二〇〇八年。

藍元鴻，〈戰後中華民國「僑生政策」對馬來西亞華文教育發展的影響（一九五四－一九七四）〉，國立政治大學文學院歷史學系碩士學位論文，二〇一三年。

杜晉軒，〈習近平主政時期馬來西亞僑務政策之研究〉，國立臺灣大學國家發展研究所碩士學位論文，二〇一六年。

三、新聞媒體

中國報 https://www.chinapress.com.my/
中時新聞網 https://www.chinatimes.com/cn/
非池中 https://artemperor.tw/
臺灣東協造音行動 https://www.taiwanaseanmusicaction.com/
故事 storystudio https://storystudio.tw/about/
光華日報 https://www.kwongwah.com.my/
明周文化 https://www.mpweekly.com/
東方日報 https://www.orientaldaily.com.my/
星洲日報 https://www.sinchew.com.my/
關鍵評論網 https://www.thenewslens.com/
蘋果新聞網 https://tw.appledaily.com/home/
聯合知識庫 https://udndata.com/
Ettoday 房產雲 https://house.ettoday.net/
FT中文網 https://big5.ftchinese.com/

四、社團刊物

《馬來西亞旅臺同學會會訊》（一九七四-一九九一年）

《大馬青年》雜誌

五、政府與學校機關

國史館檔案史料文物查詢系統 https://ahonline.drnh.gov.tw/index.php?act=Archive/index

國家檔案資訊網 https://aa.archives.gov.tw/

中央研究院近代史研究所檔案館 http://archives.sinica.edu.tw/

中華民國僑務委員會 https://www.ocac.gov.tw/ocac/

國立政治大學傳播學院新聞系 https://jschool.nccu.edu.tw/

國立臺灣大學政治所中國大陸暨兩岸關係教學研究中心「中國學的知識社群研究計畫」https://www.china-studies.taipei/act03.php

六、英文文獻

Wang Gungwu, *Home Is Not Here*, Singapore: National University of Singapore Press, 2018.

Zalillah Mohd Taib, *My Chinese Name is Salina*, Kuala Lumpur: MPH Distributors, 2018.

台灣@南洋 2

北漂臺灣

馬來西亞人跨境臺灣的流轉記憶

作　　者　杜晉軒
主　　編　高嘉謙
責任編輯　林秀梅　陳淑怡

版　　權　吳玲緯
行　　銷　何維民　吳宇軒　陳欣岑　林欣平
業　　務　李再星　陳紫晴　陳美燕　葉晉源
副總編輯　林秀梅
編輯總監　劉麗真
總 經 理　陳逸瑛
發 行 人　涂玉雲

出　　版　麥田出版
104台北市民生東路二段141號5樓
電話：(886)2-2500-7696　傳真：(886)2-2500-1966、2500-1967
發　　行　英屬蓋曼群島商家庭傳媒股份有限公司城邦分公司
104台北市民生東路二段141號11樓
書虫客服服務專線：(886)2-2500-7718、2500-7719
24小時傳真服務：(886)2-2500-1990、2500-1991
服務時間：週一至週五09:30-12:00．13:30-17:00
郵撥帳號：19863813　戶名：書虫股份有限公司
讀者服務信箱E-mail：service@readingclub.com.tw
麥田部落格：http://blog.pixnet.net/ryefield
麥田出版Facebook：https://www.facebook.com/RyeField.Cite/

香港發行所　城邦（香港）出版集團有限公司
香港灣仔駱克道193號東超商業中心1樓
電話：(852) 2508-6231　傳真：(852) 2578-9337

馬新發行所　城邦（馬新）出版集團【Cite(M)Sdn. Bhd.】
41-3, Jalan Radin Anum, Bandar Baru Sri Petaling,
57000 Kuala Lumpur, Malaysia.
電話：(603) 9056-3833　傳真：(603) 9057-6622
E-mail：cite@cite.com.my

設　　計　許晉維
排　　版　宸遠彩藝有限公司
印　　刷　前進彩藝有限公司

初版一刷　2022年06月

定價／460元
ISBN：978-626-310-226-2
9786263102538（EPUB）

城邦讀書花園
www.cite.com.tw

國家圖書館出版品預行編目資料

北漂臺灣：馬來西亞人跨境臺灣的流轉記憶/杜晉軒作. – 初版. -- 臺北市 : 麥田出版 : 英屬蓋曼群島商家庭傳媒股份有限公司城邦分公司發行, 2022.06
面；　公分. --（台灣@南洋 ；2）

ISBN 978-626-310-226-2(平裝)

1. CST: 移民史　2.CST: 馬來西亞　3.CST: 臺灣

577.67　　111005250